Karl-Ernst Maedel

Alfred B. Gottwaldt

Deutsche

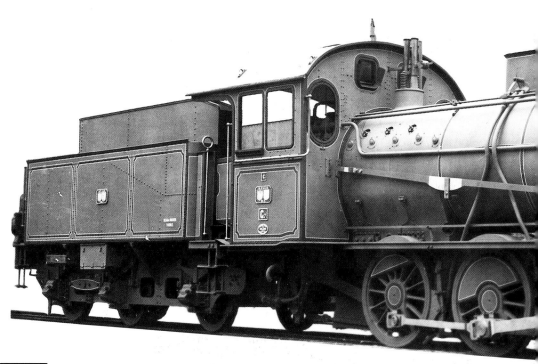

Dampfwagen von
Cugnot in Paris,
1769

stand, faßte 20 Fahrgäste und zog vier angehängte Postkutschen mit weiteren 30 Personen mit 16 km/h. Nach Deutschland gelangten die Dampfomni-
busse jedoch nicht. Der Schienenwagen verdrängte dann das Straßenfahrzeug auf lange Zeit.

Wir erwähnten bereits, daß *Watt* sich mit dem Gedanken eines ähnlichen
Fuhrwerkes befaßte. In intensiverem Maße tat dies jedoch sein Ingenieur
William Murdock, von dem zahlreiche kleine Modelle erhalten sind. Heute
ist uns klar, daß zur Erfindung der Lokomotive erst ein weiterer Schritt notwendig war, nämlich die Einführung des Hochdruckdampfes; die Wattschen
Maschinen waren ja Niederdruckmaschinen mit Kondensation. Bei *Murdock*
treffen wir zum erstenmal auf den Mann, dem es vergönnt sein sollte, den
entscheidenden Schritt zu tun: *Richard Trevithick*. Dieser, früh mit *Murdock*
bekannt, war ein hochbegabter, phantasievoller, aber unruhiger Mensch.

Trevithick trat Weihnachten 1801 erstmalig mit einer Dampfkutsche und
einigen kleinen Modellen hervor. Immerhin hat es noch eine Weile gedauert, bis endlich der Schienendampfwagen entstand. Das lag wohl im wesentlichen daran, daß man sich über den Begriff der Schienenreibung noch völlig
im unklaren war. Schienen gab es schon lange. Auf einem Bild aus der Zeit
um 1430 finden wir eisenbeschlagene Holzschienen, in deutschen Bergwer-
ken liefen die Wagen auf zwei hölzernen Balken, und in den englischen Gru-
ben wurden bereits 1767 gußeiserne U-Schienen verwendet. Als die erste
Schienenlokomotive entstand, gab es bereits eine Reihe von Eisenbahnen,
die jedoch alle mit Pferden oder ortsfesten Dampfmaschinen und Seilzug
betrieben wurden. Selbst auf der bekannten Stockton-Darlington-Eisen-
bahn, die 1817 gebaut wurde, bedurfte es einer ganz erheblichen Überzeu-

gungskunst der mit Ausdauer kämpfenden Ingenieure, um den Lokomotivbetrieb durchzusetzen.

Über die Entstehung der ersten Lokomotiven bestanden mancherlei
Unklarheiten, und die mannigfaltigsten Versionen waren im Umlauf. Es ist
das Verdienst des englischen Ingenieur-Schriftstellers *Dandy Marshall*, in
mühseligster Arbeit alle nur irgend erreichbaren Quellen erforscht und
Licht in manches Dunkel gebracht zu haben. Danach ergibt sich ein Bild,
das teilweise von den bisher üblichen Darstellungen abweicht.

Eine erste Schienenlokomotive ist auf der Coalbrockdale-Eisengießerei
im Jahre 1802 erbaut worden. Über diese Maschine ist nur bekannt, daß sich
bei ihrer Inbetriebnahme ein großer Unglücksfall ereignete, der den Maschi-
nisten sein Leben kostete. Im Jahre 1803 erhielt *Richard Trevithick* von den
Pennydarren-Eisenwerken den Auftrag, eine Lokomotive für die werksei-
gene »Eisenbahn« zu bauen, die in einer Länge von immerhin 13,5 km zum
Verladeplatz an einem Kanal führte. 1804 wurde diese erste Schienenlokomotive, die »Invicta«, in Betrieb genommen. Das Fahrzeug besaß einen Flammrohrkessel mit innenliegendem Feuerraum für 3 bar Dampfdruck. Dieser
hochgespannte Dampf hat *Trevithick* übrigens die erbitterte Feindschaft
Watts eingetragen, der mit allen Mitteln versuchte, sein Niederdruck-Dampf-
maschinenmonopol zu erhalten. Der Kessel war an den Seiten abgeplattet,
in seinem oberen Teil war ein Zylinder waagerecht eingebaut, der 208 mm
Durchmesser und den enormen Kolbenhub von 1 350 mm aufwies. Der Kolben arbeitete über einen Kreuzkopf, dessen Gleitbahnen weit über die
Maschine hinausragten, auf ein großes Schwungrad. Von diesem Schwungrad aus wurden über zwei weitere Zahnräder die beiden Radsätze angetrieben. Der Kolben machte 40 Hübe in der Minute.

Das seltsame Gefährt erwies sich indes als brauchbar, zog mit Leichtigkeit
10 t und erreichte eine Geschwindigkeit von 6 bis 8 km/h. Die Maschine
konnte durch Aufbocken auch anderen Zwecken dienstbar gemacht werden,
zum Beispiel als Pumpe arbeiten. Sehr bedeutsam war, daß *Trevithick* bereits
den Auspuffdampf in den Schornstein leitete und alle Besucher auf die wei-
ßen Wölkchen aufmerksam machte. Die Maschine erregte damals gewaltiges Aufsehen in England.

1805 entstand ein zweites derartiges Fahrzeug für eine Kohlengrube in
Wylam, das aber nicht in Betrieb genommen wurde, weil es für die hölzernen Schienen offenbar zu schwer geraten war. Um seine Erfindung noch
mehr publik zu machen, ließ *Trevithick* eine dritte Lokomotive bauen, die
jedoch nun kein Schwungrad mehr besaß, sondern von einem vertikalen
Zylinder aus über einen Kreuzkopf unmittelbar die Räder antrieb. Diese
Maschine ist unter dem Namen »Catch me who can« bekannt geworden,

bedingt durch die beschränkten Abmessungen des Flammrohrkessels, ließ sehr zu wünschen übrig. Im praktischen Betrieb spielten die Lokomotiven jedenfalls keine rühmliche Rolle, zudem galt der Umgang mit ihnen als höchst lebensgefährlich. Der Betrieb wurde fast ausschließlich mit Pferden durchgeführt. Außerdem brachte das Ende des Krieges in Europa der englischen Industrie ab 1815 eine Krise. Die Kriegsproduktion nahm ab, die Kaufkraft der Massen verringerte sich durch Steuern gewaltig. So war es nicht verwunderlich, wenn in den zwanziger Jahren des 19. Jahrhunderts ein gewisser Stillstand eintrat und Gefahr bestand, die Lokomotiven wieder gänzlich abzuschaffen.

In dieser Zeit, die Ende der zwanziger Jahre einsetzte, war es *Stephenson*, der sich nur dem Lokomotivbau widmete und damit den entscheidenden Schritt in der Entwicklung vorwärts tat. Für ihn bestand das persönliche Interesse, die mit seinem Sohn betriebene Lokomotivfabrik weiterzubringen. Daneben kam ihm seine Verbindung zu *Henry Booth*, dem Sekretär der Manchester-Liverpool Railway, sehr zugute. Mit Recht wird daher der Tag von Rainhill als die eigentliche Geburtsstunde der betriebstüchtigen Lokomotive gefeiert.

1.2   Rainhill und Stephensons Lokomotiven

Die beiden Industriestädte Manchester und Liverpool sollten durch eine Eisenbahn miteinander verbunden werden. Man erwog ursprünglich den Betrieb mit Pferden oder Seilen auf unterteilten Streckenabschnitten. Dieser Bahnbau war aufgrund der sich ständig vergrößernden Industrie notwendig: Manchester brauchte eine Verbindung zu dem Hafen von Liverpool, um Industrieerzeugnisse in andere Länder zu exportieren. Die bisherigen Transportmöglichkeiten mittels Pferdegespann konnten mit der aufsteigenden Industrie nicht mehr Schritt halten. Die Industrie Liverpools benötigte wiederum Kohle von Manchester, um ihre Kapazität zu vergrößern. Der Bahnbau lag also im Interesse beider Städte und ihrer Unternehmer.

Infolge seiner Verbindung mit *Booth* gelang es *Stephenson*, das Direktorium von dem geplanten Betrieb mit Pferden und Seilen abzubringen, und die Bahn wollte schließlich ein Preisausschreiben für die beste Maschine veranstalten. Mit dem Bahnbau wurde *Stephenson* als Chefingenieur beauftragt. Als Preis wurden 500 Pfund ausgesetzt. Die Lokomotiven sollten am 1. Oktober 1829 abgeliefert werden und durften nicht über 550 Pfund kosten. Ihre

Erprobung sollte am 6. Oktober auf dem Streckenabschnitt bei Rainhill stattfinden. Die Bedingungen warfen ein bezeichnendes Licht auf die damalige Einschätzung der Lokomotive. Eine Masse von 20 t einschließlich Tender sollte mit einer Geschwindigkeit von 16 km/h bei einer Masse der Lokomotive von 6 t befördert werden. Der Dampfdruck durfte nicht mehr als 3,5 bar betragen. Interessant ist die Forderung nach einer Druckprobe mit 10,5 bar. Zwei Sicherheitsventile, Auspuff und Federung waren gleichfalls vorgeschrieben. Der Preis sollte der Lokomotive zuerkannt werden, die 20mal den 3 km langen Streckenabschnitt ohne Störung durchfahren würde.

Auf dem Plan erschienen fünf Lokomotiven: die »Sanspareil« von *Hackworth*, die »Novelty«, gebaut von *Ericsson* bei Braithwaite, die »Perseverance« von *Burstall*, die »Cycloped« von *Brandreth* und die »Rocket« von *Stephenson* Vater und Sohn. Die »Perseverance« schied aus, da sie schadhaft war, die »Cycloped« (Zyklopenfuß) hat man nicht zugelassen, da sie durch ein im Inneren aufgestelltes Pferd fortbewegt wurde, so daß schließlich nur drei Bewerber übrigblieben. Alle drei Lokomotiven waren zweiachsig, aber nur die »Sanspareil« hatte gekuppelte Radsätze.

Die »Novelty« war eine tenderlose Lokomotive, in aller Eile zusammengebaut und daher wenig betriebstüchtig. Der Kessel wirkte klein, das Feuer wurde mittels Blasebalg angefacht, zwei senkrecht stehende kleine Zylinder trieben mit Winkelhebeln über eine horizontale Treibstange den Treibradsatz. Ihre Dienstmasse betrug 6 t.

Timothy Hackworths »Sanspareil« wies die bisher übliche Bauart mit zurückkehrendem Flammrohr auf. Senkrecht stehende Zylinder wirkten auf den Treibradsatz, der mit dem zweiten Radsatz durch Kuppelstangen verbunden war. Sie scheiterte übrigens an einem Gußfehler des Zylinders, durch den Dampf in den Schornstein entwich. Diese Lok erreichte 22,5 km/h bei 19,4 t Anhängemasse.

Stephensons »Rocket« war die große Überraschung. Sie besaß erstmalig einen regelrechten Röhrenkessel und eine wasserumspülte Feuerbüchse, wodurch die Heizfläche sehr anwuchs. Merkwürdigerweise stammt diese Erfindung nicht von *Stephenson*, sondern von dem Sekretär der Bahn, *Henry Booth*. Ob *Booth* das im Jahre 1827 dem Franzosen *Marc Séguin* erteilte Patent auf einen Röhrenkessel bekannt war, ist zweifelhaft. Wahrscheinlich handelt es sich hier um eine jener nicht seltenen Doppelerfindungen. Der zylindrische Kessel der »Rocket« wies 25 kupferne Heizrohre auf, war 1,83 m lang und 1,02 m weit, die Heizfläche betrug 12 m², die Rostfläche 0,56 m², der Dampfdruck 3,5 bar. Der Auspuff wurde durch zwei Blasrohre zum Schornstein geleitet und diente zur Feueranfachung. Die Zylinder waren seitlich schräg, um 35° geneigt am Langkessel befestigt und trieben

wärtsexzenter mit ausklinkbaren Exzenterstangen. Die Handhabung dieser Steuerung war denkbar umständlich und setzte einige Fertigkeiten bei dem Personal voraus.

Eine wesentliche Erleichterung trat ein, als um die Mitte der dreißiger Jahre die Einexzenter-Gabelsteuerung durch *Norris*, Philadelphia, aufkam und 1836 *Hawthorn* in Newcastle eine Zweiexzenter-Gabelsteuerung mit je einer in die Schieberstange einklinkbaren Gabel einführte. Bei dieser Gabelsteuerung endete jede Exzenterstange in einer Gabel, in die abwechselnd je nach Fahrtrichtung ein Zwischenhebel der Schieberstange eingriff. Die Gabeln schwangen in Hängeeisen, der Umsteuerungshebel hob oder senkte die Gabeln. Es war dann nur ein kleiner Schritt, beide Gabelenden zu einer Kulisse zu verbinden, der auch von *Howe* 1842, dem Werkmeister *Stephensons*, gegangen wurde. Diese Anordnung ist uns als Stephenson-Steuerung seitdem geläufig. Die Gabelsteuerung war nach 1836 auch an deutschen Lokomotiven vorhanden.

Hatte *Stephenson* und seine englischen Kollegen zu Beginn der dreißiger Jahre noch das Monopol für Lieferungen auf den Kontinent, so traten alsbald zwei neue Konkurrenten in Erscheinung, die eigene Bauformen präsentierten und auf den deutschen Lokomotivbau nicht ohne Einfluß blieben, zumal sie mit der nötigen Reklame wirkten: *Norris* und *Baldwin*, beide aus Philadelphia. Zunächst soll uns *Norris* interessieren.

In Amerika hatte man an *Stephensons* Planet-Lokomotiven die gleichen Unzuträglichkeiten wie anderswo festgestellt. *Jervis*, der Chefingenieur der Mohawk and Hudson Railroad, versuchte, die Nickschwingungen zu beseitigen, indem er den Treibradsatz hinter den Stehkessel verlegte und den Laufradsatz durch ein zweiachsiges Drehgestell ersetzte. Dabei ging es *John Jervis* nicht etwa um die Kurvenläufigkeit; vielmehr suchte er nach einem Weg, die nunmehr veränderte Lokomotivmasse besser zu verteilen. Gleiche Gedanken verfolgte *Long*, der seine Werkstatt 1831 mit der von *William Norris* zusammenlegte. Das Jervis-Gestell bewährte sich. War es anfangs nur in waagerechter Ebene drehbar, so ließ die senkrechte nicht auf sich warten. Der größte Vorteil des Jervis-Gestelles mag damals gewesen sein, daß es sich so wundervoll den mangelhaft und überstürzt verlegten Gleisen anpaßte.

Nach diesen Grundsätzen brachte *Norris* 1836 seine 2'A-Lokomotive »Washington« heraus, die beträchtliches Aufsehen erregte. Das Drehgestell war recht weit nach vorn geschoben, sein Mittelpunkt unter der Rauchkammer. Der Treibradsatz lag vor dem Stehkessel, die Zylinder waren seitlich schräg an der Rauchkammer befestigt. Als große Vorteile stellten sich die Übersichtlichkeit des Außentriebwerkes und die gute Krümmungsläufigkeit heraus, wenn auch die Maschine sonst manche Mängel aufwies.

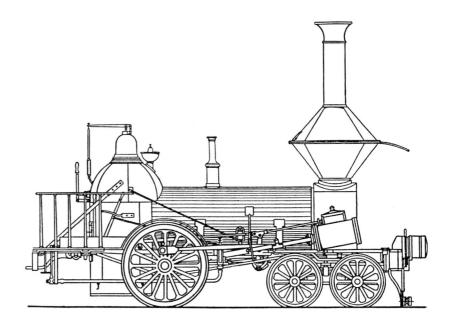

2′A-n2-Lokomotive der Berlin-Potsdamer Bahn, Norris 1839

Von dieser Bauart kaufte *Schönerer* die Lokomotive »Philadelphia« für Österreich (die Philadelphia-Brücke in Wien-Meidling ist eine letzte Erinnerung an sie). Die Norris-Lokomotive wurde fortan in Europa sehr viel verwendet, selbst in England wurde die amerikanische Bauart 1839 bis 1842 gekauft, da sie viele Neuerungen aufwies. Der große Absatz ermöglichte es *Norris*, in Wien eine Tochterfabrik zu errichten. Dieses Werk erleichterte

1A1-n2-Lokomotive »Beuth« der Berlin-Anhalter Bahn, Borsig 1843 (Nachbildung)

ihm die Handelsmöglichkeiten und sicherte guten Verdienst. Die Berlin-Frankfurter Bahn stellte 1839 allein 15 Norris-Lokomotiven in Dienst, einzelne liefen auch auf den Breslau-Freiburger, Berlin-Stettiner, Berlin-Potsdam-Magdeburger, Bergisch-Märkischen und anderen Bahnen. Die Norris-Lokomotive ist die Stammutter der sogenannten »Amerikanerlokomotive«, die uns noch beschäftigen soll, und die besonders in Süddeutschland ziemlich verbreitet war.

Wir sahen bereits, daß *Borsigs* erste Lokomotive 1841 unmittelbar an *Norris* anknüpfte und lediglich den Stehkessel durch einen hinteren Laufradsatz unterstützte. Von dieser Bauart verließen jedoch nur wenige Maschinen seine Werkstatt, 1843 schon kehrte er zur guten 1A1 zurück. Hierbei ging er schon einen Schritt weiter, und seine damals entstandene Lokomotive »Beuth« zeigte manche Züge der Stirling-Lokomotive, keinesfalls zu ihrem Nachteil. Mit der »Beuth« kamen zugleich die besten Errungenschaften des englischen Lokomotivbaues nach Deutschland. 1846 ging *Borsig* noch einen Schritt weiter und legte bei seiner 1A1 die Zylinder waagerecht. Damit entstand die beliebteste und tüchtigste aller 1A1-Bauarten, deren bekannte Vertreterin die »Borussia« war. Sie mag gleichzeitig als typisch für die endgültig von *Borsig* gewählte Bauform gelten.

Schuf *Borsig* nunmehr seine durch große Einfachheit und Betriebstüchtigkeit ausgezeichneten Bauarten, so war die aus den Anfängen uns bereits bekannte Forrester-Lokomotive inzwischen auch nach Deutschland gewandert. Von 1838 bis 1843 lieferte *Forrester* fünf Maschinen an die Braunschwei-

Joseph Anton von Maffei (1790–1870) besaß seit 1837 ein Eisenwerk in München und nahm 1841 den Lokomotivbau auf.

1A1-n2-Lokomotive »Bavaria« der Bayerischen Staatsbahn, Maffei 1844 (Modellnachbildung)

gische Eisenbahn. Von hier kam dieser Typ nach Bayern und wurde dort zur Jahrzehnte herrschenden Bauform, nachdem *Hall*, der technische Leiter des Maffeischen Werkes, sich für sie entschieden hatte. Doch damit eilen wir der Entwicklung bereits voraus. Wir müssen zunächst sehen, was anderweitig noch alles vor sich ging. Als Zwischenergebnis können wir feststellen, daß zu Beginn der vierziger Jahre bereits eine stattliche Anzahl schöner und auch leistungsfähiger Lokomotiven auf deutschen Bahnen vertreten war, daß das unsichere Tasten ganz bestimmten Baugrundsätzen zu weichen begann und daß der deutsche Lokomotivbau bereits nach kurzer Zeit ein gewichtiges Wörtchen mitzureden hatte.

Seite 37:
Männer der
Lokomotive:
der Schlosser,
Arbeiter der Maschi-
nenfabrik Esslingen
auf »Kopernicus«
für die Hessische
Ludwigsbahn, 1860

der »Patentee«, jedoch mit einem Kessel, bei dem die Rohre von 2 743 auf
3 962 mm, später sogar auf 4 267 mm, verlängert waren. Vor einer Verlängerung des Achsstandes fürchtete man sich wahrscheinlich im Hinblick auf die
Krümmungsbeweglichkeit. Die neue Maschine zeigte also das seltsame Bild,
daß der Kessel mit Rauchkammer, Zylindern und Stehkessel weit über die
Laufradsätze hinausragte und damit Überhänge aufwies, die lauftechnisch
denkbar ungünstig waren. Damit war die »Long-boiler«- oder »Langkessel«-Lokomotive geboren, die in Deutschland später weit verbreitet war und
sich besonders in ihrer steifachsigen 1B-Form recht lange behauptete. Neu
an der Stephensonschen Maschine war auch der einfache Innenrahmen, der
sich nunmehr durchsetzte und die alten komplizierten Rahmenbauten verdrängte, allerdings immer noch in der bisherigen fehlerhaften Bauweise mit
Einbeziehung des Stehkessels. Bedeutendster Fortschritt war jedoch die erstmalige Anwendung der bereits erwähnten Howe-Steuerung, die uns als Stephensonsche Kulissensteuerung geläufig ist.

Und nun begann die große Long-boiler-Periode. Alle Welt baute Langkesselmaschinen. In Deutschland hielt sie noch im gleichen Jahre ihres Entstehens ihren Einzug. Die Badische Staatsbahn, die Berlin-Hamburger Bahn,
die Niederschlesisch-Märkische Bahn und die Hannoversche Staatsbahn
beschafften sofort Long-boiler-Maschinen. Den Neuanschaffungen folgte
sogar eine allgemeine Umbauwelle. Man nahm einfach die »Patentee« und
flickte einen Kesselschuß hinein, um so auf billige Art die neue technische
Errungenschaft zu erhalten. Hierin gingen 1843 die Berlin-Anhalter Bahn,
die Taunusbahn und die Altona-Kieler Bahn voran.

Georg Egestorff (1802–1868) war Inhaber einer Maschinenfabrik in Linden und baute 1846 die erste Lokomotive in Hannover.

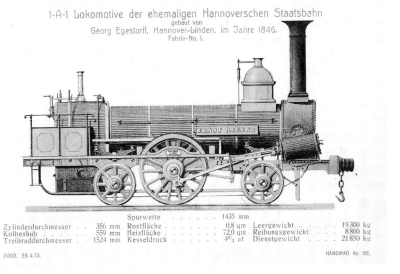

1-A-1 Lokomotive der ehemaligen Hannoverschen Staatsbahn
gebaut von
Georg Egestorff, Hannover-Linden, im Jahre 1846.
Fabrik-No. 1.

	Spurweite	1435 mm	
Zylinderdurchmesser	356 mm	Rostfläche . . . 0,8 qm	Leergewicht . . . 19.300 kg
Kolbenhub	559 mm	Heizfläche . . . 72,0 qm	Reibungsgewicht . . . 8800 kg
Treibraddurchmesser	1524 mm	Kesseldruck . . . 4²/₃ at	Dienstgewicht . . . 21850 kg

2000. 29.4.13.

HANOMAG No 86.

1A1-n2-Lokomotive der Hannoverschen Staatsbahn, Egestorff 1846

Wir geben zu, daß zunächst etwas Bestechendes an dieser neuen starken Bauart gewesen sein mag, denn die Maschinen befriedigten aufgrund ihrer Leistungsfähigkeit durchaus. Wie wesentlich sich die Vergrößerung des Kessels auswirkte, zeigte die Lokomotive »Ernst August«, die Fabrik-Nr. 1 der Maschinenfabrik Egestorff, Hannover-Linden, der späteren Hanomag, bei der 1846 der Lokomotivbau begonnen wurde. Mit der Long-boiler-Bauart nahm auch *Richard Hartmann*, der Begründer der Sächsischen Maschinenfabrik zu Chemnitz, den Lokomotivbau 1848 auf.

Wir erkennen die Besonderheit der neuen Bauart, nämlich das Anwachsen der Heizfläche auf fast das Doppelte, während die Rostfläche nur in bescheidenem Maße vergrößert wurde. Besonders aber die »Ernst August«, bei der übrigens die nur leicht überhöhte Stehkesseldecke angenehm auffällt, zeigte deutlich den wunden Punkt der Long-boiler-Bauart, den Überhang. Wir wollen allerdings nicht vergessen, daß es nicht ganz einfach gewesen wäre, den Aschkasten einem darunterliegenden Laufradsatz anzupassen, und daß es also nur ein Entweder-Oder gegeben haben mag. Bei den damaligen geringen Geschwindigkeiten – es kam ja zunächst auf die Erhöhung der Zugkraft an – mag man wohl auch den Überhang durchaus noch nicht als störend empfunden haben. Peinlicher war das schon in den Fällen, in denen die Long-boiler-Maschine im Schnellzugdienst eingesetzt wurde. Und hier erhob bereits einer der bedeutendsten Lokomotivingenieure der damaligen Zeit, der Maschinenmeister der Taunusbahn *Edmund Heusinger v. Waldegg*, im Dezember 1844 seine warnende Stimme. Er machte auf die Gefahr des Überhanges bei Schnellfahrten aufmerksam, leider ohne Erfolg, zumal der Erfinder der neuen Bauart, *Stephenson*, mit besonderer Hartnäckigkeit seine Gedanken vertrat.

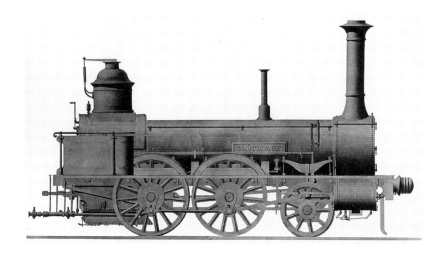

1B-n2-Lokomotive »Glück auf« der Sächsisch-Bayerischen Eisenbahn, Hartmann 1848

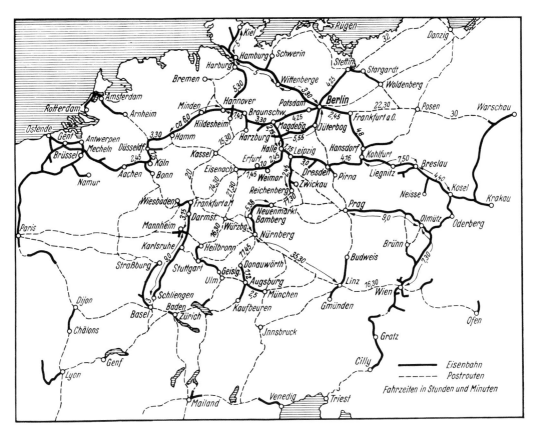

Um die Mitte der vierziger Jahre des vorigen Jahrhunderts setzte in England der »Kampf um die Spurweiten« ein, der Streit, ob nun die Stephenson-Spur von 1 435 mm oder die Breitspur von 2 134 mm vorzuziehen sei. *Stephenson* hielt es aufgrund seiner neuen Maschine für angebracht, in den Streit einzugreifen. Bei einem Schnellfahrversuch 1845 entgleiste jedoch seine Long-boiler-Maschine bei 77 km/h und kippte um. *Daniel Gooch*, der Erfinder der nach ihm benannten Steuerung, hatte die Fahrt mitgemacht und erzählte, daß der Lauf der Maschine kurz vor dem Unfall beängstigend unruhig geworden sei. *Stephenson* lehnte jedoch den Überhang als Ursache strikt ab und berief sich auf seine langjährigen Erfahrungen.

Es setzte aber eine Serie von Unfällen ein, unter denen besonders das Unglück von Gütersloh im Blickpunkt der deutschen Öffentlichkeit stand: Am 21. Januar 1851 entgleiste auf der Köln-Mindener Bahn die Long-boiler-Maschine eines Zuges, in dem sich der damalige Kronprinz Friedrich Wilhelm, der spätere Kaiser Friedrich III., befand. Das Unglück forderte drei Todesopfer und zahlreiche Verletzte. Die preußische Regierung setzte daraufhin eine Kommission ein, um die Konstruktionsverhältnisse der Lokomotiven zu überprüfen. Meßwagen gab es damals noch nicht, und man versuchte, gefühlsmäßig durch Probelauf die Gefahrenzone festzustellen, die sich schließlich bei 80 km/h fand. Den Versuchen waren allerdings nur 1A1-Lokomotiven unterzogen. Als Siegerin ging übrigens in diesem Fall eine Crampton-Maschine hervor, die bei 112 km/h noch bemerkenswert ruhig lief. Die Untersuchungen endeten 1852 mit einem generellen Einsatzverbot von Long-boiler-Maschinen für schnellfahrende Züge in Preußen. Eine große Umbautätigkeit war die Folge. Man wußte sich jedoch zu helfen und verlegte den hinteren Laufradsatz hinter den Stehkessel, so daß der Achsstand durchweg von etwa 2 900 mm bis auf 4 400 bis 4 500 mm anwuchs. Und hierbei machte man die verblüffende Feststellung, daß sich diese Umbauten trotz ihres großen Achsstandes tadellos bewährten.

Die deutschen Long-boiler-Maschinen besaßen fast alle Außenzylinder. Es ist verständlich, daß die Schlingergefahr hierbei größer war als bei Innenzylindern. Merkwürdigerweise war man jedoch in Baden mit den Long-boiler-Maschinen zufrieden; ja, man rüstete dort auch die Lokomotiven mit Innentriebwerk mit Außenzylindern aus.

Bei unseren Betrachtungen nannten wir bereits die zweifach gekuppelte Lokomotive in der 1B-Form, und es ist an der Zeit, einige Worte über die Entwicklung ihrer Achsfolge zu erwähnen. Die Wurzeln liegen auch hier im Ausland, und wir wollen rasch die wichtigsten Entwicklungsstadien aufzählen. Von *Stephenson* stammen die 1A- und die 1A1-Bauform, aber auch *Bury* und *Forrester* begannen mit ersterer. Die B-Lokomotive ist uns bereits von *Hedley* her bekannt und erfreute sich in England schon in den zwanziger Jahren einer gewissen Beliebtheit, wobei sie eigentlich von Anfang an zum Güterzugdienst verurteilt war. In Deutschland kann jedoch von einer Verwendung der B-Lokomotive in größerem Umfang erst seit *Krauss* (1867) gesprochen werden, wenn auch die Berlin-Hamburger Bahn 1846/47 drei Maschinen dieser Bauart beschaffte.

1833 vergrößerte nun *Stephenson* den Achsstand einer seiner B-Lokomotiven durch Hinzufügen eines Laufradsatzes hinter dem Stehkessel, ein im Grunde einleuchtender und zwingender Gedanke. Diese neue B1-Bauform fanden wir auch schon bei der »Saxonia«. Nach dem Versailler Unglück wurden besonders in Frankreich die B-Loks in B1 umgebaut; in Deutschland begann die Leipzig-Dresdener Bahn mit dem Umbau ihrer aus dem Jahre 1837 stammenden Zweikuppler. Seitdem hielt sich die Spielart B1 auch in Deutschland. Schwierigkeiten bereitete bei ihr allerdings die Zylinderlage, müssen doch die Treibstangen über oder unter dem ersten Kuppelradsatz hinweggeführt werden. Das Interesse neigte sich daher bald mehr der 1B-Lok zu, die eine wesentlich bequemere Zylinderanordnung gestattete.

So schnell wie sie gekommen war, verschwand die Crampton-Lokomotive auch wieder. Nach 1864 ist kein Neubau in Deutschland mehr zu finden. Ursache waren die Erhöhung der Zugmassen und die damit erforderliche Steigerung der Zylinderzugkraft, wiederum mit der allgemeinen Erhöhung des Dampfdruckes auf 8 bar verbunden. War der weit nach hinten geschobene Treibradsatz an sich schon infolge der bei Nickschwingungen wechselnden Be- und Entlastungen problematisch, so genügte alsbald seine Reibung nicht mehr, und die Lok geriet fortwährend ins Schleudern. Langsam setzte sich die zweifach gekuppelte Lokomotive durch, die das Jahrhundert dann überdauern sollte.

Mit der Crampton-Lokomotive sind wir bereits bis in die sechziger Jahre vorausgeeilt, und es bleibt nunmehr zu untersuchen, welche Schwestern sie in der Zwischenzeit bekam. Da meldete sich um die Mitte der vierziger Jahre in Deutschland und Österreich ein neuer Sprößling der großen Mutter Eisenbahn, dessen Abstammung einer näheren Untersuchung wert ist.

2.3 Die Gebirgslokomotive und ihre Weiterentwicklung

Zu Beginn ihres Daseins war jede Lokomotive eine »Lokomotive« schlechthin, Unterschiede im Verwendungsbereich kannte man noch nicht. Es will uns heute seltsam erscheinen, wenn *Stephenson* seine »Patentee« mehrfach »als vorzüglich für Erdbewegungen beim Bau von Eisenbahnen geeignet« anpreist. Dabei war die »Patentee« an und für sich eine vorzügliche Schnellzuglokomotive und hat sich als solche bis in die sechziger Jahre hinein behaupten können. Man stellte jedoch bald fest, daß die Anforderungen, die an Bauweise und Laufeigenschaften zu stellen sind, mitunter recht gegensätzlicher Natur waren. Erste Schwierigkeiten ergaben sich, als die Bahnen aus dem Flachland in die Mittelgebirge geführt wurden. Hier traute man der Lokomotive anfangs herzlich wenig zu, und allgemein wurde der Betrieb auf Steigungsstrecken durch Pferde empfohlen. Die versuchsweise eingesetzten großrädrigen 1A1-Lokomotiven waren erklärlicherweise den Anforderungen nicht gewachsen. Dennoch ließen sich Steilrampen nun einmal nicht umgehen. 1839 wurde auf dem Wiener Südbahnhof eine kurze Rampe 1:30 mit Lokomotiven betrieben, Anstände ergaben sich nicht. Um so mehr überraschte der Standpunkt *Stephensons* selbst, der für den Betrieb von Steilrampen, wie bei der Erbauung der Semmeringbahn, ernstlich eine schiefe Ebene mit Seilbetrieb empfahl, obwohl er selbst Versuche mit Loks in England erfolgreich durchgeführt hatte. 1834 war von ihm eine C-Lokomotive herausgebracht und damit auch die dreifache Kupplung im Lokomotivbau eingeführt worden. Den Anlaß hierzu hatten Schwierigkeiten beim Transport der Kohlenzüge auf starken Steigungen gegeben. Jedoch sollten noch zehn Jahre vergehen, ehe auch in Deutschland das Bedürfnis nach höheren Kupplungsgraden auftrat.

Den Anfang machte die Braunschweigische Bahn, deren Strecke Vienenburg–Bad Harzburg einige Rampen von 1:98 bis 1:46 aufwies. Nachdem man mit einfach gekuppelten Lokomotiven gescheitert und zum Pferdebetrieb übergegangen war, entschloß man sich, aufgrund der Erfahrungen in England zwei dreifach gekuppelte Lokomotiven bei *Stephenson* in Auftrag zu geben. Im Jahre 1843 wurde die erste C-Lokomotive geliefert, die erfolgreich war. Voller Freude schreibt die Herzoglich-Braunschweigische Eisenbahnkommission in einem Gutachten vom 31. Dezember 1843: »Unbedenklich können jetzt Steigungsverhältnisse von 1:100 und darüber angenommen werden, ohne daß im mindesten für Deutschlands Verhältnisse der geringste Nachteil für einen regelmäßigen und vorteilhaften Betrieb zu befürchten steht.« Die »Crodo«, jener erste in Deutschland gelaufene Dreikuppler, war eine Long-boiler-Maschine mit Innenzylindern und Kulissensteuerung. Der mittlere Treibradsatz hatte spurkranzlose Räder.

Waren wir der Long-boiler-Maschine bereits als 1A1- und als 1B-Lokomotive begegnet, so gesellte sich nunmehr auch noch der Dreikuppler hinzu, und letzterer sollte der langlebigste von allen sein. Mit seinen großen Überhängen finden wir ihn als Güterzuglokomotive vereinzelt noch bis zum Zweiten Weltkrieg.

Das Beispiel der Braunschweigischen Bahn machte Schule, und bald darauf stellten auch andere Bahnen dreifach gekuppelte Lokomotiven in Dienst. Zunächst griff man für Linien mit starken Neigungen nach ihr: 1845 Baden auf Breitspur mit Keßlerschen Maschinen, 1848 Bayern. Letztere Bahn verlegte zur Erhöhung der Reibungsmasse den Wasserbehälter auf den Lokomotivkessel, so daß die Maschine einen eigenartigen Anblick bot. Es handelt sich bei dieser Maschine gleichzeitig um eine der wenigen Innenrahmenbauarten der Bayerischen Staatsbahn; ihre Nachfolgerinnen wurden wieder mit Hallschem Außenrahmen ausgeführt. Auch die noch bei den ersten Stephenson-Maschinen vorhandenen Innenzylinder erfreuten sich in Deutschland nie großer Beliebtheit und wurden bald durch Außenzylinder ersetzt.

Die dreifach gekuppelte Maschine war anfangs ausschließlich für den Dienst auf Steigungen bestimmt, erst später wanderte sie langsam ins Flachland. Nun tritt uns ein Problem entgegen, das dem Lokomotivbau recht früh

(wie Pferdegespanne) durch neue, der Wirtschaft des Landes entsprechende zu ersetzen. Hierbei spielte die Verbindung der Hauptstadt Wien mit der Hafenstadt Triest die bedeutendste Rolle, die damals zu Österreich gehörte. Längst konnte die beschwerliche Straße über den Semmering die Aufgaben nicht mehr erfüllen. 1848 begann man deshalb mit dem Bau der hochwichtigen Bahn über den Semmering.

Diese Strecke sollte in jeder Hinsicht das Schulbeispiel für alle Gebirgsbahnbauer werden. Aus ihr ist in Deutschland die Anlage der Schwarzwaldbahn, der bedeutendsten deutschen Gebirgsbahn, abzuleiten. Die Semmeringstrecke weist Steigungen von 25 ‰ und Kurvenhalbmesser bis zu 190 m herab auf. Es galt nun, eine diesen Bedingungen gerecht werdende Lokomotivbauart zu finden. Im Grunde erscheint es heute grotesk, daß der geniale Erbauer der Bahn, *Karl Ritter v. Ghega*, das Vorhaben ausführte, ohne überhaupt Klarheit über die Beförderungsmittel zu besitzen. Wieder beschritt man 1850 den bewährten Weg des Preisausschreibens, das fast alle namhaften Lokomotivbauer auf den Plan rief. Als Betriebsprogramm war die Beförderung eines Zuges von 140 t mit einer Geschwindigkeit von 11,4 km/h auf 25 ‰ Steigung aufgestellt. Zur Lösung trafen vier Lokomotiven 1851 im Bahnhof Payerbach ein, die wir kurz erwähnen müssen, da sie im Grunde sämtlich neue Erkenntnisse und außergewöhnliche Lösungen aufwiesen, die für die Zukunft bedeutsam wurden:

1. die »Bavaria«, gebaut von Maffei in München;
2. die »Wiener Neustadt«, gebaut von Günther, Wien;
3. die »Seraing«, entworfen von Laußmann, gebaut von Cockerill;
4. die »Vindobona«, gebaut von der Wiener Maschinenfabrik.

Aufgrund der Probefahrten im Sommer 1851 wurde der »Bavaria« der erste Preis zuerkannt. Alle vier Bauarten befriedigten und übertrafen sogar die Bedingungen hinsichtlich der geforderten Leistung, keine vermochte jedoch dem Dauerbetrieb standzuhalten, da bei allen die Kurvenläufigkeit nur unvollkommen gelöst war. Die »Bavaria« als die wirtschaftlichste Maschine wies ein vorderes zweiachsiges und ein hinteres dreiachsiges Drehgestell auf. Die Zylinder wirkten auf die beiden vorderen Radsätze, während eine Gliederkette die Kraftübertragung auf das hintere, gleichfalls gekuppelte Drehgestell besorgte. Es war vorauszusehen, daß die empfindliche Kette dem Dauerbetrieb nicht gewachsen sein konnte.

Die »Wiener Neustadt« war eine Tenderlokomotive mit zwei durch je ein Zylinderpaar angetriebenen Drehgestellen, also eine Vorläuferin der späteren Meyer-Maschinen. Die »Seraing«, gleichfalls mit zwei Drehgestellen ausgerüstet, hatte zwei Kessel, die man sich mit der Stehkesselrückwand aneinandergestellt denken muß. Sie besaß also zwei Feuerbüchsen und an jedem Ende einen Schornstein, auch die Zylinder lagen an beiden Lokomotivenden. Sie ist die erste Vertreterin der späteren Fairlie-Bauart.

Noch interessanter war die vierte der Preislokomotiven, die sozusagen mit dem Trostpreis davongekommene »Vindobona«. Mit ihr trat der Name eines der bedeutendsten österreichischen Lokomotivbauer erstmalig auf: *John Haswell*, ein in Wien naturalisierter junger englischer Ingenieur, vielleicht der wagemutigste und unternehmungslustigste der alten Lokomotivbauer. *Haswell* baute bei der Wiener Maschinenfabrik für den Semmering-Wettbewerb einen Dreikuppler in Long-boiler-Bauweise, eben die »Vindobona«. Jedoch bereits in der Fabrik stellte sich heraus, daß die Verteilung der Masse nicht gelungen war, denn die Achsfahrmasse des ersten Kuppelradsatzes war viel zu hoch. Da es jedoch für die Ablieferung der Maschine bereits höchste Zeit geworden war, blieb keine Zeit zu umfangreichen Umbauten. *Haswell* fügte daher kurzentschlossen hinter dem Stehkessel einen vierten Kuppelradsatz an, wobei der Achsstand zwischen drittem und viertem Kuppelradsatz nun außerordentlich groß geraten war. Die »Vindobona« war damit der erste Vierkuppler in Europa. In Amerika waren vierfach gekuppelte Lokomotiven bereits seit 1844 geläufig. Die Maschine hatte nur den Nachteil, daß ihr übermäßig großer fester Achsstand das Befahren der Krümmungen unmöglich machte, sie mußte die Probefahrten mit ausgehängten Kuppelstangen zwischen drittem und viertem Radsatz durchführen, wobei sich zeigte, daß auch dreifache Kupplung noch vollkommen ausreichte. *Haswell* war zwar infolge seines Trostpreises schwer verärgert, jedoch befolgte er den ihm von *v. Ghega* gegebenen Rat, den vierten Radsatz seitenverschiebbar zu machen, und brachte 1855 die ersten beiden brauchbaren Vierkuppler heraus, die »Wien-Raab« und die »Comorn«.

Dem Preisgericht zur Seite stand der k.-k. technische Rat, Professor *Wilhelm Engerth*, der aufgrund eingehender Studien mit den Probestücken im Jahre 1853 einen eigenen Entwurf aufstellen und von Cockerill und der Maschinenfabrik Esslingen ausführen ließ. Die Maschine war sehr sorgfältig durchkonstruiert und brachte weitere neue Ideen. Sie ist als Engerth-Stütztenderlokomotive in die Geschichte eingegangen. In ihrer ersten Ausführung wies sie im Hauptrahmen drei sehr eng gestellte Kuppelradsätze auf, wobei der dritte Radsatz Treibradsatz war. Der Raddurchmesser wurde sehr klein gehalten und betrug nur 1 068 mm. Der weit über den Hauptrahmen nach hinten ragende Kessel wurde durch ein zweiachsiges Drehgestell mit getragen, wobei der Drehpunkt unmittelbar hinter dem dritten Lokomotivradsatz lag. Das Drehgestell trug dabei gleichzeitig die Vorräte, war also ebenfalls stark belastet. Die beiden Radsätze des Gestells waren gekuppelt. Das Merkwürdigste an der Maschine war eine Zahnradkupplung zwischen

drittem Treibradsatz und erstem Drehgestellradsatz, die über eine Zahnrad-
blindwelle bewirkt wurde, also in ähnlicher Weise wie der später gebräuchliche Luttermöller-Antrieb. Der Drehpunkt des Gestells befand sich über
dem mittleren und hinteren Zahnrad. Da das Drehgestell in den Krümmungen nur einen Ausschlag von 2° hatte, ergaben sich bei der groben Zahntei-
lung keine Anstände. Die Zahnradkupplung wurde nur an einer Maschine
ausgeführt, die damit jedoch mehr als 20 000 km lief. Die Weiterverwen-
dung dieser Übertragung unterblieb, weil die Reibung der drei Kuppelradsätze noch völlig ausreichte. Es ist möglich, daß eine ähnliche Vorrichtung
an einer Baldwin-Lokomotive der Columbia-Railroad, Philadelphia, von
1842 bekanntgeworden war.

Engerth-Lokomotiven fanden in Österreich, Frankreich und der Schweiz
weite Verbreitung und dienten als vollwertiges Triebfahrzeug, solange die
Kurvenläufigkeit mit anderen Mitteln noch nicht erreichbar war. Im übrigen
erwies sich diese Bauart als ein nicht ungefälliges Mittelding zwischen
Schlepptender- und Tenderlokomotive und ermöglichte auf bequeme Art
eine große Rostfläche. So wurde sie auch bald im Flachland verwendet,
wobei der Treibraddurchmesser entsprechend zunahm. So besaß die Österreich-Ungarische Staatsbahn eine große Anzahl B3'-Eilzuglokomotiven mit
Innenzylindern.

Bei dieser Gelegenheit sei noch auf eine Bauart hingewiesen, die in
Deutschland nicht recht heimisch wurde, gleichwohl aber als deutsche Ausführung der Engerth-Lokomotive gelten kann: die Beugniot-Stütztenderlo-
komotive. Der überhängende Stehkessel ruht hier nicht, wie bei Engerth,
zwischen den Tenderradsätzen, sondern das hintere Ende des Rahmens
stützt sich auf den ersten Tenderradsatz.

**C2'-n2-Lokomotive
Bauart Engerth der
Semmeringbahn,
Cockerill 1851**

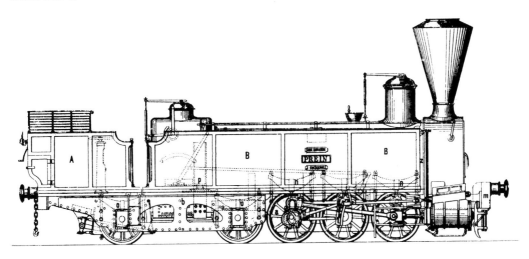

Die Braunschweigische Eisenbahn griff diese Bauart 1861 auf. Anlaß war eine neuartige Rostbauart, die es ermöglichen sollte, ungesiebte Grubenkohle zu verbrennen, wozu der Rost in zwei Teilen ausgeführt wurde und über 2 m lang war. Zur Unterbringung dieses großen Rostes griffen die Ingenieure *Behne* und *Kool* auf die Beugniotsche Maschine zurück. Egestorff lieferte von 1861 bis 1874 eine ganze Reihe Lokomotiven in den Bauformen C3′ und B3′ an die genannte Bahn. Das blieben jedoch so ziemlich die einzigen Stütztenderlokomotiven in Deutschland; die Heimatländer sowohl der Engerth- als auch der Beugniot-Lokomotiven waren die Schweiz, Österreich und Frankreich, wo sie viele Jahre ihren Dienst verrichteten. Auch in der Literatur waren jahrzehntelang Bilder von Engerth-Lokomotiven sehr verbreitet. Die Engerth-Lokomotive sollte aber noch in anderer Hinsicht von Bedeutung sein. Mit ihr wurde im eigentlichen Sinne eine Güterzuglokomotive entwickelt.Die fünfziger Jahre brachten also die reinliche Scheidung der Lokomotivbauarten. Bestand vorher die Universalmaschine (1A1, frühe 1B und C), so entstanden mit der Crampton-Lokomotive die ausgesprochene Schnellzugmaschine und mit der Engerth-Maschine die Güterzuglokomotive. Und dazwischen lag die Gemischtzugmaschine oder »locomotive mixte« mit dem mittleren Treibraddurchmesser für oft haltende und mäßig schnelle Personenzüge. Um 1860 war die Scheidung nahezu vollzogen, wenn es in der ersten Zeit auch viele Rückfälle gab, meist in den Phasen, in denen die Schnellzuglokomotiven nicht voll ausgelastet waren. Wir verzeichnen Bahnen, die noch bis in die achtziger Jahre hinein allein mit Gemischtzuglokomotiven zurechtkamen; vor allem *Krauss* verlieh dieser Bauart nach 1867 bei den oldenburgischen Bahnen neuen Auftrieb.

B3′-n2-Lokomotive System Behne-Kool der Braunschweigischen Staatsbahn, Egestorff 1861

2.4   Die Amerikanerlokomotive

Bevor wir jedoch die Entwicklung nach der Aufteilung der Zuggattungen weiter verfolgen, müssen wir noch einmal zu unserem Ausgangspunkt um 1840 zurückkehren und eine weitere Bauart erwähnen, die nicht minder bedeutungsvoll geworden ist: die »Amerikanerlokomotive«. Wir kamen bereits auf sie zu sprechen bei der Beschreibung der deutschen Norris-Lokomotiven.

Das Drehgestell, Hauptmerkmal des American-type, findet sich erstmalig unter dem Spitznamen »bogie« in einem Patent von *Chapman* 1812. *Jervis*, der seine Sorgen mit den nach Amerika gelieferten 1A-Lokomotiven hatte, führte 1832 das Drehgestell bei der Lokomotive »Brother Jonathan« ein, ursprünglich vor allem, um die lästigen Nickschwingungen zu beseitigen. Hier ist also der seltsame Tatbestand zu verzeichnen, daß man in Amerika von Anfang an den Kardinalfehler der alten Lokomotiven, den zu kurzen Achsstand, erkannte und zu beseitigen suchte, während sich in Europa jahrzehntelang die gelehrtesten Köpfe um das Für und Wider stritten. Bedingt war diese unterschiedliche Entwicklung durch die in Amerika immer verhältnismäßig langen, fast kurvenlosen Bahnstrecken, die auch eine höhere Geschwindigkeit verlangten, während in Europa diese Strecken nur in geringem Maße vorhanden waren und deshalb der Streit so lange Zeit andauerte. Beim Jervis-Gestell lagen allerdings beide Laufradsätze sehr eng zusammen. Im Grunde ging es nur um die Verteilung der Masse. Der Drehzapfen war jedoch bereits vorhanden, während *Jervis'* Vorgänger zunächst nur um die Drehung in quer zur Lokomotive laufender waagerechter Achse besorgt waren.

Neben zahlreichen Versuchen anderer Ingenieure griff auch *Baldwin* die Gedanken *Jervis'* auf. Sein »swiveling truck«, das zwei Kuppelradsätze oder Lauf- und Kuppelradsatz vereinigt, war kein Drehgestell im engeren Sinne, sondern bewirkte mittels zweier Seitenbleche eine gegenseitige Verschiebbarkeit der Radsätze. Die ersten drei württembergischen Lokomotiven von 1845, die *Baldwin* lieferte, waren mit diesem Gestell ausgerüstet.

Baldwins Bauart, die in Deutschland keine weite Verbreitung fand, wurde durch *Norris* übertroffen. Nach dessen Ideen hatte *Campell* 1836 die erste 2′B-Drehgestellokomotive herausgebracht. Die Frage der gleichmäßigen Masseverteilung löste *William Norris* durch Anwendung nur einer Tragfeder an jeder Seite, deren Enden nahe den Achslagern auf dem Drehgestellrahmen auflagen. Der bei ihm noch ausgeprägte Rahmen trat alsbald in Amerika zurück, auf reichlichen Umwegen trieb die Entwicklung zur Einführung

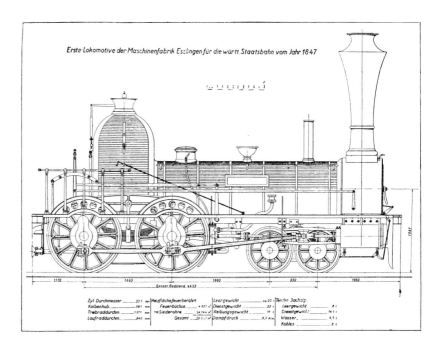

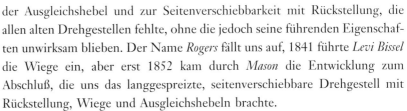

2′B-n2-Lokomotive Klasse III der Württembergischen Staatsbahn, Esslingen 1846

Carl Anton Henschel (1780–1861) projektierte Eisenbahnen seit 1832 und ergriff 1848 die Initiative zum Lokomotivbau in Kassel.

der Ausgleichshebel und zur Seitenverschiebbarkeit mit Rückstellung, die allen alten Drehgestellen fehlte, ohne die jedoch seine führenden Eigenschaften unwirksam blieben. Der Name *Rogers* fällt uns auf, 1841 führte *Levi Bissel* die Wiege ein, aber erst 1852 kam durch *Mason* die Entwicklung zum Abschluß, die uns das langgespreizte, seitenverschiebbare Drehgestell mit Rückstellung, Wiege und Ausgleichshebeln brachte.

In dieser Form fand es jedoch erst zu Beginn der neunziger Jahre Eingang in Deutschland, nachdem das alte Norris-Drehgestell durch die Long-boiler-Maschine wieder verdrängt worden war. Württemberg bezog mit den drei Baldwin-Lokomotiven gleichzeitig auch drei Norris-2′B-Maschinen, die ersten ihrer Art in Deutschland, die für die Weiterentwicklung bei dieser Bahnverwaltung richtungweisend wurden. Hier erschien auf den krümmungsreichen bergigen Strecken das Drehgestell angebracht. Leider ist eine Abbildung dieser ersten 2′B-Lokomotiven nicht erhalten, wir können ihr Aussehen so nur vermuten. Kessler fertigte 1846 nach ihrem Vorbild seine ersten 2′B-Maschinen, Maffei übernahm die Bauart. 1848 folgten auch Baden und die Hessische Nordbahn, für die Vater und Sohn Henschel ihre erste Lokomotive, die »Drache«, lieferten.

Alle Maschinen wiesen vorderen Überhang auf, den Henschel durch Schräglage der Zylinder zu mildern suchte. Mit der Lok »Drache« führte sich Henschel bestens ein. Die Bauart ist durch die anschauliche Schilderung des Eisenbahningenieurs *Max Maria v. Weber* von der Fahrt auf dem Führerstand eines Bruders der »Drache«, der »Greif«, allgemein bekannt geworden. Zweifellos wurde mit diesen Maschinen eine sehr glückliche Form gefunden. Die Bauart war ein erheblicher Fortschritt gegenüber den steifachsigen Long-boiler-Maschinen. Besonders Württemberg blieb der Amerikanerlokomotive bis 1868 treu, dann führte allerdings der neue maschinentechnische Leiter, der von Hannover kommende *Heinrich Brockmann*, die ihm geläufige Long-boiler-Maschine in Württemberg ein. Radikal wurden sogar sämtliche 2′B-Lokomotiven umgebaut. Die Bahn brauchte lange, um diesen Rückschritt zu überwinden.

Gut gelungen war die württembergische Schnellzuglokomotive der Klasse A von 1854, die nicht ohne Blick auf *Crampton* entstand, hatte man doch

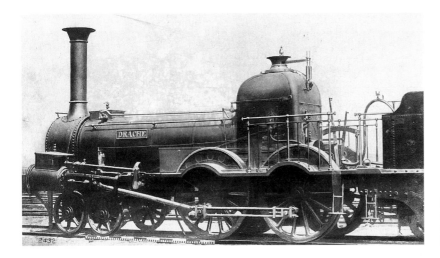

2′B-n2-Lokomotive »Drache« der Hessischen Nordbahn, Henschel 1848

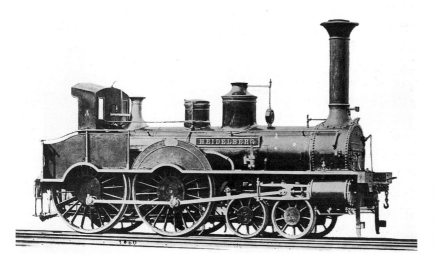

2′B-n2-Schnellzuglokomotive Klasse A »Heidelberg« der Württembergischen Staatsbahn, Esslingen 1854

bereits die hohe Stehkesseldecke verlassen. Dieser Maschine fehlten zur Vollkommenheit nur eine bessere Versteifung des Drehgestells und die Verlegung der Zylinder in Drehgestellmitte. Gerade bei Betrachtung dieser Konstruktion wird deutlich, wie sehr Kurzsichtigkeit und Engstirnigkeit eine Entwicklung hindern konnten, die den Lokomotivbau in Deutschland wahrscheinlich um ein volles Jahrzehnt vorangebracht hätte. Bemerkenswert ist,
daß an dieser Maschine *Joseph Trick* zum erstenmal die nach ihm benannte
und zugleich mit der von dem Engländer *Alexander Allan* erfundene Steuerung ausführte.

Die württembergische Güterzuglokomotive von 1859 zeigte bereits eine
dritte Entwicklungsstufe: Die Zylinder lagen nunmehr zwischen Drehgestell
und Kuppelradsatz, die Führung der außenliegenden Einströmrohre erin-
nert bereits an die nachmalige de Glehnsche Bauart. Leider war die
Maschine für den schweren Dienst etwas schwach bemessen, so daß sie den
gedachten Zweck nicht voll erfüllte.

Auch in Baden hatte die Amerikanerlokomotive gleichzeitig mit Württemberg Eingang gefunden. Dort beschaffte man von 1861 bis 1875 ununterbrochen 2′B-Lokomotiven, allerdings mit recht bescheidenen Abmessungen.
Von der glatten runden Crampton-Stehkesseldecke ging man zu der von *Belpaire* eingeführten geraden Form über. Von den Crampton-Maschinen
wurde der Außenrahmen übernommen, wie überhaupt die badischen 2′B
eine gewisse Eigenständigkeit verraten, die auf französischem Vorbild beru-
hen mag.

Leider waren die Zugleistungen dieser Maschine so, daß sie keinesfalls zur

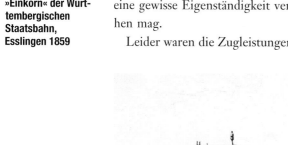

**2′B-n2-Güterzug-
lokomotive Klasse E
»Einkorn« der Würt-
tembergischen
Staatsbahn,
Esslingen 1859**

**2'B-n2-Schnellzug-
lokomotive
Klasse IIIa der
Badischen Staats-
bahn, Karlsruhe
1861**

**2'B-n2-Schnellzug-
lokomotive der
Hessischen Nord-
bahn, Esslingen
1848**

Nachahmung anregen konnten. Die bei anderen Bahnen laufenden 1B-Loks waren ihnen weit überlegen. Die letzte und schönste aller alten 2'B-Schnellzuglokomotiven war 1870 an die Sächsische Staatsbahn gekommen und verkörperte den Typ letztmalig in reiner Form: die sächsische Gattung VIII b1.

Nicht überall verlief die Entwicklung folgerichtig. Gleichzeitig mit den 2'B von Henschel beschaffte die Hessische Nordbahn noch Maschinen, bei denen alle vier Radsätze zwischen Zylinder und Stehkessel zusammengepfercht waren, und auch diese Bauart, so unglücklich sie aussieht, sollte Nachahmer finden. Wieder hatte die Long-boiler-Maschine Pate gestanden, und es ist erstaunlich, daß ihre Grundkonzeption dank ihrer allgemeinen Verbreitung auch hier so stark vorhanden war. An dieser Maschine ist deutlich sichtbar, daß man bestimmte Erkenntnisse noch nicht vollständig durch neue ersetzen konnte.

In dieser Form waren leider die Vorzüge der Bauart 2′B vollständig zerstört, ein Laufradsatz hätte anstelle des Drehgestells völlig ausgereicht. Den Vogel schoß 1865 die Firma Krupp ab, die in ihrem Werk eine gekaufte 2′B-Tenderlokomotive in Dienst stellte, bei der die Kuppelradsätze gleichfalls vor dem Stehkessel lagen, womit das ganze Führerhaus samt Vorratsbehältern hinten überhing. Wir weisen auf diese Auswüchse hin, um zu zeigen, daß auch die scheinbar geradlinigste Entwicklung Irrwege durchmachte.

Die Amerikanerlokomotive erhielt noch eine Schwester, die in einigen Dingen von den bisher erwähnten Bauarten abwich. 1840 wurde die Wiener Maschinenfabrik gegründet. Die technische Leitung übernahm der damals 25jährige *John Haswell*, den wir bereits vom Semmering her kennen. *Haswell* war von der Firma Fairbain, Manchester, nach Wien verpflichtet worden. Trotz seiner englischen Herkunft war er ein Anhänger der Norris-Bauart. Norris hatte nach Österreich die bekannten 2′A geliefert. Aus ihnen entwickelte *Haswell* 1844 eine 2′B-Bauart, und zwar gleichsam durch Einfügen eines zweiten Kuppelradsatzes in die 2′A. Die neue Bauart wurde unter dem Namen »Gloggnitzer« in der Lokomotivgeschichte ein Begriff. Anfangs wählte er den zweiten Kuppelradsatz als Treibradsatz, später den ersten. Die Zylinderlage schwankte zwischen waagerecht und schräg. Die Gloggnitzer Bauart kam auch nach Deutschland und wurde mit Erfolg auf den kurvenreichen sächsischen Strecken eingesetzt, zum Beispiel die 1863 von Hartmann gelieferte Maschine »Burgk«.

2′B-n2-Tenderlokomotive »Burgk« der Sächsischen Albertbahn, Hartmann 1863

Haswell ging in Österreich später zum Deichseldrehgestell über, wie es auch *Bissel* in Amerika verwandte. In den siebziger Jahren führte dann *Elbel* den halbkugeligen Drehzapfen ein, der sich weit verbreitete. Die deutschen Bahnen machten diese Entwicklungsstufe jedoch nicht mit, der Bau von Amerikanerlokomotiven brach am Beginn der siebziger Jahre jäh ab. Die 1B-Maschine hatte sie vollständig verdrängt.

Bei den 2′B-n2-Schnellzuglokomotiven war über die Jahre von 1845 bis 1870 auch ein beständiges Wachstum zu beobachten: Der Kesseldruck stieg von 6,3 auf 10 bar, die Rostfläche von 0,8 auf 1,3 m², die Dienstmasse von 16 auf 34 t. Man kann fast sagen, daß sich in diesen 25 Jahren viele wesentliche Werte verdoppelt haben.

Für 20 Jahre geriet die Bauart 2′B nun in Vergessenheit; die vorhandenen Lokomotiven wurden umgebaut. Selbst Baden ließ eine Pause entstehen. Erst *v. Borries'* persönliche Studien in Amerika brachten dann den großen Siegeszug der völlig anderen 2′B-Drehgestellmaschine zu Beginn der neunziger Jahre. Der ruhmlose Untergang der alten Amerikanerlokomotive läßt uns nicht ohne Bedauern.

In Deutschland war die Zeit für eine einheitliche Entwicklung noch nicht reif. Trotz des deutschen Zollvereins waren die Bahnen hinsichtlich ihrer Besitzverhältnisse noch allzu zersplittert, und Sparsamkeit der Eigentümer ließ sie meistens den billigeren Long-boiler gegenüber der teueren Drehgestellmaschine vorziehen. Deshalb ist es erklärlich, daß die Maschinenfabrik Esslingen 1861 die erste europäische Lokomotive mit langgespreiztem amerikanischem Drehgestell und Zylinderlage in Drehgestellmitte nicht an eine deutsche Bahn, sondern an die Jura-Simplon-Bahn und 1863 an die Berner Staatsbahn lieferte.

2.5 Die Lokomotive mit unterstütztem Stehkessel, Weiterentwicklung der ein- und zweifachen Kupplung

In der Beschaffung der bis jetzt besprochenen Bauarten kommt eine gewisse Vorliebe einzelner Bahnen für Sonderbauarten zum Ausdruck. Vielleicht mag es auch mehr ein Tasten gewesen sein, um von der anfangs übernommenen Bauart loszukommen und eigene Wege zu gehen. Die Entwicklung in England war in dieser Hinsicht bestimmter und eindeutiger. Dort hatte man mit der Innenzylinder-1A1 begonnen und blieb dabei. *Forrester* konnte sich nicht durchsetzen. Er fand sein Publikum in Deutschland, und auch *Cramptons* Anhänger saßen in Deutschland. Als die Bauart 2′B nach England kam, bestand nicht der geringste Zweifel, daß es eine Innenzylinderlokomotive sein mußte.

Gemeingut der deutschen Bahnen blieben die 1A1- und 1B-Lokomotiven, erstere allerdings mit Ausnahme von Württemberg. Bei der 1A1 wenigstens verlief die Entwicklung glatt und stetig. Abgesehen von der Long-boiler-Unterbrechung ist sie in ihrer ursprünglichen Bauart bis in die siebziger Jahre hinein eine beliebte und gute Maschine geblieben. »Spinnräder« wurden die Maschinen wegen ihrer großen Treibräder mancherorts scherzhaft genannt. Fast ausnahmslos liefen sie mit Außenzylindern, die sich in Deutschland allmählich als Spezialität entwickeln sollten. Daß *Borsig* die gediegene Stirlingsche Bauart bevorzugte, erwähnten wir bereits. Die »Borussia-Bauart«, die in großer Stückzahl auf den norddeutschen Bahnen in Betrieb war, kann als beste Vertreterin ihrer Art gelten.

An ihr ist zu sehen, daß *Borsig* vom runden Stehkessel amerikanischer Bauart abgegangen war und die rechteckige Form mit dem sogenannten Klostergewölbe oder Haystack, der überhöhten Decke, verwendet hatte. Einfachheit und Betriebstüchtigkeit waren die besonderen Merkmale dieser Gattung. In dieser Hinsicht wirkte *Borsig* vorbildlich auf die anderen deutschen Lokomotivbauanstalten. So nahm *Schichau* 1860 den Lokomotivbau mit einem ähnlichen Typ auf, bei dem lediglich die Stehkesselüberhöhung zusammengeschrumpft war.

Die norddeutschen Lokomotiven liefen durchweg mit Innensteuerung, die in Preußen bis fast zur Jahrhundertwende beibehalten wurde. Auch in Sachsen hatte sich die Beliebtheit der 1A1 erhalten. Sehr gut gefiel die 1862 gelieferte »Aurora« von Hartmann. Sechs Jahre später zeigte die gleiche Bauart bereits den Übergang zum geschützten Führerhaus. Die Maschine war jedoch die letzte der sächsischen 1A1; die Reibung des einen Radsatzes genügte den verstärkten Ansprüchen nicht mehr.

Nach dem Gütersloher Unglück ging die Verwendung von 1A1-Long-boiler-Maschinen mehr und mehr zurück. Bayern führte sie selbstverständlich mit Außenrahmen und Hallschen Kurbeln aus, und die Lieferung von 1853 wies bereits außenliegende Stephenson-Steuerung auf. Der Kessel war von den pfälzischen Cramptons entlehnt. Entgegen dem späteren Brauch lagen damals die Exzenter nicht außen, sondern zwischen Kurbel und Achslager. Die Maschine war eine der letzten Hallschen Typen. Ihr Schöpfer ging 1858 nach Österreich, wo man ebenfalls bald Lokomotiven seines Stils fand.

Eine der stärksten 1A1-Bauarten lief auf der Berlin-Hamburger Eisenbahn. Die Maschinen dieser Spielart entwickelten bereits 376 PS. Am läng-

1A1-n2-Schnellzug-
lokomotive
»Borussia« der Köln-
Mindener Bahn,
Borsig 1858
(Modellnachbildung)

1A1-n2-Schnellzug-
lokomotive
»Aurora« der Säch-
sischen Staats-
bahn, Hartmann
1862

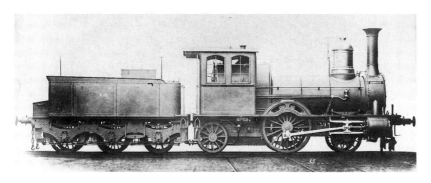

1A1-n2-Personen-
zuglokomotive der
Berlin-Hamburger
Bahn, Borsig 1869

sten hielten sich die Einkuppler im Osten Deutschlands. Noch 1875 beschaffte die Berlin-Stettiner Eisenbahn acht Maschinen für ihren Schnellverkehr Berlin–Danzig. Das waren jedoch die letzten Neubauten dieser Achsfolge in Deutschland; allmählich verschwand sie von der Bildfläche, und als Ende der achtziger Jahre der große Verkehrsaufschwung einsetzte, war es mit ihrem Dasein endgültig vorbei.

Es ist recht aufschlußreich zu betrachten, wie sich die Hauptabmessungen in der Periode zwischen 1840 bis 1860 bei den einfach gekuppelten Lokomotiven entwickelt haben. Der Kesseldruck lag immer bei 6 bis 7 bar, die Rostfläche schwankte zwischen 0,9 und 1,4 m² schon eher. Dafür wuchs die Verdampfungsheizfläche im Kessel von etwa 40 m² auf einen Durchschnittswert von 80 m². Die Lokdienstmasse der 1A1-Lok stieg von 16 auf 31 t, die Cramptons wogen 25 bis 29 t.

Die Streckenverhältnisse in England waren viel günstiger; dort blieb man dem »Single Driver« länger treu. Noch 1894 baute Stirling eine große 1A1-Lokomotive mit 2 325 mm Treibraddurchmesser. Auch die ungekuppelte Lokomotive mit Drehgestell, die 2′A1, fand weite Verbreitung. 1900 wurde die letzte dieser Maschinen mit einem Treibraddurchmesser von 2 477 mm in Dienst gestellt. Auf alten Bildern sieht man den bekannten Schnellzug »Flying Scotsman« mit derartigen Maschinen. Deutschland machte diese Weiterentwicklung nicht mit; die Rolle der 2′A1 wurde hier von der Atlantic-Bauart (2′B1′) übernommen.

Obwohl die B1-Lokomotive eher als die Form 1B auf der Bildfläche erschien, war sie völlig ins Hintertreffen geraten. Lediglich im Güterzugdienst konnte sie sich teilweise behaupten. Hier wurde sie scherzhafterweise

B1-n2-Güterzuglokomotive Nr. 254 »Oschersleben« der Königlichen Ostbahn, Schwartzkopff 1868

1B-n2-Schnellzug-lokomotive »Gotha« der Thüringischen Bahn, Borsig 1855

»Scherenmaschine« genannt, da bei ihr der zweite Radsatz Treibradsatz wurde, so daß die gegenseitigen Bewegungen von Treib- und Kuppelstange scherenähnlichen Charakter hatten. Die Preußische Ostbahn bevorzugte lange Jahre eine derartige Bauart.

Nach den siebziger Jahren begegnen wir noch weiteren Neubauten. Immer mehr setzte sich jedoch die 1B-Bauart, die erstmalig bei Besprechung der Long-boiler erwähnt wurde, durch. Sie ist die verbreitetste aller alten Lokomotiven geworden, nicht zuletzt wegen ihres universellen Verwendungsbereichs. Nachdem in Preußen 1852 der Long-boiler-Lokomotive für schnelle Fahrten Einhalt geboten wurde, verbreitete sich die Bauart mit unterstütztem Stehkessel. Die Fülle der Typen auf allen deutschen Bahnen war überwältigend und gäbe Stoff genug, ein Buch nur mit Betrachtung dieser einen Gattung zu füllen. Da es hier jedoch darauf ankommt, die grundsätzliche Entwicklung festzuhalten, möchten wir uns mit einigen Beispielen begnügen. Im Prinzip sind die 1B-Loks alle gleich, in Einzelheiten die Abweichungen allerdings zahllos.

Die 1B mit unterstütztem Stehkessel trat 1852 erstmalig in Deutschland auf, nachdem die Long-boiler-Bauart bereits seit 1848 im Dienst stand. Zunächst übernahm man die englischen Innenzylinder, aber wieder am Beispiel Borsigs können wir den unmittelbar folgenden Übergang zu Außenzylindern erkennen. Genau wie in Amerika konnte man sich in Deutschland mit den empfindlichen Kropfachsen nicht anfreunden.

Bereits im folgenden Jahr lieferte Borsig die gleiche Lokomotive mit Außenzylindern an die Chemnitz-Riesaer sowie die Thüringische Bahn und verließ endgültig das Innentriebwerk, mit ihm auch die anderen deutschen Lokomotivbauer. Noch vor der Lieferung von Borsig bezog die Sächsisch-Schlesische Bahn zwei derartige Lokomotiven von Hartmann und eine weitere von Wöhlert.

Das Verwendungsgebiet des Typs 1B war universell; er lief als Schnell-, Personen- und Güterzuglokomotive, letztere vielfach in Long-boiler-Bauweise, wie sich überhaupt beide Typen durchaus nebeneinander hielten. Bayern verwendete selbstverständlich wieder seinen Außenrahmen, der nunmehr auch nach Norddeutschland übergriff, so 1864 bei der Niederschlesisch-Märkischen Bahn und 1865 bei der Braunschweigischen Staatsbahn.

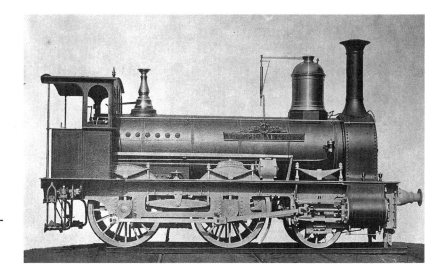

1B-n2-Personenzuglokomotive der Köln-Mindener Bahn, Borsig 1864

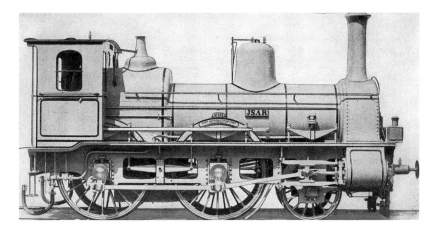

1B-n2-Schnellzuglokomotive »Isar« der Berlin-Magdeburger Bahn, Schwartzkopff 1870

zusammengedrängt, der vierte Radsatz hatte etwas Seitenspiel. Ohne Zweifel war sie aber die größte der damaligen Lokomotiven, und wir glauben einige Berechtigung zu haben, wenn wir sie gleichsam als Krönung der Entwicklung an den Schluß dieser Stufe unserer deutschen Lokomotivgeschichte stellen.

Beenden wir hier die Betrachtung des zweiten Abschnitts in der Konstruktionsgeschichte und halten eine kurze Rückschau, so können wir uns über einen Mangel an Arten und Formenreichtum nicht im geringsten beklagen. Es will scheinen, als habe man zunächst einmal alle nur erdenklichen Wege beschritten, um die brauchbarste und vorteilhafteste Bauweise der Lokomotive zu entdecken, ohne jedoch dieses Ziel erreicht zu haben.

Die rasche Entwicklung der Industrie und die ständige Vergrößerung der Eisenbahnnetze brachten es mit sich, daß eine ansehnliche Zahl von Fabriken entstand, die sich in starkem Maße dem Lokomotivbau widmeten. Jeder Konstrukteur und jeder Unternehmer waren bemüht, die beste und vorteilhafteste Lokomotive zu bauen, um konkurrenzfähig zu bleiben. Deshalb kann man diese 30 Jahre früher deutscher Lokomotivgeschichte seit Erscheinen der Maschine »Der Adler« auch als eine Zeit der Erprobung bezeichnen.

Den nächsten Zeitabschnitt betrachten wir daher mit größerer Klarheit, gehen doch nunmehr von den Bahnen selbst Vereinheitlichungsbestrebungen aus. Um etwas Systematik in die verschiedenartigen Vorgänge zu bringen, wäre folgendes zu den Quellen des deutschen Lokomotivbaus zu sagen: Von Anfang an gelangten zwei verschiedene Bauformen nach Deutschland, die englische mit der 1A1- oder B-Achsfolge und die amerikanische mit der 1B-, 2A- und 2B-Achsfolge. Obwohl auch bei diesen die Quelle auf *Stephen-*

D-n2-Güterzugloko-
motive »Otzberg«
der Hessischen
Ludwigsbahn,
Esslingen 1869

son zurückging, hatte sich in Amerika bereits eine erste Wandlung vollzogen, deren Hauptmerkmale das Drehgestell und der verlängerte Achsstand waren. Konstruktiv gelangten also von Anfang an Maschinen mit verschiedenen Baugrundsätzen nach Deutschland. Jede Bahn pflegte zunächst ihren Erstlingstyp weiter; die entstehende deutsche Lokomotivindustrie nahm diese als Muster, meist sogar nach örtlichen Gegebenheiten. Borsig übernahm den Norris-Typ der Berlin-Potsdamer Bahn, Kessler die Sharp-Form für Baden und die Norris-Lokomotive für Württemberg, gleichermaßen wie Henschel; Maffei übernahm Stephenson, und Egestorff baute die braunschweigische Long-boiler nach. Kurz nacheinander tauchten neben den ungekuppelten die zwei- und dreifach gekuppelten Lokomotiven auf.

Dieser Zustand des Nachbaus blieb bestehen, als höhere Kesselleistungen gefordert und nacheinander die Long-boiler- und Crampton-Lokomotiven importiert wurden. Ansätze eigener Gedanken konnten sich noch nicht durchsetzen. Nachdem der Long-boiler seit Gütersloh in Mißkredit geraten war, setzte sich die 1B mit unterstütztem Stehkessel für schnelle Züge durch; den gleichen Zweck erfüllte in Mittel- und Süddeutschland die Crampton-Lokomotive. Deren Verbreitung ging von Westen aus etwa bis zur Magdeburg-Leipziger Bahn, vereinzelt bis zur Preußischen Ostbahn. Eine Sonderstellung nahm Württemberg ein, das wegen seines hügeligen Geländes die von Norris übernommene Bauform bis 1868 beibehielt.

Um die Mitte der fünfziger Jahre begann der deutsche Lokomotivbau allmählich eigene Wege zu gehen, besonders seit 1855 mit Borsigs »Gotha« und der württembergischen Klasse A von 1854. Das äußere Bild der Lokomotive wurde glatter und einfacher. Etwa zur gleichen Zeit erfolgte die Trennung der Bauarten nach Verwendungszweck in Güterzug-, Schnellzug- und Personenzugloks, eigentlich Gemischtzuglokomotiven. Der Güterzugdienst erhielt von den Semmeringlokomotiven starken Auftrieb, nachdem mit der »Alb« bereits ein Dreikuppler eigener Bauart erschienen war. Alle in den vierziger Jahren gesponnenen Fäden liefen Ende der sechziger Jahre in der 1B- oder C-Lokomotive zusammen, die sich fortan als billigste und bequemste, den damaligen Zugmassen genügende Bauart erweisen sollte. Nach 1870 traten Crampton-, 1A1- und 2'B-Lokomotiven dagegen stark in den Hintergrund, Neubauten dieser Modelle fanden mit einer Ausnahme nicht mehr statt. Erst zu diesem Zeitpunkt war die Verschmelzung der zwei Quellen des deutschen Lokomotivbaus vollzogen.

Leistungsmäßig wuchs die Lokomotive auf über das Doppelte an, der Dampfdruck stieg auf 8, vereinzelt schon auf 10 bis 12 bar. Rein äußerlich verlief die Entwicklung der Zeit entsprechend. Waren die ersten Maschinen einfach und im Schmuck zurückhaltend, so machte sich alsbald ein gewisser

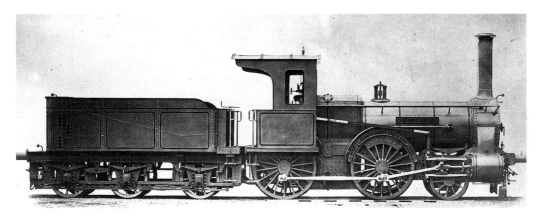

Hang zur Verzierung bemerkbar. Mit Messing wurde nicht gespart; die Dome waren kunstvoll ausgebildet. Wo Platz war, zierte eine Rosette die Lokomotive. In den sechziger Jahren hatte sich diese Mode überlebt, das Zweckfahrzeug trat stärker hervor. Noch nicht überwunden waren indes die Anschauungen über den Schwerpunkt. Die Cramptonschen Gedanken setzten sich derart fest, daß es noch über 20 Jahre dauerte, den Irrtum zu erkennen. Wir möchten abschließend den gewonnenen Standpunkt am Beispiel der 100. Lokomotive von Schwartzkopff (1869) vergegenwärtigen, die in ihrer Art typisch zugleich für die erklommene Stufe wie auch für die anschließende Zeit der Ruhe ist.

1B-n2-Personenzug-lokomotive »Graf von Itzenplitz« der Berlin-Stettiner Bahn, Schwartz-kopff 1869

2.6 Der technische Entwicklungsprozeß

Bevor wir der geschichtlichen Entwicklung weiter folgen, wollen wir nicht versäumen, auch die technische Durchbildung der Lokomotive zu betrachten. Der Kessel der alten »Patentee« war in seinem Prinzip ganz einfach gehalten, der Langkessel setzte sich in dem nur leicht überhöhten Stehkessel fort, in dessen Inneren sich die übliche wasserumspülte Feuerbüchse befand. Allen alten Lokomotiven eigen war die kurze Rauchkammer, die etwa nur der Zylinderlänge entsprach, besonders bei den Bauarten, bei denen diese Bauteile unmittelbar miteinander verbunden waren. Mit der Norris-Lokomotive kam der kuppelförmige Überbau der Stehkesseldecke zu uns. Die Stehkesseldecke diente hier zugleich als Dampfsammelgefäß; der Dampf wurde also der Kuppel entnommen und durch ein langes, oben im Langkessel liegendes Rohr den Zylindern zugeführt. Der Regler befand sich bei diesen Bauarten meist schon an der Stelle des Rohreintritts in den Langkessel.

Der Stehkessel wurde in runder und in rechteckiger Form als Haystack oder »Klostergewölbe« gebaut. Die Kuppel des Stehkessels trug meist das Sicherheitsventil. Bei Betrachtung der Bilder wird deutlich, daß der Haystack durchaus nicht Allgemeingut war, sondern mehr eine Vorliebe einzelner Ingenieure. *Borsig* verwendete ihn gern, auch *Kessler* und *Hartmann*. Von Anfang an hatte jedoch der glatte Stehkessel *Cramptons* Schule gemacht, und Mitte der fünfziger Jahre verlor der Haystack wieder an Bedeutung. Bot der Norris-Stehkessel Raum für eine Rostfläche von höchstens 0,9 m², so war die Grenze beim Haystack mit 1,35 m² erreicht. Stellenweise baute man ihn jedoch noch bis in die siebziger Jahre hinein.

Mit Rückgang des Klostergewölbes kam der Dom wieder zu seinem Recht, nachdem er seit 1860 etwas ins Hintertreffen geraten war. Die Zeit von 1860 bis 1870 wird häufig als »domlose Zeit« bezeichnet. Zunächst war der Dom mit der Stehkesseldecke noch durch ein Rohr verbunden, allmählich jedoch machte er sich selbständig und wuchs zu recht ansehnlicher Größe. Beide Male mag der Wunsch nach trockenem Dampf maßgebend gewesen sein, ein Problem, das bei den niedrigen Drücken dieser alten Maschinen mancherlei seltsame Erfindungen aufkommen ließ. Epochemachend war der Haystack jedenfalls nicht, durchgesetzt hat sich *Cramptons* Bauweise mit runder Decke, daneben die von *Belpaire* eingeführte gerade Decke. Manchmal schien es, als habe man das Klostergewölbe noch pietäthalber beibehalten, finden wir es doch sogar mit dem Crampton-Regulator kombiniert. Darauf deuten auch dessen oftmals stark architektonischen Ausschmückungen hin. Die Lokomotivmannschaft hatte dem Haystack den liebenswürdigen Spitznamen »Heuschober« gegeben.

Der Langkessel wechselte zwischen rundem und ovalem Querschnitt. Daneben gab es auch den »Birnkessel«, den besonders Kessler ausführte und der aus der Neigung nach tiefer Kessellage entstanden war, konnte man doch im Bauch dieses Kessels wesentlich mehr Rohre unterbringen und den Dampfraum kleiner halten. Man glaubte, in ihm auch ein Mittel zur Verminderung der Masse zu besitzen. Verschiedentlich waren die Heizrohre in der Mitte durch eine Tragwand abgestützt. Ganz unglücklich war die Zusammensetzung des Kessels aus mehreren Längsblattstreifen. Wasserreste an den Längsnähten verursachten Formveränderungen, und einige schwere Kesselexplosionen waren das blutige Lehrgeld.

In die fünfziger Jahre fiel auch der Übergang vom Koks zur Steinkohlenfeuerung. Wir stießen bereits bei den Lokomotiven darauf, deren Bauarten sich in Schwierigkeiten wegen der Unterbringung eines größeren Rostes befanden. Der Wechsel zur Steinkohle ging nur langsam vonstatten, die starke Qualmbildung wurde als höchst lästig empfunden. Koks verbrennt

einen Gewinn erlangen, der die Grundlage für die Vergrößerung seines Werkes bildete. Räder und Radnaben waren in den alten Zeiten öfters gußeisern, auch gußeiserne Scheibenräder finden sich.

Das im Kessel verdampfte Wasser muß wieder ersetzt werden. Die Kesselspeisepumpe ist also eines der wichtigsten Organe im Lokomotivmechanismus, und die alten Maschinen waren bereits damit ausgerüstet. Für gewöhnlich besorgten dies zwei kleine Tauchkolbenpumpen an jeder Lokomotivseite oder unter dem Kessel, deren Stangenbewegung durch einen Kurbelzapfen direkt oder durch einen besonderen Exzenter abgeleitet wurde. Der Wasserfluß war regelbar, nicht so der Betrieb der Pumpe, die nur bei Bewegung der Lokomotive arbeiten konnte. An sich war der Gedanke nicht abwegig, da ja der Dampfverbrauch hauptsächlich während der Fahrt eintrat und demzufolge erst dann das Kesselwasser ersetzt zu werden brauchte.

Bei normalem Betrieb mochte das angehen, peinlich war es schon, wenn der Wasserstand im Kessel nach längerer anstrengender Bergfahrt schneller absank, als die hierbei langsam laufende Pumpe auffüllen konnte. Da mußte im nächsten Bahnhof die Lokomotive schnellstens abgekuppelt werden und so lange auf einem eigens freigehaltenen Gleis, der sogenannten Wasserspur, hin- und herfahren, bis der Mangel wieder behoben war. Derartige Gleise gab es auf allen Bahnhöfen. Die hurtig hin- und herfahrende Lokomotive mag wohl bei den Reisenden eine besondere Freude ausgelöst haben. Um diesen Nachteil zu beseitigen, versuchte man bald, kleine selbständig arbeitende Dampfpumpen mit Schwungrad zu benutzen, die meist neben dem Führerstand lagen. Indes war die Sache etwas kompliziert, und die gesamte Eisenbahnwelt atmete auf, als der Franzose *Henri Giffard* 1858 die Dampfstrahlpumpe, den Injektor, erfand. Auf einfachste Weise wurde nun der beabsichtigte Zweck erreicht. Die alten Pumpen wurden zusätzlich noch beibehalten, erst nach 1870 hat man auf sie verzichtet, und die Lokomotiven wurden mit zwei Dampfstrahlpumpen ausgerüstet.

Jene alten Lokomotiven besaßen übrigens auch keine Bremsen. Diese waren vielmehr dem Tender vorbehalten, und es gehörte zur Aufgabe des Heizers, die große Bremskurbel zu bedienen. Erst in den siebziger Jahren machte man schüchterne Versuche, zunächst einen Lokomotivradsatz abzubremsen. Hier war Sachsen mit seinen Dampfbremsen führend, bei denen mittels eines kleinen Dampfzylinders Klötze auf die gekuppelten Räder gedrückt oder sogar ein kleiner Schlitten gegen die Schienen gepreßt wurden. Weit verbreitet waren die Gegendampfbremsen nach *le Chatelier*, und seit 1872 wurde auch die Heberlein-Bremse verwendet. Die Erfindung der durchgehenden Bremse in den Zügen war noch nicht gemacht. Noch saß überall der Bremser auf dem Wagendach.

Daß die Lokomotiven anfangs mit der Gabelsteuerung ausgerüstet waren, erfuhren wir bereits. Die umständliche Handhabung ließ die Verbindung der beiden Gabelenden zu der sogenannten Kulisse bald Wirklichkeit werden. Die Erfindung gelang dem Ingenieur *Howe* 1842. Die Schieberstange war nunmehr mit dem in der Kulisse laufenden Kulissenstein verbunden, wir sagen heute Schwinge und Schwingenstein dazu. Diese Steuerung gelangte unter *Stephensons* Namen alsbald zu großer Verbreitung. Ihr waren Versuche von *Gray* 1839, *William* 1840 und *Cabry* 1841 vorausgegangen. Die alten Steuerungen hatten unveränderliche Expansion; die Erfolge mit den neuen veränderlichen Füllungen waren verblüffend. Die Dampf- und Kohlenersparnisse betrugen über 25 Prozent. Es waren die Lokomotivmannschaften, die zuerst hinter die Vorteile der Schieberstellung in den Zwischenlagen kamen, und erst auf deren Erfahrungen baute reichlich spät die Theorie auf. Einen weiteren Fortschritt sollte es bedeuten, als *Gooch* die bei *Stephenson* in senkrechter Richtung bewegte Schwinge festlegte, ihre Krümmung umkehrte und die Umsteuerung durch Heben oder Senken der jetzt beweglichen Schieberschubstange bewirkte. Im Jahre 1854 führten dann *Allan* und der Esslinger *Trick* zugleich, allerdings unabhängig voneinander, die gerade Kulisse ein, die der Fertigung große Erleichterung bot. Gleichzeitig erschien der Trick-Schieber mit Überströmkanal und doppelter Öffnung.

Der große Wurf gelang jedoch erst dem Maschinenmeister der Taunuseisenbahn, *Heusinger*, der, übrigens wieder gleichzeitig mit einem anderen, dem Belgier *Walschaert*, im Jahre 1850 an einer kleinen 2A-Tenderlokomotive erstmalig die nach ihm benannte Einexzenter-Steuerung mit Voreilhebel einführte, die fortan in Deutschland die allein gebräuchliche blieb, und die eine volle Ausnutzung der Dampfdehnung gestattete. Damit bestätigte sich, daß der einfachste Weg auch der beste ist. Die klar gegliederte, übersichtliche Heusinger-Steuerung war nicht mehr wegzudenken.

In die vierziger Jahre fällt auch die Einführung der zahlreichen Systeme von Doppelschiebersteuerungen, die aus dem ortsfesten Dampfmaschinenbau übernommen wurden. Hier schoß man vor Begeisterung über die Entdeckung der Dampfdehnung weit über das Ziel hinaus und glaubte, die Entspannung des Dampfes bis auf den Luftdruck erreichen zu können. In Deutschland gelangten die Ausführungen von *Meyer*, *Borsig* und *Gonzenbach* zur Verbreitung. Die alte »Badenia« von *Kessler* (1841) wurde mit Meyerschem Doppelschieber ausgerüstet, und auch Borsig versah seine Maschinen bis in die sechziger Jahre hinein mit Grund- und Expansionsschiebern. An der Lok »Beuth« von 1843 sind beide sehr gut zu erkennen, beide Schieberstangen wurden durch eigene Exzenter angetrieben. Nach 1865 findet sich jedoch keine Zweischiebersteuerung mehr.

3
Die Verbundmaschine
(1870–1900)

3.1   Der Lokomotivbestand der siebziger Jahre und die preußischen Normalien

Wir treten nunmehr in die dritte Epoche der Geschichte des Lokomotivbaus ein, deren Merkmale bis zuletzt Gültigkeit hatten. Es ist nicht so entscheidend, die einzelnen Typen der Crampton-Bauart zu kennen, als vielmehr zu wissen, welche Wandlungen die Verbund- und die Heißdampflokomotiven durchmachten; denn ihnen gehörten die Gleise bis zur Gegenwart. Wir wollen den einzelnen Bauarten noch mehr Aufmerksamkeit als bisher schenken.

Bereits zu Ende des vorigen geschichtlichen Zeitabschnitts begannen einzelne Bahnen, etwas Ordnung in ihren Lokomotivpark zu bringen und Gattungs- oder Typenbezeichnungen einzuführen. Das Lokomotivbezeichnungswesen ist eigentlich ein Kapitel für sich, das hier nicht vollständig abgehandelt werden kann. An die Stelle des mehr oder weniger geistreichen Lokomotivnamens traten allmählich Betriebsnummer und Gattung.

Der Gedanke, die verschiedenen Lokomotivtypen durch eine Kurzbezeichnung kenntlich zu machen, ist alt, seine Verwirklichung wurde jedoch sehr unterschiedlich gehandhabt. Das Bedürfnis mag frühzeitig vorgelegen haben, da die Typen der Anfangszeit sehr mannigfaltig waren. So verwendete die Badische Staatsbahn als Kennzeichen arabische Ziffern, war aber seit ihrer 1841 erfolgten Gründung im Jahre 1847 bereits bei Gattung 8 angekommen. Württemberg begann 1845 mit römischen Zeichen und zählte 1849 bereits Gattung V. Es stellten sich also frühzeitig Schwierigkeiten heraus, die wir an dem häufigen Wechsel des Bezeichnungssystems unserer alten Bahnen ermessen können. Andere Länder wiederum vermißten keine solchen Gattungsbezeichnung, ihnen genügte der Name der Maschine. Vielfach wurde von dem Namen einer Lokomotive auf die gesamte Reihe geschlossen. Unsere übliche Aufteilung in die Bauart, in Gattungs- und in Ordnungsbezeichnung ist erst sehr spät entstanden und interessierte zunächst nicht.

Die Ordnungsbezeichnungen sind die ältesten. Auf vielen Bahnen war bis in die achtziger Jahre hinein, in Oldenburg sogar bis zur Eingliederung in die Deutsche Reichsbahn, für Lokomotiven der Name gebräuchlich. Hierbei waren alle Gebiete vertreten, von Orts-, Landschafts-, Flußnamen über Namen bedeutender Männer aus Politik, Kunst und Wissenschaft bis zu den Göttern des klassischen Altertums und der germanischen Vorzeit. Mit dem Anwachsen des Lokomotivbestandes geriet man aber auch hier in Verlegenheit, und bereits um 1850 tauchten die ersten Ordnungsnummern auf, zuerst neben dem Namen, später ohne ihn. Wo kein besonderes Gattungszeichen vorhanden war, benannte man vielfach eine Bauart zur Unterscheidung einheitlich etwa nach Flüssen oder Städten.

Bei den Ordnungsnummern selbst herrschte auf den meisten Bahnen ein heilloses Durcheinander. Den Vogel schoß hier Baden ab, das eine vollständig wilde Numerierung aufwies. Preußen dagegen hatte bereits 1880 eine gewisse Reihennummerung eingeführt. Die ungekuppelten Lokomotiven erhielten die Nummern 1 bis 99, gekuppelte P-Lokomotiven die Nummern 100 bis 499 und so fort. Das muß immerhin als erheblicher Fortschritt gewertet werden. Auch bei der Umstellung seines Bezeichnungswesens 1906 blieb Preußen bei der Reihennummerung. Sachsen, Bayern und Württemberg hatten gemischte Nummern, also teils Reihen, teils wilde Numerierung.

Weil die Ordnungsnamen und -nummern bei Nachlieferungen bewährter Loktypen unübersichtlich wurden, sollte die klassische Gattungsbezeichnung unverwechselbar einen ganz bestimmten Lokomotivtyp kennzeichnen. Preußen führte 1906 die Bezeichnungen S, P, G und T unter Hinzufügen von Zahlen ein. Dabei erhielten neue Heißdampfausführungen allgemein gerade und Naßdampflokomotiven ungerade Zahlen. Die niederen Gattungen umfaßten verschiedene Bauarten; ab S 4, P 6, G 5 und T 8 war nur eine Bauart in jeder Gattung vorhanden. Unterbauarten wurden durch hochgestellte arabische Zahlen unterschieden.

Sachsen verwendete als Gattung römische Zahlen, gab den Personenzuglokomotiven die geraden, allen anderen die ungeraden Zahlen. Zusätze sollten die Gattungen näher charakterisieren:

V   Verbundlokomotive,
H   Heißdampflokomotive,
T   Tenderlokomotive,
S   Nebenbahnlokomotive,
M   Nebenbahnlokomotive für 1000-mm-Spur,
K   Nebenbahnlokomotive für 750-mm-Spur,
b   beweglicher Vorderradsatz.

Sonst gleiche Gattungen wurden im Schnellzugdienst mit 1, im Personenzugdienst mit 2 bezeichnet (z. B. XII H 1 und XII H 2). Übrigens wurden die Buchstaben H und V zur besseren Unterscheidung früher in Frakturschrift dargestellt, doch haben wir darauf verzichtet.

Bayern behielt am längsten seine alte Bezeichnungsweise bei. Einfach gekuppelte Lokomotiven wurden mit A, zweifach mit B, dreifach mit C, vierfach mit E bezeichnet. Alle Tenderlokomotiven erhielten ein D. Eine weitere Unterscheidung der Gruppe besorgten römische Zahlen. Nach der Jahrhundertwende ging man zur alten deutschen Bezeichnung mit der Angabe des Kupplungsverhältnisses als Bruch über. Die bayerische 1'B2'-Tenderloko-motiv-Gattung D XII wurde also zur Pt 2/5. Die Pfalzbahn verwendete unge-fähr das preußische Bezeichnungssystem, nur unterschied man Unterbauar-ten durch hochgestellte römische Zahlen. Württemberg verwendete große Buchstaben, während Baden römische Zahlen unter Zusatz kleiner Buchsta-ben benutzte.

Endlich entstanden auch die Bauartbezeichnungen. Man beschränkte sich zunächst auf die Darstellung der Achsfolge, da andere Unterscheidungswün-sche noch nicht aktuell waren. Die älteste Bauartbezeichnung war die genannte Darstellung mittels eines Bruches, bei dem der Zähler die Anzahl der Kuppelradsätze und der Nenner die Gesamtzahl der Radsätze angaben. Verschiedentlich ist diese Bezeichnungsweise heute noch gebräuchlich. Unsere 03-Lokomotive ist danach 3/6 gekuppelt. Bei Gelenk- oder Doppel-lokomotiven wurden beide Triebwerkszeichen durch + verbunden oder mit 2 × bezeichnet, also 2/2 + 2/2 oder 2 x 2/2.

Aber auch die alte amerikanische Bezeichnungsweise fand in Deutschland Verbreitung. Bei ihr erhielten häufig vorkommende Achsfolgen besondere Namen, die meist irgendwie im Zusammenhang mit der Bauart standen. Die bekanntesten sind:

2B   American,
2B1 Atlantic,
2C   Ten wheeler,
1C1 Prairie,
2C1 Pacific,
2C2 Hudson,
1D1 Mikado,
2D2 Niagara,
1E   Decapod,
1E1 Santa Fé,
2E1 Sierra.

Noch heute sprechen wir von »Atlantic- und Pazific-Lokomotiven«. Dane-ben jedoch zählte Amerika die Räder seiner Lokomotiven und bezeichnete sie mit arabischen Zahlen. Das gleiche Verfahren war bei der Mehrzahl der ausländischen Bahnen üblich, nur daß statt der Räder die Radsätze gezählt wurden.

Unsere deutsche Bauartbezeichnung ist aus den Vorschlägen des Vereins Deutscher Eisenbahn-Verwaltungen hervorgegangen: Laufradsätze werden mit arabischen Zahlen, Kuppelradsätze mit großen Buchstaben bezeichnet. Außerhalb des Hauptrahmens gelagerte Radsätze oder Drehgestelle werden hierbei durch einen Apostroph kenntlich gemacht.

Mit fortschreitender Entwicklung der Lokomotive, insbesondere mit dem Aufkommen der Verbundwirkung, machten sich weitere Zusätze notwendig. Wir beschränken uns heute auf die Angabe von Dampfart und Zylinderzahl und setzen nur den Verwendungszweck hinzu. Die Deutsche Reichsbahn (nach 1920) bezeichnete:

Schnellzuglokomotive	S,
Personenzuglokomotive	P,
Güterzuglokomotive	G,
Schnellzug-Tenderlokomotive	St,
Personenzug-Tenderlokomotive	Pt,
Güterzug-Tenderlokomotive	Gt,
Lokalbahnlokomotive	L,
Zahnradlokomotive	Z,
Schmalspurlokomotive	K,
Heißdampflokomotive	h,
Verbundlokomotive	v,
Naßdampflokomotive	n.

Die Anzahl der Zylinder wird mit einer arabischen Ziffer angegeben. Nach dieser Systematik ist also die bekannte Baureihe 03 eine 2'C1-h2-S-Lokomotive. Über die Einführung der Reihennummern für die Lokomotiven der Deutschen Reichsbahn im Jahre 1923 wird auf Seite 229 mehr berichtet. Andere Bezeichnungsvorschläge konnten sich nicht durchsetzen.

Damit sei die Abschweifung in das Gebiet der Lokomotivbezeichnungen beendet. Es war aber wichtig, die Kurzbezeichnungen vorab zu erklären. In dem nun näher zu beschreibenden Zeitabschnitt von 1870 bis 1900 stehen die Lokomotiven der Staatsbahnen deutlicher im Vordergrund. Dieses Übergewicht rührt daher, daß die Anzahl der privaten Eisenbahngesellschaften, bedingt durch die Wirtschaftskrise und den sich ständig verschärfenden Konkurrenzkampf, wesentlich zurückging. Die umfangreichen Verstaatlichungen zur Zeit *Bismarcks* begannen. Der Staatsbahngedanke hatte in den kleineren Ländern weit eher als in Preußen Fuß gefaßt, nicht zuletzt zum Schutz vor der Verpreußung. In Preußen selbst nahm der Gedanke der Verstaatlichung erst in den Jahren nach dem Deutsch-Französischen Krieg von 1870/71 Gestalt an; bis dahin entwickelten sich die Eisenbahnen mehr oder weniger nach Gutdünken ihrer Aktionäre und der einzelnen Länder.

Die damals entstandene Preußische Staatsbahn wurde bald zur größten Einnahmequelle für die Staatskasse. Auch die hessischen Bahnen nahmen in den neunziger Jahren den Weg in das größte Netz Deutschlands, und 1914 standen fast 70 Prozent des gesamten deutschen Eisenbahnnetzes unter der

Leitung des preußischen Staates. Größenmäßig folgten an zweiter Stelle die Bayerische, an dritter Stelle die Sächsische Staatsbahn.

Nun dürfen wir uns über den Zustand, der zu Beginn der siebziger Jahre auf den deutschen Bahnen herrschte, keiner Täuschung hingeben. Der Lokomotivbestand war bunt wie nie zuvor. Neben den vielfältigsten Neubauten waren noch viele der allerersten 1A1-Maschinen zu finden, und sei es auch nur im untergeordneten Dienst. Auch die Cramptons haben noch lange Jahre Dienst getan; die Schnellzüge auf den oberrheinischen Strecken wurden noch bis in die achtziger Jahre hinein mit Cramptons gefahren. Auf der Berlin-Stettiner, der Preußischen Ostbahn, der Rechten-Oderufer Bahn und anderswo liefen noch viele 1A1-Maschinen, genauso in Bayern. Lediglich auf den Hügellandstrecken waren ausschließlich zwei- oder dreifach gekuppelte Maschinen zu finden, im Güterzugdienst dagegen nur im Flachland. Wir denken daran, daß die Berlin-Potsdam-Magdeburger Bahn neben ihren 1B-Lokomotiven noch bis 1873 ihre alten 1A1 weiterbaute. Einen guten Überblick über den Stand der Entwicklung mag der Besucher der Wiener Weltausstellung von 1873 erhalten haben, auf der von insgesamt 40 ausgestellten Lokomotiven 32 deutscher und österreichischer Herkunft waren, darunter bereits mehrere Vierkuppler. Diese Ausstellung war gleichsam eine Zusammenfassung alles bisher Errungenen. Sie zeigte nicht zuletzt die führende Stellung, die der deutsche Lokomotivbau inzwischen eingenommen hatte. Übrigens sei hier bemerkt, daß sich in Rußland der Vierkuppler weit größerer Beliebtheit erfreute als in Deutschland. Wir finden in jenen Jahren große Lieferungen deutscher Werke an die russischen Bahnen.

Bisher wurde nur von Lokomotiven der Achsfolgen 1A, 1A1, B, 1B, 2′B und B1 gesprochen. Es dürfte erwähnenswert sein, daß andere Achsfolgen in Deutschland noch nicht gebräuchlich waren. Die 1B1 und 1C erschienen erst viel später, obwohl sie auf ausländischen Bahnen längst eingeführt waren. Dagegen war auf der Pariser Weltausstellung von 1867 bereits die erste E-Lokomotive mit verschiebbaren Radsätzen zu sehen. Es handelte sich um eine E-Tenderlokomotive der Orléansbahn, erbaut von *Fourquenot*. Nach *Jahn* besaßen die Endachsen ± 17 mm Spiel, die zweite und vierte Achse ± 7 mm Spiel. Vor *Helmholtz* und *Gölsdorf* war also die Krümmungseinstellung bereits geometrisch gelöst, ohne allerdings die Zusammenhänge des statischen Seitenschubs völlig zu erkennen. Im gleichen Jahr erschien der Fünfkuppler auch in Amerika als Auftakt zu jener Serie von überdimensionalen Lokomotiven, die die Welt bestaunen sollte. Leider war nur bei zwei österreichischen Lokomotiven das Drehgestell vertreten, auf den deutschen Bahnen war es seinerzeit unbeliebt.

Die große Mannigfaltigkeit des Lokomotivbestandes führte im Krieg von

1870/71 mehrfach zu ernsten Schwierigkeiten, hervorgerufen durch die vielen verschiedenen Typen. Denn jede Bahngesellschaft baute ihre Modelle oft nur in geringer Stückzahl. Wenn sich nun in Preußen, das über den vielfältigsten Lokomotivbestand verfügte, um 1871 Vereinheitlichungsbestrebungen bemerkbar machten, dann weniger, um dem technischen Fortschritt zu dienen, sondern um dem Generalstab Schwierigkeiten wie im Krieg 1870/71 in Zukunft zu ersparen. Die folgende Entwicklung der preußischen Normalien beweist, daß der Generalstab hier ein gewichtiges Wort mitsprach.

Im Jahre 1876 einigte man sich in Preußen zunächst auf zwei einheitliche Lokomotivtypen, eine Personenzuglokomotive, die spätere P 2, und eine C-Güterzuglokomotive, die G 3. Die Normalien erstreckten sich zugleich auf Einzelteile, auch ein einheitlicher Dreiachstender mit 10,5 m³ Wasserinhalt wurde entwickelt. Die Abmessungen der Maschinen waren recht bescheiden; sehr viel Wagemut besaßen die Mitglieder der Vereinheitlichungskommission anscheinend nicht. Auf verschiedenen Bahnen liefen bereits größere und stärkere Lokomotiven. Die Normalien waren jedoch nicht derart eng, daß nicht für Sonderzwecke Ausnahmen zugelassen wurden, und während der folgenden Normungsperiode 1883/84 war man sogar wieder reichlich großzügig.

Einen kleinen Versuch zur Vereinheitlichung der Bauarten unternahm die Hannoversche Maschinenfabrik während der kurzen Zeit, in der sie *Strousberg* gehörte. Die Firma normte sozusagen ihre eigenen Typen, die unter der Bezeichnung Strousberg-Typen einige Verbreitung fanden und besonders als 1B-, B1- und C-Lokomotiven auf den *Strousberg* gehörenden Bahnen liefen. Ein Erfolg war dem Werk jedoch nur in geringem Maße beschieden. Immerhin zeigt sich, daß der Drang nach Vereinheitlichung auch von anderer Seite damals aktuell gewesen sein muß.

Über die preußischen Normalien kann man geteilter Meinung sein. Fest steht jedenfalls, daß sie dem Betrieb brauchbare, sparsame und wirtschaftliche, wenn auch nicht allzu leistungsfähige Lokomotiven brachten. Da die Normallokomotiven jedoch über längere Beschaffungszeiten gebaut wurden, ergaben sich immer außerordentlich große Stückzahlen. Neben neuen Gattungen wurden die alten Typen von einzelnen Direktionen weiter gebaut; oft waren es drei oder vier nebeneinander, meist über zehn Jahre und länger. Naturgemäß traten die Mängel der Gattung dabei nur stärker hervor. Diese Starre finden wir bei allen preußischen Normallokomotiven bis zur Eingliederung in die Deutsche Reichsbahn. Die süddeutschen Bahnen zeigten dagegen eine wesentlich größere Beweglichkeit.

Ende der siebziger Jahre trat in der Entwicklung der Lokomotive eine allmähliche Verlangsamung ein. Das Mögliche an technischem Fortschritt war nach dem damaligen Stand erreicht. Der schwache Oberbau setzte zunächst eine ganz natürliche Grenze für jede Weiterentwicklung. Rein äußerlich sehen wir, daß die Zeit des Long-boilers sich ihrem Ende zuneigte, in Norddeutschland eher als im Süden. Die Lokomotive mit unterstütztem Stehkessel setzte sich durch; der vordere Überhang blieb jedoch noch 20 Jahre bestehen. Immerhin hatte die Laufruhe der Maschine gewonnen, und auf der schnellen Strecke Berlin–Hannover wurden teilweise bereits Geschwindigkeiten von 80 km/h gefahren. Es ist nicht uninteressant, die Situation auf dein einzelnen Bahnen um die siebziger Jahre etwas näher zu beleuchten.

Von dem vielfältigen Lokomotivbestand der norddeutschen Bahnen lernten wir bereits einen Teil kennen. Den steigenden Anforderungen des Personenverkehrs entsprechend, finden wir um 1870 eine Reihe neuer Indienststellungen von Schnellzuglokomotiven. So lieferte Schwartzkopff eine 1B-Schnellzuglokomotive mit 1 960 mm Treibraddurchmesser und 2,06 m² Rostfläche an die Berlin-Potsdam-Magdeburger Bahn, diesmal als norddeutsche Ausnahme mit Außenrahmen nach *Forrester*, allerdings mit der traditionellen Innensteuerung. Leider befriedigte die Maschine lauftechnisch nicht. Um so besser gelang eine 1B-Schnellzuglokomotive der Hannoverschen Bahn aus heimischer Fabrik, die 1873 in Wien ausgestellt war. Die Maschinen hatten bereits 10 bar Dampfdruck. Auch die Berlin-Anhalter Bahn stellte für ihre Durchgangsstrecken in das mitteldeutsche Gebiet 1B-Schnellzuglokomotiven in Dienst, die mit 1 830 mm Treibraddurchmesser, 102 m² Heizfläche und 10,2 bar Dampfdruck sehr leistungsfähig waren. Ganz ausgezeichnet waren die Schnellzuglokomotiven der Köln-Mindener Eisenbahn von 1871, die bei 1 980 mm Treibraddurchmesser den außergewöhnlichen Achsstand von 5 690 mm aufwiesen und daher den Spitznamen »Langbein« erhielten. Sie liefen ab 1873 bereits mit 12 bar Kesseldruck.

Im Personenzugdienst darf die bekannte Ruhr-Sieg-Lokomotive der Bergisch-Märkischen Bahn nicht vergessen werden, die für stark geneigte Strek-

1B-n2-Schnellzug-lokomotive der Köln-Mindener Bahn, Borsig 1871

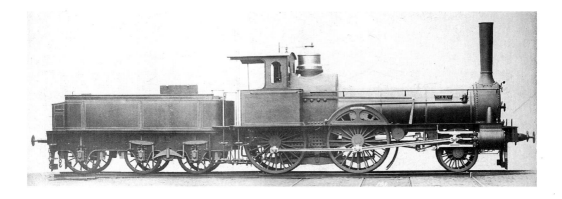

gefährlichen Nickschwingungen mit ihren wechselnden Ent- und Belastungen der vorderen und hinteren Kuppelradsätze. Diese Dinge erscheinen heute so selbstverständlich und geläufig, daß wir uns wundern, wie wenig man noch in den siebziger Jahren darüber Bescheid wußte. Der gefährliche Punkt im Lokomotivbau war die Verwendung von Lokomotiven ohne Laufradsätze im schnellen Dienst, und derartige Versuche wurden leider mehrmals durchgeführt, letztmalig im Jahre 1896 bei der Main-Neckar Bahn. Der Versuch konnte nur Erfolg haben, wenn man den Weg der Thüringischen Bahn von 1873 beschritt, die eine C-Personenzuglokomotive mit 1 703 mm Treibraddurchmesser in Dienst stellte, bei der ein großer Achsstand durch Verlegung des letzten Treibradsatzes unter den Stehkessel erzielt wurde. Die Maschine zeichnete sich durch ausgeglichene Formen und ruhigen Lauf noch bei 70 km/h aus, fand aber keine Nachahmung.

Bei den Bahnen mit stark wechselnden Neigungsverhältnissen mußten Versuche, die dreifach gekuppelte Lokomotive auch im schnellen Dienst zu verwenden, naheliegen. Die Badische Staatsbahn beschritt diesen Weg bereits im Jahre 1864 und schuf eine Personenzuglokomotive mit 1 535 mm Treibraddurchmesser, im Gegensatz zur obenerwähnten Lokomotive mit vorderem und hinterem Überhang, also in reiner Long-boiler-Bauart. Die Erbauer mögen sich des Risikos, das sie damit eingingen, vielleicht bewußt gewesen sein, denn die Höchstgeschwindigkeit der Lokomotive wurde auf 50 km/h begrenzt. Eine Personenzuglokomotive mit einer derartigen Geschwindigkeitsbegrenzung ist jedoch keine. Das schwerste Eisenbahnunglück, das im vorigen Jahrhundert deutsche Bahnen betraf, war die Folge.

Am 3. September 1882 sollte die Lokomotive »Kniebis« dieser Gattung einen Ausflugssonderzug von Freiburg (Breisgau) nach Colmar im Elsaß befördern. Infolge Gewitters fuhr der Zug mit 5 min Verspätung in Freiburg

C-n2-Güterzug-lokomotive der Preußischen Staatsbahn, Gattung G 3, verschiedene Erbauer 1882

**C-n2-Personenzug-
lokomotive der Badi-
schen Staatsbahn,
Gattung VI,
Karlsruhe 1864**

ab. Der Lokomotivführer versuchte, auf der Gefällstrecke bei Hugstetten die
Verspätung aufzuholen, obwohl als Fahrgeschwindigkeit 40 km/h vorgeschrieben waren. Die Wirkung blieb nicht aus, die Lokomotive entgleiste
bei großer Geschwindigkeit, die Wagen wurden aufs schwerste beschädigt.
63 Tote waren die traurige Bilanz einer technischen Unmöglichkeit, für die
mehr noch als der Lokomotivführer die Konstrukteure der Bauart verantwortlich zu machen waren.

Die preußische G 3, die in einer späteren Lieferung mit 12-bar-Kessel als
G 4[1] bezeichnet wurde, erfreute sich einer außerordentlichen Zählebigkeit;
die Lieferungen erfolgten über 20 Jahre hinweg mit dem Ergebnis von rund
2 200 Stück, ein Beispiel für die große Beliebtheit der Maschine.

Die Entwicklung auf den anderen deutschen Bahnen verlief noch ruhiger
als in Preußen, das wenigstens seine Normallokomotiven baute. Bayern kam
bis Ende der achtziger Jahre mit seinen alten ungekuppelten oder zweifach
gekuppelten Lokomotiven aus. Im Schnellzugdienst wurde Ende der sechziger Jahre eine Reihe 1B-Lokomotiven, Gattung B IX, mit dem von nun an
gebräuchlichen Treibraddurchmesser von 1 870 mm in Dienst gestellt; ähnliche liefen im Personenzugdienst. Von 1873 bis 1885, also zwölf Jahre lang,
finden wir überhaupt keine Lokomotivbeschaffungen, und erst der in der
zweiten Hälfte der achtziger Jahre einsetzende Verkehrsaufschwung brachte
Bayern neue Maschinen. Auch die dreifach gekuppelte Güterzuglokomotive
unterschied sich wenig von ihren norddeutschen Schwestern. Ein Neubau
vom Jahre 1884, Gattung C IV, die erstmalig mit Innenrahmen geliefert
wurde, brachte die Abkehr von der Forrester-Bauart. Architektonisch mußte
das ein Fortschritt sein, denn gerade die Güterzuglokomotiven mit ihren kleinen Treibraddurchmessern machten beim Außenrahmen mit ihren ausladen-
den Zylindern einen recht plumpen Eindruck. Auch das linksrheinische baye-

rische Netz, die Pfalzbahn, wurde noch mit den alten Lokomotiven der fünfziger Jahre betrieben. Hier hatte sich auf den Rheinuferstrecken die Crampton-Lokomotive besonders bewährt und wohl auch am längsten gehalten.

Der Lokomotivbestand der Sächsischen Staatsbahn unterschied sich
wenig von dem der Nachbarstaaten. Auch hier brachte die Notzeit Ende der
siebziger Jahre den großen Stillstand, jahrelang wurden keine neuen Lokomotiven beschafft, obwohl hier ein tüchtiger Ingenieur am Werk war: der
Maschinenmeister *Franz Nowotny*. Der Name *Nowotny* ist untrennbar mit
dem von ihm eingeführten und nach ihm benannten Radsatz verbunden.
Einige Worte daher über die radial einstellbaren Laufradsätze, die um jene
Zeit aufkamen, und ohne die das heutige Eisenbahnnetz nicht denkbar ist.

Daß ein sich dem Krümmungsverlauf anpassender Radsatz Vorteile aufweisen müsse, hatte man bereits rein gefühlsmäßig frühzeitig erkannt. Nur über
das »Wie« konnte man sich lange Zeit nicht einigen. *Gerstner* versuchte es
mit einem Lenkradsatz bei den Wagen seiner Pferdeeisenbahn Linz–Bud-
weis 1828. In den Jahren 1843 und 1844 finden wir erneut Versuche an Eisen-
bahnwagen. *Goullon*, der Maschinenmeister der Sächsisch-Bayerischen
Bahn, baute einen Wagen, dessen Radsätze in besonderen Gestellen seitlich
verschiebbar und drehbar gelagert waren. Die Rückstellung besorgte eine
Spiralfeder. Gleichzeitig erfand der Berliner Stellmachermeister *Themor*
einen dreiachsigen Wagen, bei dem die Endradsätze in einachsigen Drehgestellen gelagert waren, deren Drehung eine Seitenverschiebung des Mittel-
radsatzes bewirkte. Die Berlin-Frankfurter Bahn stellte einen derartigen
Wagen in Dienst; später fand man es bei Straßenbahnwagen.

Im Lokomotivbau wurde das Goullon-Gestell eingeführt. Die mit seinem
Wagen gewonnenen Erfahrungen ließen ihn 1858 eine 1′B-Lokomotive für
die Strecke Zwickau–Aue bauen, bei der der vordere Laufradsatz in einem
Deichselgestell gelagert war, das seitenverschiebbar und in geringem Maße
auch drehbar war. Leider hielt man eine Rückstellung nicht für notwendig,
ein Mangel, der sich alsbald durch einen recht unruhigen Lauf der Maschine
bemerkbar machte.

Zur gleichen Zeit wie in Sachsen tauchte das Deichselgestell auch in Österreich auf. 1854/55 baute *Zeh* bei Günther in Wien einige 1′B1′-Lokomoti-
ven für die Oberschlesische Schmalspurbahn, die mit vorderem und hinterem Deichselgestell ausgerüstet waren. Das waren überhaupt die ersten
Lokomotiven mit Deichselgestellen in Deutschland. Bewährt haben sie sich
nicht. Das Fehlen einer Rückstelleinrichtung wirkte bei den kurzen festen
Achsständen besonders unangenehm.

Leider gerieten diese alten deutschen Versuche über die englischen und
amerikanischen Erfindungen in Vergessenheit, zumal diese von vornherein

mit Rückstellung versehen waren. 1857 brachte *Bissel* in Amerika die erste 1'C-Lokomotive mit weit vorgeschobenem Deichselgestell und Rückstellung durch Keilflächen heraus, das allseits bekannte Bissel-Gestell. Ihm war von Anfang an ein Erfolg beschieden, der nicht zuletzt Ursache jener gewaltigen Verbreitung der 1'C- und 1'D-Lokomotiven in Amerika zu einer Zeit war, als in Europa noch die steifachsige Lokomotive herrschte. Deutschland machte diese Entwicklung nicht mit und übernahm genausowenig das von *Bissel* später eingeführte zweiachsige Deichseldrehgestell. Das Bissel-Gestell kam erst zusammen mit dem zweiachsigen langgespreizten Drehgestell in den neunziger Jahren zu uns. 1880 fand auch erst das 1863 von *Adams* bei Lokomotiven ausgeführte und nach ihm benannte Radialgestell Eingang, das sich baulich leichter als das Bissel-Gestell gestalten läßt und besonders als Schleppradsatz bei Schnellzuglokomotiven sehr beliebt war.

Ureigenste deutsche Entwicklung spiegelt sich in der Vervollkommnung der Goullonschen Erfindung wider. So rüstete man die Zwickauer Berglokomotive seit 1864 mit Keilflächen zwischen Federstütze und Achslager aus. Da der Lauf auch hierdurch nicht wesentlich gewann, beschritt *Nowotny* einen neuen Weg. Er verzichtete auf Seitenverschiebbarkeit und bildete den Laufradsatz als eine Art einachsiges Drehgestell mit festem Drehzapfen und Rückstellung durch Keilflächen aus; der Radsatz stellte sich also in Krümmungen radial ein. 1870 liefen die ersten mit ihm ausgerüsteten 1'B-Lokomotiven und bewährten sich vorzüglich. Bei den damaligen kurzen Achsständen hatte sich hier ein brauchbarer Weg gefunden. Die Nowotny-Achse war bis zur Einführung des Drehgestells eine beliebte und betriebstüchtige Einrichtung, die sich an den Schnellzuglokomotiven der Gattung VI b V selbst bei Geschwindigkeiten von 100 km/h bewährte. Das Bild zeigt die in größerer Stückzahl verbreitete Gattung III b, eine Personenzuglokomotive mit Nowotny-Achse.

Von der Entwicklungspause jener Zeit wurden auch die badischen und württembergischen Bahnen erfaßt. In beiden Ländern waren Drehgestell-Lokomotiven beliebt gewesen; in Baden war man jedoch nicht recht damit vorwärtsgekommen, und in Württemberg wütete Long-boiler-Brockmann und ließ radikal alles umbauen, was nur irgendwie nach Drehgestell aussah. Immerhin beschränkte er sich nicht darauf, sondern schuf auch eigenes. 1878 erschien die württembergische Schnellzuglokomotive Klasse A, an der wir sehr gut das Typische der Bauweise jener Zeit erkennen können. Sowohl in Baden als auch in Württemberg versahen die üblichen Dreikuppler den Güterzugdienst.

Die beiden kleinsten deutschen Staatsbahnen, die Mecklenburgische Friedrich-Franz-Eisenbahn und die Oldenburgische Staatsbahn, traten um

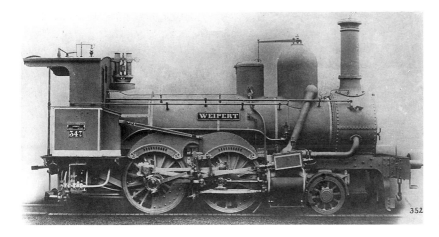

1'B-n2-Güterzug-
lokomotive »Weipert«
der Sächsischen
Staatsbahn,
Gattung II b,
Hartmann 1872

1'B-n2-Personen-
zuglokomotive der
Sächsischen Staats-
bahn, Gattung III b,
Henschel 1876

1B-n2-Schnellzug-
lokomotive »Elber-
feld« der Württem-
bergischen Staats-
bahn, Klasse A,
Esslingen 1878

die siebziger Jahre kaum in Erscheinung. Letztere war erst 1867 gegründet worden. Mecklenburg lehnte sich an bewährte preußische Typen an und ging bei seinem Betrieb hierdurch jedem Risiko aus dem Wege.

Im Jahre 1871 trat noch ein weiteres Netz in den Bereich der deutschen Bahnen, die »Reichseisenbahnen in Elsaß-Lothringen«. Viele neue Lokomotivgattungen sind dort entstanden, die meisten unter dem Einfluß der Grafenstadener Lokomotivfabrik. Der Lokomotivbau in den »Reichslanden« stand auf einer hohen Stufe, blieb aber dennoch ein Zwitterding; französische und deutsche Einflüsse wechselten einander ab. Wir behandeln ihn daher in unseren Betrachtungen grundsätzlich nicht, was nicht ausschließen soll, daß wir uns seiner gelegentlich erinnern. Im übrigen liefen dort sehr viele Lokomotiven deutscher Bahnverwaltungen, die nach 1871 abgegeben wurden; hierzu trat auch eine Anzahl preußischer Normallokomotiven, so daß sich dort die verschiedensten Bauarten ein Stelldichein gaben.

3.2   Die Entwicklung der Tenderlokomotive

In den siebziger Jahren bahnte sich noch eine andere Entwicklung an, deren Bedeutung im allgemeinen viel zu wenig gewürdigt wird, weil sie sich in weniger auffälliger Form vollzog. In der zweiten Hälfte der sechziger Jahre tauchte in München der Maschinenmeister der Schweizer Nordostbahn, *Georg Krauss*, auf, ein Mann mit ganz eigenen Plänen, der von seiner Tätigkeit auf den schweizerischen Bergstrecken völlig neue Erkenntnisse mitbrachte. Zu ihm gesellten sich bald Männer, denen der deutsche Lokomotivbau Großes verdankte. München, die Stadt, in der die alte Lokomotivfabrik von *Maffei* bereits einen ausgezeichneten Ruf besaß, sollte der Mittelpunkt eines hochwertigen Lokomotivbaus werden.

1866 gründete *Krauss* in München eine eigene Lokomotivfabrik. *Georg v. Linde*, ein junger Ingenieur, der später durch seine Eismaschinen weltberühmt werden sollte, wurde sein Mitarbeiter, dem bald darauf *Richard v. Helmholtz* als Chefkonstrukteur folgte. Das junge Unternehmen fand stärkste Unterstützung beim bayerischen Staat und bei den angrenzenden süddeutschen Ländern. 1867 zeigte Krauss seine erste Lokomotive auf der Pariser Weltausstellung und erhielt sofort die Goldene Medaille. Diese Fabrik-Nr. 1, eine zweifach gekuppelte Personenzuglokomotive, ging auf die Oldenburgische Staatsbahn unter dem Namen »Landwührden« über. Sie stand bis zum Jahre 1900 in Dienst und erhielt später ihren Platz im Deutschen Museum zu München.

Georg von Krauss (1826–1906) führte 1867 die Lokomotive mit Wasserkastenrahmen ein und schuf zahlreiche Tenderlokomotivtypen.

B-n2-Personenzug-
lokomotive »Land-
wührden« der
Oldenburgischen
Staatsbahn, Krauss
1867

Betrachten wir das Neue an den Krauss-Maschinen: Bereits in der Schweiz führte er 1864/65 seinen ersten eigenen Entwurf aus, eine Maschine deren Rahmen zu einem Kasten zusammengenietet war und als Behälter für das Speisewasser diente, allgemein Wasserkastenrahmen genannt. Mit Bedacht wählte *Krauss* die B-Lokomotive als die einfachste, zweckmäßigste und billigste aller Bauarten. Bei der von ihm gefundenen Lösung, die sich für alle Größen ausführen ließ, ergaben sich ungeahnte Möglichkeiten. Die »Landwührden« verkörperte bereits voll den neuen Typus, der zugleich geringe Masse, einfachste Kesselkonstruktion bei günstigen Heiz- und Rost-flächen und damit hohe Leistung vereinte. Seine Maschinen liefen von Anfang an mit 10 bar Dampfdruck und seit 1872 bereits mit 12 bar. Er ver-wendete die heute übliche Verankerung der Feuerbüchsdecke durch Decken-stehbolzen. Anstelle des Domes benutzte er die einfache Reglerbüchse mit Dampfsammelrohr. Als weitere Neuerung brachte sein Konstrukteur *Linde* die ⊥-förmig ausgehobelte Treibstange mit, die in München gleichzeitig mit *Belpaire* in Belgien, aber unabhängig davon, entwickelt wurde. In den achtzi-ger Jahren griff *Krauss* mit Energie das Problem der Kurvenläufigkeit auf. 1885 machte er Versuche mit seitenverschiebbaren Mittelradsätzen bei Mehrkupplern, und hier entdecken wir auch noch *Karl Gölsdorf* bei ihm, der dann die Krausschen Versuche und die seines engsten Mitarbeiters *v. Helm-holtz* zum endgültigen Erfolg führen sollte. Schließlich verließ 1888 die baye-rische Tenderlokomotive der Gattung D VIII das Werk, erstmalig mit einer

Edmund Heusinger von Waldegg (1817–1886) trat als Erfinder der Lokomotivsteuerung und des Seitengangwagens hervor.

völlig neuen Einrichtung zur Kurvenläufigkeit versehen, dem Krauss-Helmholtz-Drehgestell.

Das Hauptverdienst von *Krauss* lag jedoch in der Schaffung der kleinen Tenderlokomotive nach den genannten Baugrundsätzen, deren dauerhafte und leistungsfähige Ausführung nunmehr erst möglich geworden war. So wurde *Krauss* indirekt zum Begründer jener ungezählten Klein- und Kleinstbahnen sowie jener Lokal-, Sekundär- und Vizinalbahnen, die seit den siebziger Jahren wie Pilze aus der Erde schossen. Seine Fabrik-Nr. 6 bis 9 von 1867 waren bereits 20-PS-Kleinlokomotiven für 750-mm-Spur. Alle besaßen den Wasserkastenrahmen.

Die Kleinbahnlokomotiven von Krauss waren tenderlos, die Kohlenvorräte seitlich des Kessels oder hinter dem Führerhaus gelagert. Werfen wir einen kurzen Blick auf die Entstehung der tenderlosen Lokomotive. Da bleibt zunächst festzustellen, daß ein Anlaß, der zum Bau von Tenderlokomotiven hätte führen können, anfangs in Deutschland fehlte. Die Tenderlokomotive beherrschte typischerweise die Nebenbahn – anfangs war alles Hauptbahn –, sie beherrscht den Rangierdienst – dafür waren keine besonderen Lokomotivgattungen notwendig –, sie macht sich auf Steilrampen und als Schiebelokomotive nützlich – dafür mag vielleicht am ehesten ein Bedürfnis vorhanden gewesen sein. Es wundert uns also nicht, wenn die Tenderlokomotive in Deutschland zunächst fehlte. 1850 stellte die Taunusbahn eine 2A-Tenderlokomotive in Dienst, die insofern recht bedeutungsvoll war, als an ihr der Maschinenmeister der Bahn, *Heusinger v. Waldegg,* seine neue Steuerung ausprobierte. Sie war außerdem mit einem Dampftrockner eigener Bauart versehen, und wir werden ihr nochmals begegnen. 1854 baute Baden einige seiner Breitspur-Schlepptenderlokomotiven in 1A1-Tenderloks um, wahrscheinlich, um sie noch einem Verwendungszweck zuzuführen.

C-n2-Tenderlokomotive der Braunschweigischen Eisenbahn, Egestorff 1863

nicht mehr in den Einzelheiten bekannt sind. Während für uns das Betriebsprogramm das primäre ist und danach die zu bauende Gattung errechnet
wird, beschritt man häufig den umgekehrten Weg und prüfte, was sich aus
einer vorhandenen Gattung noch machen ließe.

Der bunten Vielfalt des damaligen Lokomotivbestandes schließen sich die
Tenderlokomotiven würdig an. Ihre Geschichte, ganz besonders seit Krauss,
würde allein ein Buch vollständig ausfüllen. Große Beliebtheit genossen die
B-Tenderlokomotiven der Maschinenbau-Gesellschaft Karlsruhe, die »Karls-
ruher Teckel«. Die Ende der achtziger, Anfang der neunziger Jahre entstandenen privaten Lokalbahnen beschafften vielfach eigene Typen, ein Zustand,
der sich bis zum Ende der Dampflokzeit erhalten hat. Wir erinnern daran,
wie viele Bauarten die Reichsbahn noch bei Überführung der Privatbahnen
in der DDR in Staatseigentum übernahm, trotz aller Typisierungs- und Vereinheitlichungsbestrebungen der zwanziger und dreißiger Jahre.

Der Nahverkehr erhielt durch den Bau der Berliner Stadtbahn zu Beginn
der achtziger Jahre gewaltigen Auftrieb, und gerade dieses Ereignis gab dem
Lokomotivbau manche harte Nuß zu knacken. Wir werden dem Kapitel
Stadtbahnlokomotiven noch einige Zeilen an anderer Stelle zu widmen
haben. Der Normalienausschuß versuchte, auch in Preußen die Entwicklung
zu steuern, und schuf Normalien für einige B- und C-Tenderlokomotiven.
Es entstanden so zunächst die T 2, der sich später durch Aufnahme in die
Normalien die T 0 und T 1 zugesellten, und die preußische T 3, wohl eine
der glücklichsten Schöpfungen des alten Lokomotivbaus, die sich in ihrer lan-
gen Dienstzeit ausgezeichnet bewährte und noch heute verschiedentlich im
Dienst von Museumsbahnen steht. War sie zunächst als Gemischtzug- und
Nebenbahnlokomotive gedacht, so wechselte sie alsbald in den Rangier-
dienst. Preußen verfügte allein über 1 345 Stück der Gattung T 3, dazu

C-n2-Tender-
lokomotive der
Preußischen Staats-
bahn, Gattung T 3,
verschiedene
Erbauer 1881

kamen zahlreiche Exemplare bei Privatbahnen. Sie war die Lokomotive, die am längsten mit Trick-Steuerung gebaut wurde, nämlich bis zum Jahre 1910, als die Heusinger-Steuerung bereits Allgemeingut geworden war.

Mit Aufnahme des Berliner Stadtbahnbetriebes wurden 1B- und B1-Lokomotiven in Dienst gestellt, darunter die bekannten Stadtbahnlokomotiven der Gattungen T 2 und T 4[1]. Die Geschichte der Lokomotivbauarten für die

1B-n2-Tender-
lokomotive der
Preußischen Staats-
bahn, Gattung T 2,
verschiedene
Erbauer 1881

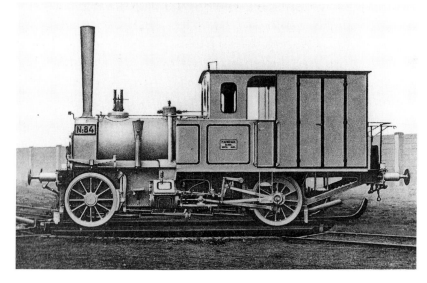

1A-n2-Omnibus-
lokomotive der
Preußischen Staats-
bahn, Schichau
1880, mit Gepäck-
abteil hinter dem
Führerhaus

Achsfolge C1′ und verband den Laufradsatz mit dem letzten Kuppelradsatz zu einem besonderen, dem Krauss-Helmholtz-Drehgestell. Der Laufradsatz hatte ± 31 mm, der Kuppelradsatz ± 25 mm Spiel, die Kuppelzapfen bildete man kugelig aus und versah die Kuppelstange am Treibzapfen mit einem Kreuzgelenk. Die Erfolge mit dieser Maschine waren verblüffend. Ihr Lauf war selbst bei 50 km/h noch außerordentlich ruhig, so daß die bayerische D VIII schließlich die Ahne einer fast endlosen Reihe ähnlicher Lokomotiven wurde, die jahrzehntelang einen gewichtigen Teil unseres Lokomotivbestandes bildeten.

Mit der Gattung B X trat das Krauss-Helmholtz-Drehgestgell auch bei den großen Hauptbahnlokomotiven seinen Siegeszug an. Bayern ging bei dieser Maschine zur Heusinger-Steuerung über und folgte damit dem Beispiel Preußens, lediglich Sachsen blieb noch bei der innenliegenden Trick-Steuerung. Beide Bahnen benutzten das Lindnersche Anfahrventil. Mit diesen Schnellzugmaschinen begann übrigens der Kessel, langsam aber stetig aus seiner Versenkung aufzutauchen. Wies die P 3² noch 1 895 mm Höhe der Kesselmitte über Schienenoberkante auf, so waren es bei der B X bereits 2 165 mm und bei der VI b V 2 250 mm, die Sorgen *Cramptons* wurden also allmählich vergessen.

In Württemberg hatte 1887 ein neuer Mann die maschinentechnische Leitung der Staatsbahn übernommen. Long-boiler-Brockmann war 1883 ausgeschieden; nun trat *Adolph Klose* an die Spitze, ein Mann von außerordentlichen konstruktiven Fähigkeiten, dessen Namen wir noch öfter begegnen werden. Seine erste Tat war die Einführung des Verbundsystems in Württemberg, und 1888 verließ die Personenzuglokomotive der Gattung Ac die Maschinenfabrik Esslingen, allerdings noch in steifachsiger Bauweise. *Klose* erhöhte den Dampfdruck sogar auf 14 bar und erzielte dabei so günstige

1B-n2v-Personen-
zuglokomotive der
Württembergischen
Staatsbahn, Klasse
Ac, Esslingen 1888

Ergebnisse, daß fast nur noch Verbundmaschinen beschafft wurden. Damit trat die 1B-Maschine als schnellfahrende Lokomotive vom Schauplatz ab. Als Tenderlokomotive werden wir ihr zwar noch begegnen, auf den Hauptstrecken hatte sie jedoch ausgedient, nachdem sie über 30 Jahre hindurch das Bild des Reiseverkehrs beherrschte. Charakteristischerweise konnte sie sich bei den kleinen Bahnen immer noch behaupten, verhielten sich doch diese meist den Neuerungen gegenüber abwartend, in der Hauptsache aus finanziellen Gründen, weil die alten Typen risikolos sichere Erfolge brachten. Welchen Schwierigkeiten die kleinen Bahnen im umgekehrten Fall gegenüberstanden, zeigt das Beispiel der Oldenburgischen Staatsbahn, die 1916 eigene Schnellzuglokomotiven baute, ohne die erforderlichen Erfahrungen und Voraussetzungen zu besitzen; ein Vorhaben, das dann auch tatsächlich mit einem Mißerfolg endete. Immerhin beschaffte selbst Preußen bis zum Jahre 1903, also schon zur beginnenden Heißdampfära, seine P 3², während Mecklenburg ihr sogar bis 1907 treu blieb.

Die neunziger Jahre des vorigen Jahrhunderts waren, im ganzen gesehen, die umwälzendsten Jahre in der Entwicklungsgeschichte der Lokomotiven, wie allgemein in der gesamten Wirtschaft. Die Ursachen hierfür lagen noch in dem Kriegsende von 1871 und den Kontributionen begründet. Deutschland entwickelte sich in wenigen Jahren aus einem Agrar- in ein Industrieland ersten Ranges und schickte sich um die Jahrhundertwende an, England als wichtigstes Industrieland zu überholen.

Wir wollen daher zeitlich die wichtigsten Vorgänge zusammenstellen, um sozusagen den roten Faden zu gewinnen:

1880   entstand die erste Verbundlokomotive in Deutschland.

Entwicklung der Eisenbahnzüge zwischen 1840 und 1890 mit Zugmassen und Geschwindigkeiten

Jahr	Länge der Züge	Zuggewicht in Tonnen	Geschwindigkeit in Kilomtr. in der Stunde
1840		50	30
1850		90	42
1860		110	48
1870		170	56
1880		200	60
Zukunfts-zug		280	70

1886   stellte *Alfred de Glehn* auf der französischen Nordbahn seine erste Vierzylinder-Verbundlokomotive in Dienst.

1888   erschien erstmals das Krauss-Helmholtz-Drehgestell.

1890   führte *August v. Borries* an der preußischen S 2 das hannoversche Drehgestell ein.

1893   legte *Karl Gölsdorf* bei seiner Lokomotive Reihe 6 erstmals die Höhe der Kesselmitte über Schienenoberkante auf 2 570 mm.

1894   lieferte Grafenstaden die erste Vierzylinder-Verbundlokomotive nach Preußen und Baden.

1894   stellte die Kaiser-Ferdinands-Nordbahn in Österreich die erste Atlantic-Lokomotive Europas in Dienst.

1898   lieferte Vulcan die erste Heißdampflokomotive der Welt.

1900   stellte *Karl Gölsdorf* seinen Fünfkuppler, Reihe 180, mit seitenverschiebbaren Kuppelradsätzen in Dienst.

1906   war die erste Fahrt der bayerischen Schnellfahrlokomotive S 2/6.

1907   lieferte *Maffei* an die Badische Staatsbahn die erste deutsche Pazific-Schnellzuglokomotive.

Ein Zeitraum von 27 Jahren schloß also eine Entwicklung ein, wie sie sich in der Geschichte der Lokomotiven nicht wiederholte. Zwischen Rainhill und 1880 lagen 51 Jahre, von 1907 bis zum Bau der letzten Dampflok sind auch 50 Jahre vergangen. Diese Zahlen sagen mehr als alle Worte. Das Erstaunlichste jedoch ist, daß ein Unterschied zwischen 1907 und 1960 kaum vorhanden ist, daß die Lokomotiven jener Zeit bis zuletzt noch in beträchtlicher Anzahl ihren Dienst verrichteten. Wir wollen versuchen, uns über die seit den achtziger Jahren sprunghaft einsetzende Entwicklung klarzuwerden. Von den aufgezählten Ereignissen ist schlechthin keines ohne das andere denkbar, wobei wir die dazwischenliegende Fülle von Einzelvorgängen noch gar nicht beachtet haben.

Fast keine Bahnverwaltung war Ende der achtziger Jahre in der Lage, den Anforderungen im Hinblick auf Schnelligkeit und Bequemlichkeit des Zugverkehrs gerecht zu werden. Der Minister für öffentliche Arbeiten in Preußen, *Maybach*, entsandte *August v. Borries* zu einer Studienreise nach England und Amerika, als deren Ergebnis 1891 vielfach völlig neue Gedankengänge auftauchten. Es war klar, daß ein leistungsfähiger Kessel nur unter Vergrößerung der Achszahl unterzubringen war, der Schritt von der 1B zur 2′B war also unumgänglich. Wir fanden sie bereits in Baden als Gattungen IIIa und IIIb, jedoch mit einer Leistung, die ebensogut als 1B-Lok möglich gewesen wäre. Dort hatte die Lastverteilung eine ausschlaggebende Rolle gespielt. Das Neue an den jetzigen Lokomotiven war die Bedeutung des Drehgestells, und hierzu konnte die Kommission in Amerika eingehende Studien treiben; war doch das langgespreizte Drehgestell bereits damals aus dem amerikanischen Lokomotivbau nicht mehr wegzudenken. Unter *v. Borries'* Leitung baute Henschel bereits 1890 die preußische S 2, eine 2′B-n2v-Schnellzuglokomotive. Die neue Maschine wurde als »Hannoversche Bauart« bezeichnet, da ein Jahr später *Lochner* in Erfurt ähnliche Maschinen mit etwas größerem Kessel bei Henschel bauen ließ, davon zwei Zwillings- und zwei Verbundmaschinen, um mit dieser „Erfurter Bauart" eingehende Vergleiche anzustellen.

Das bei der hannoverschen Maschine eingeführte Drehgestell übertrug die Lokomotivlast durch seitliche Gleitbacken auf zwei Längstragfedern. Diese Federn hingen zwischen den Wangen von Schwanenhalsträgern, die sich wiederum unmittelbar auf die Achslagerkästen stützten. Der Drehzapfen war also entlastet; durch zwei Wickelfedern, später Blattfedern, wurde die Rückstellung bewirkt. Bei den Erfurter Maschinen wurde die amerikanische Bauart angewendet, bei der die Last durch einen Kugelzapfen über eine stählerne Pfanne auf eine Wiege übertragen wurde. Das hannoversche Drehgestell war dem Erfurter aufgrund seiner Einfachheit und klaren Lastübertragung überlegen; es ist bis zum heutigen Tage unübertroffen geblieben.

An den Erfurter Maschinen gab es manches auszusetzen. Die innenliegende Trick-Steuerung mit gekreuzten Exzentern, die über eine Umkehrwelle auf die außenliegenden Flachschieber wirkte, mußte einen Rückschritt gegenüber der Heusinger-Steuerung bedeuten. Die hannoverschen Maschinen waren zudem erheblich sparsamer. Aus den Erfahrungen mit seiner Maschine schuf *v. Borries* schließlich im Jahre 1893 die preußische S 3, eine der beliebtesten damaligen Maschinen.

2′B-n2v-Schnellzug-lokomtive der Preußischen Staatsbahn, Gattung S 3, verschiedene Erbauer 1893

Die S 3 ist die erste preußische Schnellzuglokomotive großen Stils, die zu ihrer Zeit fast den gesamten Schnellzugverkehr bestritt. Die Beschaffung

2′B-n2v-Personen-
zuglokomotive der
Preußischen Staats-
bahn, Gattung P 4^2,
verschiedene
Erbauer 1892

belief sich auf über 1 000 Stück. Sie ist auch erstmalig eine harmonische und ausgeglichene Konstruktion, bei der einzig die tiefe Kessellage noch störend wirkt. Ihre Leistung war vorzüglich; sie zog 320 t in der Ebene mit 75 km/h und 150 t auf 10 ‰ mit 50 km/h. Gerühmt wurden ihre Laufruhe und ihr sparsamer Kohlenverbrauch.

Gemeinsam mit der S 3 wurden auch Personenzuglokomotiven beschafft; so die Gattung P 4, die sich von der S 3 eigentlich nur durch den kleineren Treibraddurchmesser von 1 750 mm gegenüber 1 980 mm unterschied. Da jedoch das häufige Anfahren Schwierigkeiten bereitete, schuf man auch noch Zwillingsmaschinen (P 4^1), ab 1903 jedoch nur noch Verbundmaschinen mit Dultz-Anfahrventilen (P 4^2). Auch bei der Mannschaft waren diese Maschinen sehr beliebt, und Preußen hatte sich damit eine stattliche Anzahl tüchtiger und sparsamer Lokomotiven geschaffen.

Wenn wir uns jedoch wieder die Beschaffungszeit ansehen – die P 4^2 wurde bis 1910 bezogen, in Mecklenburg bis 1911, zu einer Zeit also, als die P 8 bereits fünf Jahre im Betrieb war – scheint es uns doch, als sei hier des Guten zuviel getan worden. Zu einer Zeit, in der sich solche umwälzenden Wandlungen vollziehen, bei derart langen Beschaffungszeiten zu bleiben, erscheint unbegreiflich. Wir müssen aber auch bedenken, daß in der Zuständigkeit für die Lokomotivbeschaffungen bei den preußischen Bahnen nichts beständiger war als der Wechsel. Erst machte es jede Eisenbahndirektion für sich, dann wurde 1895 eine geschäftsführende Direktion (Berlin) auserkoren. Um diese Vormachtstellung auszubalancieren, durften andere Direktionen »Spezial-Betriebsmittel« in eigener Verantwortung beschaffen. Als *Garbe* in Berlin zu mächtig wurde, nahm man ihm die Zuständigkeit für Naß-dampflokomotiven und Tender fort. Nach der Gründung des Königlichen Eisenbahn-Zentralamts (1907) trennte man die Konstruktion vom Einkauf der Lokomotiven, weil die Beschaffung auch Beschäftigungspolitik war. Bei

2′B-n2v-Personen-
zuglokomotive der
Sächsischen Staats-
bahn, Klasse VIII V 2,
Hartmann 1896

2′B-n2-Schnellzug-
lokomotive der Badi-
schen Staatsbahn,
Klasse IIc, Karls-
ruhe u. a. 1892

alledem hatte das Ministerium für öffentliche Arbeiten immer die Aufsicht
(und das letzte Wort), aber nie die Verantwortung.

  In den übrigen deutschen Ländern war man nicht müßig gewesen und
hatte inzwischen starke 2′B-Maschinen entwickelt, die sich wohl sehen lassen konnten. Bayern brachte 1892 die B XI heraus, teils als Zwilling, teils als
Verbundmaschine, Sachsen die Klasse VIII 1891 als Zwilling, 1896 als Verbundmaschine, und Baden 1892 seine IIc. Letztere war jedoch noch eine einfache Zwillingsmaschine, Baden war über die Anwendung des Verbundsystems bei seinen C-Güterzuglokomotiven noch nicht hinausgekommen.

  Interessant ist hierbei die Frage, wie sich die anderen deutschen Bahnen
mit dem Drehgestell abfanden. Bayern übertrug nach Schweizer Vorbild die
Lokomotivlast durch eine große ebene Tellerscheibe mit Stützplatte auf die
Stahlgußversteifung in der Mitte des Drehgestells. Zwischen Drehzapfen
und erstem Drehgestellradsatz lag außerdem ein an der Querversteifung des
Gestells befestigter zweiter fester Drehzapfen, der durch eine Lasche mit

dem Mittelzapfen verbunden war. Das Gestell wurde also von diesem zweiten Zapfen gezogen. Der Ausschlag betrug 20 mm nach jeder Seite. Der Gestellrahmen war wie beim hannoverschen Drehgestell ausgebildet. Die bayerischen Lokomotiven besaßen von Anfang an außenliegende Heusinger-Steuerung, die Verbundmaschinen hatten Malletsche Anfahrvorrichtung.

Sachsen verwendete, begünstigt durch seine längeren Drehscheiben, das Erfurter Drehgestell mit 2 400 mm Achsstand. Die Zwillingsmaschinen hatten innenliegende Trick-Steuerung, die Verbundmaschinen außenliegende Heusinger-Steuerung äußerst sorgfältig wurden beide Bauarten miteinander verglichen.

Die schönste der drei Maschinen war jedoch die badische IIc, nicht zuletzt, weil bei der letzten Serie im Jahre 1900 an ihr zum ersten Mal in Deutschland an Rauchkammer und Führerhaus Windschneiden ausgebildet waren, die der Maschine ein schnittiges Aussehen verliehen. Ihre Innenzylinder machten sie zusammen mit dem Treibraddurchmesser von 2 100 mm zum ausgesprochenen Schnellläufer, der bei 120 km/h keinerlei Unruhe zeigte. Sie war damals die schnellste deutsche Lokomotive. Das Drehgestell besaß wiederum einen ebenen Mittelteller, die Last wurde auf Längsblatt-Tragfedern und Schwanenhalsträger übertragen. In ihrer äußeren Gestaltung sind manche französischen Einflüsse erkennbar, wie sie bereits seit längerem in der badischen Lokomotiventwicklung zu beobachten waren.

Nicht übersehen dürfen wir aber bei diesen süddeutschen Maschinen einen für die ganze Lokomotivgeschichte höchst bedeutsamen Vorgang. Es wird höchste Zeit, daß wir unsere Blicke ins benachbarte Österreich wenden, denn dort war man inzwischen gewaltig vorausgeeilt, und ein neuer Mann bestimmte die Entwicklung der kommenden Jahre: *Karl Gölsdorf*, der überragende österreichische Lokomotivkonstrukteur, dem die Welt so viel zu verdanken hat.

Karl Gölsdorf (1861–1916) erwarb sich als österreichischer Lokomotivbauer große Verdienste um den Bogenlauf der Maschinen.

Der österreichische Lokomotivbau unterschied sich nicht so grundsätzlich von dem Deutschlands, daß ein Vergleich unmöglich wäre. Die speziellen Gebirgsbauarten seien hierbei unberücksichtigt, uns interessieren die Flachlandmaschinen. Bis zum Jahre 1893 liefen in Österreich wie in Deutschland steifachsige 1B-Maschinen, aber auch eine Reihe 2′B-Lokomotiven mit dem Kamper-Drehgestell, wobei die Zylinder seitlich des vorderen Drehgestellradsatzes lagen. In der Leistung waren sie mitunter stärker als die gleichaltrigen deutschen Maschinen.

Die Kesselmitte über Schienenoberkante ging aber über 2 165 mm nicht hinaus und lag im Mittel meist bei 2 000 mm. Hier setzte nun die entscheidende Wandlung bei der Gölsdorf-Maschine der Reihe 6 ein: Die Kesselmitte rückte erstmalig auf 2 570 mm hinauf, der Kessel lag völlig frei, sogar

2′B-n2v-Schnellzug-lokomotive der k. k. österr. Staats-bahnen, Reihe 6, Wiener Lokomotiv-fabrik 1894

erhöht über dem vorderen Teil des Rahmens. Der Stehkessel ruhte sehr glücklich zwischen den 2 100 mm großen Treibrädern, das Drehgestell war ähnlich der ersten Ausführung des hannoverschen ausgebildet. Sein Achsstand betrug 2 800 mm; es war wesentlich an der Lastverteilung beteiligt. Diese gute Ausbildung des Laufwerkes gab der Verbundmaschine bei Geschwindigkeiten von 130 km/h noch einen einwandfreien Lauf. Sie war der gleichaltrigen preußischen S 3 erheblich an Leistung überlegen, zog 210 t auf 3 ‰ mit 100 km/h und auf 10 ‰ mit 58 km/h. Zum Vergleich stellen wir ihre Abmessungen jenen der preußischen S 3 und S 5^2 gegenüber:

		S 3 (1893)	R 6 (1894)	S 5^2 (1904)
Kesseldruck	bar	12	13	12
Rostfläche	m^2	2,32	2,9	2,32
Heizfläche	m^2	118	140	136
Zylinderdurchmesser	mm	460/680	500/740	475/700
Kolbenhub	mm	600	680	600
Treibraddurchmesser	mm	1 980	2 100	1 980
Dienstmasse	t	50,5	55,4	53,6
Reibungsmasse	t	30,9	28,8	32,7

Selbst die preußische Gattung S 5^2, die verstärkte S 3 von 1904, konnte in der Leistung mit der Reihe 6 nicht mithalten, obgleich sie bestimmt zu den tüchtigsten Lokomotivbauarten zu rechnen war. Mit dieser ersten großen Gölsdorf-Maschine setzte in Österreich eine Entwicklung ein, die uns noch öfter interessieren wird, und die auch den deutschen Lokomotivbau günstig beeinflussen sollte. Wie langsam der Kessel in Deutschland höherrückte, belegen die folgenden Zahlen für die Kesselmitte über der Schienenoberkante. Bei der preußischen S 3 von 1893 waren es 2 260 mm, bei der bayerischen C V von 1899 bereits 2 650 mm. Die badische II d von 1902 und die preußische S 6 von 1906 brachten es beide auf 2 750 mm, während die bayerische S 2/6 ebenfalls 1906 mit 2 950 mm den Höchstwert lieferte. Aus diesen Zahlen geht hervor, daß auch hier Süddeutschland in Führung lag.

Die Tage der 2′B-Schnellzuglokomotive gingen mit dem Jahrhundert allmählich schon wieder zur Neige. Die immer schwerer werdenden Züge forderten, namentlich im Hügelland, höhere Leistungen, die wiederum nur unter Zuhilfenahme weiterer Radsätze zu erreichen waren. Mit der württembergischen Gattung AD, die 1899 in Dienst gestellt wurde, erschien in Süddeutschland die letzte 2′B-Verbundlokomotive, gleichzeitig in einer schönen und ausgeglichenen Form, bei der *Gölsdorf* offensichtlich Pate gestanden hatte. Man baute später auch eine Heißdampfausführung.

Jede dieser Vergrößerungen der Dampflokomotiven war nicht allein in das Belieben des Konstrukteurs gestellt. Gleise und Brücken gaben die höchsten Achsfahrmassen und Gesamtmassen vor, Drehscheiben und Schiebebühnen beschränkten immer wieder die Längenentwicklung.

Preußen, das sich immer so schwer von seinen alten Bauarten trennen konnte, blieb der 2′B-Bauweise treu. Den S 3-Spätling von 1904 erwähnten wir bereits, es war die schöne Borries-Maschine S 5², die im leichten Schnellzugdienst Norddeutschlands ihrem Schöpfer alle Ehre gemacht hat.

In jene Jahre fiel auch das Erscheinen zweier etwas abseitiger Bauarten, die einmalig geblieben sind. Zum Beispiel machte die Pfalzbahn, das linksrheinisch-bayerische Netz und alter badischer Konkurrent, den Schritt zur Drehgestell-Lokomotive vorerst nicht mit. Sie ließ sich im Jahre 1891 eine

2′B-h2-Schnellzug-lokomotive der Württembergischen Staatsbahn, Klasse ADh, Esslingen 1907

1′B1-n2-Schnellzug-lokomotive »Main« der Hessischen Ludwigsbahn, Krauss 1891

1′B1-Schnellzuglokomotive der Gattung P 2 bauen, selbstverständlich mit dem neuen Krauss-Helmholtz-Drehgestell und in Außenrahmen gelagertem hinterem Laufradsatz. Trotz des kurzen festen Achsstandes von nur 1 800 mm waren die Laufeigenschaften der Maschine einwandfrei, Kessel und Rost gut aufeinander abgestimmt. Die gleiche Bauart kam auch an die Hessische Ludwigsbahn. Die Maschinen waren reine Naßdampf-Zwillingslokomotiven und blieben trotz ihrer guten Eigenschaften Sonderlinge in der Entwicklung. Immerhin waren sie noch nicht so fremdartig wie die 15 Stück 1′B1-n2-Schnellzuglokomotiven der Main-Neckar-Bahn, die von Cockerill und Karlsruhe 1892 bis 1902 nach belgischem Muster geliefert wurden. Die Maschinen hatten Außenrahmen und Innenzylinder. Während der vordere Laufradsatz als Adams-Achse ausgeführt war, lagen die drei übrigen Radsätze fest. Die eigenartige Bauweise gab den Maschinen ein befremdliches Aussehen; durch Verstümmelung des Namens der Herstellerfirma Cockerill entstand ihr Spitzname »Krokodil«. Im gleichen Jahr lieferte Cockerill auch zehn 1′B1′-Maschinen an Württemberg als Klasse E, die uns in anderem Zusammenhang noch interessieren werden.

Die zweite Bauart war noch abwegiger, aber hochinteressant. Es handelte sich um die beiden deutschen Schnellzuglokomotiven mit Hilfstriebwerk, die bayerische AA I von 1895 in der Bauart 2'aA1-n2v und die pfälzische P3[II] in der Achsanordnung 2'aB1-n2v von 1900, beide von Krauss geliefert. Es ist bezeichnend, daß der geistige Vater dieser Maschinen, *v. Helmholtz*, in genialer Voraussicht bereits damals die Probleme erkannte, die den Dampflokbau bis zum Schluß beschäftigten. Praktisch benötigt ja die Lokomotive ihre große Reibungszugkraft nur zum Anfahren. Bereits nach einer gewissen Beschleunigung könnte ein, bei steigender Geschwindigkeit ein weiterer Radsatz, sofern es sich um einen Drei- oder Vierkuppler handelt, abgeschaltet werden. Allmählich könnte man dann auf der Steigung einen Radsatz nach dem anderen zur Erhöhung der Reibungszugkraft wieder einschalten. Diese Gedankengänge sind zum Teil in dem späteren Lokomotivbooster verwirklicht, der aber erst 1919, von *Howard Ingersoll* erfunden, auf der Bildfläche erschien. *Richard v. Helmholtz* mag noch nicht so weit gedacht haben, wenn der Booster hier auch zwei frühe Vorläufer hatte. Den Anstoß zu dieser Konstruktion gab der Tatbestand, daß die während der neunziger Jahre noch vielfach eingesetzten einfach gekuppelten Maschinen meist nur schwer in der Lage waren, die Züge aus der Station herauszubringen. Eine zweifach gekuppelte Maschine war aber auf den Strecken nicht unbedingt erforderlich, daher also der Griff zum Booster. Der Konstrukteur *v. Helmholtz* beschritt nun versuchsweise den Weg, eine reguläre B XI-Lokomotive mit nur einem Treibradsatz auszurüsten, den Hinterkessel durch einen Laufradsatz abzustützen und zwischen Drehgestell und Treibradsatz einen abschaltbaren sogenannten Vorspannradsatz einzufügen. Die Lösung war geschickt. Der Vorspannradsatz, durch zwei kleine eigene Zylinder angetrieben, wurde durch einen Dampfzylinder mit einer Kraft von etwa 140 kN gegen die Schienen gepreßt. Ließ man den Dampf ab, hoben kräftige Federn den Radsatz an. Das Haupttriebwerk arbeitete mit Verbundwirkung. Die Lokomotive war tatsächlich im Kohleverbrauch sparsamer als die B XI, die Einsparung wurde jedoch durch erhöhte Unterhaltungskosten mehr als ausgegli-

2'aB1'-n2v-Schnell-zuglokomotive der Pfalzbahn, Gattung P 3[II], Krauss 1900

chen. Die Maschine wurde im Jahre 1907 in eine 2′B-Heißdampf-Zwillings-
lokomotive umgebaut und hat noch bis 1933 Dienst getan.

Krauss wiederholte diesen Versuch im Jahre 1900 und stellte eine Neukonstruktion auf der Pariser Weltausstellung aus. Die Lokomotive der Gattung
P 3^{II} war wesentlich größer und wies die Achsfolge 2′aB1′auf, gehörte also zu
den Atlantic-Lokomotiven. *Helmholtz* war diesmal dem Problem auf noch
interessantere Weise zu Leibe gegangen. Das Drehgestell war sehr langge-
spreizt, so daß in seiner Mitte der Vorspannradsatz Platz fand. Dieser wurde
von einer außenliegenden Hilfsmaschine mit Joy-Steuerung angetrieben.
Die Kuppelradsätze wurden von Innenzylindern mit Heusinger-Steuerung,
aber ohne Hubscheiben, statt derer mit Joy-Lenkern, in Verbundwirkung
getrieben. Die Lage der Steuerspindel ist im Bild über dem letzten Drehgestellradsatz sichtbar. Als zweite Neuheit war die Maschine mit sogenannten
Yarrowschen Bobgewichten ausgerüstet, die durch eine Stange von dem
ersten und eine Gegenkurbel von dem zweiten Kuppelradsatz bewegt wurden. Die neben dem Aschkasten gelagerten, hin- und hergehenden
Gewichte sollten den Ausgleich der umlaufenden Massen bewirken, eine Vorrichtung, die sich nicht durchsetzen konnte, da durch die Gewichte neue stö-
rende Kräfte hervorgerufen wurden. Die Pfalzbahn kaufte diese Maschine,
sie lief hervorragend und erfüllte ganz die in sie gesetzten Erwartungen. Der
Nachteil bestand allerdings in dem komplizierten Mechanismus, der eine
Werkstatt für sich erforderte. Bereits nach zwei Jahren baute man die
Maschine in eine reguläre 2′B1′-n2v-Lokomotive um, die dann noch bis zum
Jahre 1925 Dienst tat. Durch diesen Umbau war sie zur einzigen Zweizylin-
der-Verbund-Atlantic-Lokomotive Deutschlands geworden. Selbst ihre
neue Gestalt hatte ihr also noch ein wenig Ruhm bewahrt.

Damit wollen wir das Gebiet der Schnellzuglokomotiven auf kurze Zeit
verlassen und sehen, welche Entwicklung der langsame Dienst inzwischen
genommen hatte. Hier war es kaum zu glauben, was ein Zeitraum von 20 Jahren aus der kleinrädrigen Lokomotive machte.

Wir hatten festgestellt, daß die aus dem Long-boiler hervorgegangenen
C-Lokomotiven fast durchweg den Güterzugdienst auf den deutschen Bahnen bestritten. Die Maschinen ähnelten alle einander und zeigten gute
Durchschnittsleistungen ohne große Besonderheiten. Nach Überwindung
der Wirtschaftskrise setzte auch hier der große Aufschwung ein. Die Züge
wurden länger und schwerer, die aufblühende Industrie stellte große Anforderungen an die Bahnen, neue 15-t-Güterwagen wurden gebaut, und auch
die alten Lokomotiven mußten mit der Entwicklung Schritt halten. Verstärkung der Leistung hieß jedoch: größere Kessel bauen. Größere Kessel wiederum erforderten mehr Radsätze, wollte man die Reibungsmasse der Lei-

stung anpassen, und da lag die Schwierigkeit: Wie sollte eine derartig lange Lokomotive kleine und kleinste Krümmungen und Weichen befahren? Das Problem der Kurvenläufigkeit verlangte gebieterisch nach einer Lösung, die Verbundmaschine mit ihrer großen Leistung machte es sogar zum wichtigsten Problem.

3.4 Das Problem der Kurvenläufigkeit und die Gelenklokomotive

Die Frage der Kurvenläufigkeit beschäftigte bereits den Semmeringwettbewerb von 1851. Doch damals handelte es sich um eine Gebirgsbahn mit anderen Bedingungen. Die Kessel waren geradezu bescheiden gegenüber dem, was jetzt verlangt wurde. Aus der Semmeringkonkurrenz war die Engerth-Maschine hervorgegangen, und die »Vindobona« *Haswells* war ein Reinfall gewesen. Auf *Ghegas* Drängen hatte *Haswell* seine Konstruktion verbessert und 1855 die »Wien-Raab« zur Weltausstellung nach Paris geschickt, die zusammen mit der »Comorn« der erste Vierkuppler in Europa gewesen war, der auch als solcher fahren konnte. Beide waren eine Fortbildung der »Vindobona«. Der letzte Kuppelradsatz lag nunmehr unter dem Stehkessel. Die »Wien-Raab« leistete treu und brav in einem französischen Eisenwerk bis zum Jahre 1918 Dienst. Sie war die Ahne jener stattlichen Reihe von Vierkupplern geworden, bei denen der letzte Radsatz etwas Seitenspiel besaß.

Anders war es mit der »Wiener Neustadt« und der »Seraing«. Die Ingenieure gaben die Versuche nicht auf, auf dem Weg über die Triebwerksteilung ihr Ziel zu erreichen. Ging es mit einer Lokomotive nicht, mußte man eben zwei daraus machen. *Meyer* in Mühlhausen nahm sich seit 1868 mit großer Sorgfalt der Angelegenheit an und bescherte der Welt die allbekannte Meyer-Maschine. Bei ihr lag der Kessel auf zwei Dampfdrehgestellen, also auf zwei jeweils in einem Drehgestell mit eigenen Zylindern vereinigten Triebwerken. Die Zylinder lagen hierbei einander zugekehrt unter der Kesselmitte. Der Hauptmangel der Meyer-Lokomotiven war, daß es zu damaliger Zeit nur sehr schwer möglich war, die beweglichen Dampfleitungen zu den Zylindern dicht zu halten. Dies war besonders schlimm in den ersten Jahren, als sämtliche Leitungen unter Hochdruckdampf standen. Mit dem Aufkommen der Verbundmaschine verteilte sich der Druck wenigstens auf zwei Stufen. Bekanntermaßen neigten die Triebwerke derartiger Gelenklokomotiven sehr zum gegenseitigen »Verlaufen«, also zum wechselweisen Schleudern. Die Meyer-Maschine besaß außerdem den großen Nachteil (besonders bei den B′B′-Bauarten), daß die hin- und hergehenden Massen ein starkes Schlingern der Drehgestelle bewirkten, so daß der Lauf dieser Maschinen bei den üblichen kleinen Raddurchmessern schon ab 40 km/h äußerst unruhig wurde. Dennoch war man wohl zunächst froh, überhaupt einen gangbaren Weg gefunden zu haben, und auf der Weltausstellung 1873 in Wien war als größte Lokomotive eine zweimal dreifach gekuppelte belgische Meyer-Maschine ausgestellt. In Deutschland konnte sich diese Bauart wenig durchsetzen, lediglich Sachsen, dessen Bahnen wegen der schwierigen Krümmungsverhältnisse viel Kopfschmerzen bereiteten, versuchte trotz mancher Fehlschläge immer wieder sein Glück mit ihnen. Bei der sächsischen I T V von 1891 lagen die Hochdruckzylinder am hinteren, die Niederdruckzylinder am vorderen Drehgestell. Die Mängel der Bauart waren jedoch zu groß, als daß ihr ein Erfolg beschieden gewesen wäre. Besser gelungen war die zu gleicher Zeit beschaffte sächsische IV K für 750-mm-Spur. Bei den geringen Geschwindigkeiten ergab sich als ihr stärkster Vorteil, daß die Maschine in der Lage war, Gleisbögen von kleinstem Halbmesser zu durchfahren.

Das Schlingern der Triebwerke suchte man durch eine kreuzweise Kupplung zu beseitigen. Einen Erfolg hatte diese Maßnahme jedoch nicht. Trotzdem wurde die IV K in größerer Stückzahl beschafft und verrichtete über fünfzig Jahre lang ihren Dienst. 1910 griff Sachsen für normalspurige Nebenbahnen nochmals zur Meyer-Bauart und schuf eine verstärkte I T V, diesmal mit den Hochdruckzylindern vorn. Maßgebend mag hier der Wunsch nach Durchfahren von Krümmungen von 85 m Halbmesser gewesen sein. Bedeutung ist der Maschine nicht beizumessen, ebensowenig wie einigen Einzelgängern, die von dem sächsischen Oberbaurat *Robert Lindner* geschaffen wurden, einem ganz besonderen Liebhaber von Maschinen mit Triebgestellen, dem Sachsen seine Mustersammlung auf diesem Gebiet verdankt. Die Lindnersche Lösung war sehr interessant: Sie vereinigte beide Meyer-Zylinder zu

B′B′-n4v-Schmalspurlokomotive der Sächsischen Staatsbahn, Gattung IV K, Hartmann 1892

einem Gußstück in der Mitte der Maschine. Diese sächsische XV HT V trieben zwei dreifach gekuppelte Triebwerke, bei denen jeweils die ersten beiden Radsätze fest im Rahmen lagen, die Endradsätze jedoch nach der Bauart *Klien* als Hohlradsätze ausgebildet waren. Die den Zylindern zugekehrten Kuppelradsätze hatten 26 mm Spiel nach jeder Seite, die Klien-Lindner-Radsätze 37 mm. Die lästigen beweglichen Dampfleitungen waren so zwar beseitigt, das Triebwerk war jedoch nur noch komplizierter geworden, so daß auch diesen Maschinen kein Erfolg beschieden war. Der nicht alltägliche, mutige Schritt in technisches Neuland muß jedoch hoch anerkannt werden. Diese Bauart erwies sich den Maschinen mit mehrteiligen Triebwerken und selbst den 1′F-Lokomotiven hinsichtlich Laufruhe und Schonung der Räder und Schienen weit überlegen.

Noch seltsamer mutete die aus England übernommene Fairlie-Lokomotive an, eine 1865 aufgenommene Weiterentwicklung der alten »Seraing«. Bei dieser Bauart war nicht nur das Laufwerk, sondern auch der Kessel doppelt vorhanden, jedoch mit einem gemeinsamen Stehkessel. Auch hier haben wir wieder die beiden Maschinendrehgestelle. 1885 kaufte Sachsen zwei dieser Lokomotiven von Hawthorn-Newcastle für seine 750-mm-Strecken mit 30 ‰ Steigung und 50 m Kurvenhalbmesser.

1902 lieferte Hartmann abermals drei Maschinen dieser Bauart, jedoch für 1000-mm-Spur und mit Verbundtriebwerk; sie waren in der Unterhaltung noch teurer als die Meyer-Maschinen. Interessant war ihr eigenartiger Aufbau; der Lokomotivführer konnte von einem Ende zum anderen gelangen. Ursprünglich sollte sein Platz sogar jeweils am vorausfahrenden Maschinenende sein, darum waren Regler, Läutewerk und Bremse an jedem Ende vorhanden. Später entfernte man den Kastenumbau und gab dem Führer seinen Platz in der Mitte. Bei dieser Maschine, die auch in Straßen gelegene Anschlußgleise benutzen sollte, treffen wir auf den Trambahntyp der Lokomotive, der in Deutschland in zahlreichen Ausführungen vorhanden war.

CC-h4v-Tenderlokomotive der Sächsischen Staatsbahn, Gattung XV HTV, Hartmann 1916

Diese Maschinen, oft auch für Straßenbahnen ausgeführt, waren alle mit zum Teil recht merkwürdigen Um- und Aufbauten, vielfach mit stehendem Kessel, ausgerüstet und meist für Einmannbedienung gedacht. Zu den Wagen war ein Durchgang vorhanden. Ihren Schöpfern schwebte wohl vor, daß hier der Lokomotivführer allein arbeiten sollte und nur bei Bedarf Hilfe vom Zugführer und Schaffner erhalten konnte. Ihrem Dasein bereitete die elektrische Straßenbahn ein Ende. Auch bei der Deutschen Reichsbahn-Gesellschaft tauchten 1934 nochmals ähnliche Gedanken auf, die zum Bau der Einheitslokomotive 71^0 führten (1′B1′-h2-Pt). Längst hat der Triebwagen, mehr noch der Omnibus, die Rolle dieser Bauart übernommen.

Waren die Fairlie-Lokomotiven noch seltener als die Meyer-Maschinen, so wurden Garratt-Lokomotiven in Deutschland überhaupt nicht verwendet. Ihre Heimatgebiete sind Südafrika und andere überseeische Länder, wo sie es auf der Meterspur und der Kapspur (1 067 mm) zu beachtlicher Größe brachten. Bei ihnen liegt der Kessel auf einem langen Brückenträger, dessen Enden auf zwei Triebgestellen ruhen. Merkwürdigerweise war die Scheu vor beweglichen Hochdruckdampfleitungen dort geringer als in Deutschland.

Älter noch als die Maschinen mit Dampftriebgestellen sind die echten Doppellokomotiven. *Stephenson* führte sie erstmals um 1850 für Italien aus. Bei dieser Bauart sind zwei Maschinen mit der Rückseite zusammengekuppelt, die Führerhäuser sind hinten offen, der Lokführer fährt sozusagen zwei Lokomotiven gleichzeitig. Sachsen besaß eine Anzahl Doppellokomotiven (Gattungen XVI T und TV), desgleichen die Heeresfeldbahn für ihre 600-mm-Spur. Auf derart schmaler Spurweite boten Doppellokomotiven oft die einzige Möglichkeit, die Betriebsleistung zu erhöhen. Der Betrieb sprach bei einem derartigen Paar von »Zwilling«, wurden sie jedoch getrennt, dann entstanden zwei »Illinge«.

Größte Bedeutung erhielten die von dem Erfinder der Verbundwirkung 1886 erstmals gebauten Mallet-Lokomotiven. Sie waren im Grunde eine Weiterentwicklung der Meyer-Maschinen mit dem Unterschied, daß das hintere Drehgestell einem festen Rahmen wich. *Mallet* erkannte die Vorteile seiner Verbundmaschine für kurvenbewegliche Lokomotiven. Er verlegte die Hochdruckzylinder an die zweite, feste Radsatzgruppe. Die beweglichen Hochdruckdampfleitungen entfielen, beweglich blieben die Verbinderdampfleitung mit ihrem relativ geringen Druck (etwa 4 bar) und die Ableitung zum Blasrohr. Hierbei war auch ein natürlicher Dampffluß zu verzeichnen. Interessanterweise kam es auch hier zu einer Doppelerfindung. Schon vor *Mallet* entwarf der Deutsche *Fritz Rimrott* 1879 eine ähnliche Maschine, nur legte er das Drehgestell nach hinten, um die feste Anordnung von Zylinder und Rauchkammer zu erhalten. Sein Entwurf kam aber nicht zur Ausführung.

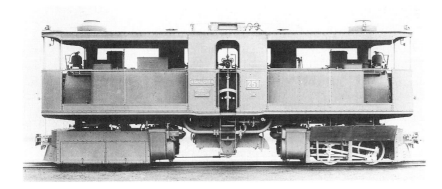

B′B′-n4v-Schmal-
spurlokomotive der
Sächsischen Staats-
bahn, Gattung I M,
Hartmann 1902

Doppellokomotive
(Cn2 + Cn2) für die
Heeresfeldbahnen,
600-mm-Spur, ver-
schiedene Erbauer
1899

B′B-n4v-Güterzug-
lokomotive der Badi-
schen Staatsbahn,
Gattung VIII c,
Grafenstaden 1893

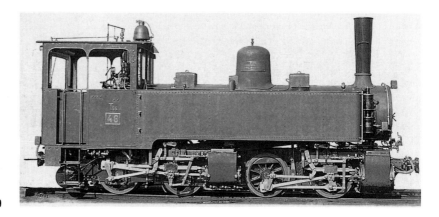

**B′B-n4v-Schmal-
spurlokomotive der
Württembergischen
Staatsbahn, Klasse
Tssd, Esslingen 1899**

Ihr erstes Erscheinen in Deutschland fiel in das Jahr 1893, also mitten in
die Zeit des Streites um die günstigste Lösung der Kurvenbeweglichkeit.
Grafenstaden lieferte als badische VIII c für die Staatsbahn zwei B′B-
n4v-Mallet-Lokomotiven, die für die krümmungsreiche Schwarzwaldbahn
gedacht waren. Leider war man in der Wahl der Abmessungen allzu zaghaft;
die Maschine vermochte nur 278 t auf 17,6 ‰ mit 18,8 km/h zu ziehen.

Für ihre westdeutschen Bergstrecken beschaffte die Preußische Staatsbahn im darauffolgenden Jahr gleichfalls Mallet-Lokomotiven, die fast
genau der badischen VIII c entsprachen. Sie waren in die preußische Gattung G 9 eingeordnet. Die Erfahrungen mit diesen Maschinen waren jedoch
nicht gut: Ihr Lauf in der Geraden war unruhig und ihre Unterhaltung sehr
teuer, so daß Preußen keine Mallet-Maschinen mehr entwickelte. Bekanntlich nimmt bei Mallet-Lokomotiven die Laufruhe erst mit steigendem Kupp-
lungsgrad zu. Bayern ließ im Jahre 1896 gemeinsam mit der Pfalz von Maffei
die Gattung BB I entwickeln, gleichfalls eine B′B-n4v-Lokomotive. Der
Erfolg blieb jedoch aus.

Mit gleicher Begeisterung stürzte sich Sachsen auf die neue Bauart, nachdem die Meyer-Maschinen nicht befriedigten; leider zu einem Zeitpunkt, als
auch die Mallet-Lokomotive in den anderen Ländern bereits Schiffbruch
erlitten hatte. 1898 erschien die Gattung I V, eine zweimal zweifach gekuppelte Güterzuglokomotive mit einem recht großen Kessel. Entscheidend
war wieder die Furcht vor dem Vierkuppler. Auch als Tenderlokomotive war
die Mallet-Bauart verschiedentlich ausgeführt worden, mehrfach als Schmalspurlokomotive. Erwähnenswert sind die bayerische BB II von 1899 und die
württembergische Tssd aus dem gleichen Jahr.

Bayern griff im Jahre 1913 nochmals zur Mallet-Maschine und schuf die
bekannte Gattung Gt 2 × 4/4. Ihre außerordentliche Größe machte sie seinerzeit zur schwersten deutschen Tenderlokomotive. Sie war hauptsächlich

D´D-h4v-Tender-
lokomotive der
Bayerischen
Staatsbahn,
Gattung Gt 2 × 4/4,
Maffei 1923

als Schiebelokomotive auf den Steilrampen von Rothenkirchen–Probstzella, von Laufach–Heigenbrücken und von Neuenmarkt-Wirsberg–Marktschorgast gedacht. Die Heizfläche war beträchtlich, das Verhältnis zwischen Hochdruck- und Niederdruckzylindern aber anfangs etwas unglücklich gewählt, so daß bei angestrengter Fahrt das Niederdrucktriebwerk unter Dampfmangel litt. 1923 baute man daher die Maschinen um, vergrößerte die Hochdruckzylinder und nahm einige andere Verbesserungen vor. Dieser Umbau, dem inzwischen neue Erkenntnisse zugrundelagen, war von vollem Erfolg begleitet, und so konnte die Gt 2 × 4/4 von 1923 den Ruhm für sich beanspruchen, die einzige wirklich tüchtige große Mallet-Maschine Deutschlands gewesen zu sein.

Innerhalb von zwei Jahrzehnten, zwischen 1893 und 1913, entstanden so unterschiedlich große Mallet-Maschinen wie die badische Gattung VIII c und die bayerische Gt 2 × 4/4. Die Rostfläche betrug hier 1,93 m², dort aber 4,25 m², während die Heizfläche von 135 m² auf 230 m² (plus 55 m² im Überhitzer) anstieg. Die Dienstmasse der erstgenannten Maschine lag bei 58 t, die der bayerischen Riesen-Mallet bei 123 t. Amerikanische Mallets erreichten Werte, die noch zwei- bis dreimal höher lagen. Je weniger Deutschland mit der Mallet-Lokomotive fertig wurde, um so größere Triumphe hat diese in Amerika im schweren Dienst gefeiert, ja, man kann fast von einer Mallet-Mode im ersten Viertel unseres Jahrhunderts sprechen. Die Entwicklung überstürzte sich derart, daß man 1912 für eine derartige Maschine bereits eine Dienstmasse von 245 t erreicht hatte.

Wenige Jahre später konnte allerorts die Mallet-Lokomotive als überholt gelten. Die gleiche Leistung ließ sich mit weniger Aufwand und einfacheren Mitteln erreichen. In Europa versetzte ihr *Karl Gölsdorf* den Todesstoß. Zudem bestand hier an und für sich kein Bedürfnis nach solchen Giganten, wie sie in Amerika gebaut wurden. Rußland, das man durch die großen Wei-

Adolph Klose (1844–1923) baute Zahnradbahnen, erfand ein kurvenbewegliches Triebwerk und wandte sich auch der Motorlokomotive zu.

ten mit den USA vergleichen konnte, schloß mit den Mallet-Lokomotiven ebenfalls keine Freundschaft.

Der Gedanke, Leistungssteigerung und Kurvenläufigkeit durch Teilung der Triebwerke zu erreichen, war naheliegend, wenn auch die Ausführung ihre Tücken hatte. Weit schwieriger war der Weg, wie einige kühne Pioniere des Eisenbahnwesens dem Problem auf ihre Weise zu Leibe gingen. An ihrer Spitze stand der württembergische Oberbaurat *Klose*, den wir bereits erwähnten, ein Mann mit außerordentlicher schöpferischer Begabung. *Adolph Klose* war ein Ingenieur, dessen Konstruktionen so geistreich und phantasievoll waren, daß es unverständlich erscheint, wieso er den einfachen, von *Gölsdorf* beschrittenen Weg nicht erkennen konnte. Es mutet fast so an, als habe man sich zu Beginn der neunziger Jahre in eine Sackgasse verrannt, obwohl doch 1887 bereits *v. Helmholtz* seine theoretischen Untersuchungen über die Probleme des statischen Seitenschubs von Fahrzeugradsätzen in Krümmungen abgeschlossen hatte. Klose setzte sich wahrhaft genial über alle bisherigen Vorurteile hinweg und gelangte tatsächlich zu in ihren Laufeigenschaften brauchbare Maschinen, die im Betrieb leider allzu kompliziert und damit zu kostspielig waren.

Den Anlaß zum Bau der Klose-Lokomotiven gaben die schwierigen Streckenverhältnisse auf der schmalspurigen Bosnabahn in Bosnien-Herzegowina. Krauss führte hierfür 1885 den ersten Kloseschen Entwurf aus. Sachsen folgte 1889 mit zwei C1′-Tenderlokomotiven für die 750-mm-spurige Strecke Hainsberg–Kipsdorf. In Württemberg kam das bergige Gelände der Bauart sehr entgegen. Den steigenden Anforderungen waren die Dreikuppler der F-Reihe nicht mehr gewachsen, hier forderte der Betrieb genau wie in Österreich gebieterisch eine neue Lösung. *Klose* wagte den Sprung vom Dreikuppler direkt zum Fünfkuppler und schuf 1892 mit der Klasse G seine E-Dreizylinderverbund-Güterzuglokomotive.

Der Bau dieser Maschine stellte an den damaligen Stand der Technik hohe

E-n3v-Güterzuglokomotive »Brenner« der Württembergischen Staatsbahn, Klasse G, Esslingen 1892

Anforderungen. Die Maschinenfabrik Esslingen erfüllte diese in großartiger Weise. Die Maschine trug nicht umsonst im Volksmund den Beinamen »Elefant«. Sie bot in vieler Hinsicht Bemerkenswertes. Völlig neuartig war das Triebwerk. Die drei Mittelradsätze lagen eng zusammen unter dem Kessel der Maschine. Bei den Endradsätzen war eine eigenartige, kinematisch sehr geistreiche Vorrichtung geschaffen worden, die über zwei Doppelparallelogramme eine Verlängerung bzw. Verkürzung der Kuppelstangen ermöglichte und so eine Radialeinstellung der Radsätze in Kurven gestattete. Die Rückstellung nach Einfahrt in die Gerade besorgte der Tender mittels einer Hebelübersetzung. Neu war an der Maschine auch das Dreizylinder-Verbundtriebwerk. Wir werden ihm bei Besprechung der Mehrzylinderlokomotiven noch begegnen. Alle drei Zylinder besaßen gleichen Durchmesser. Der Hochdruckzylinder lag innen, die Niederdruckzylinder waren außen. Die Maschine besaß Trick-Steuerung; die Umsteuerung besorgte ein Hilfsdampfzylinder über dem dritten Radsatz. An der Maschine fällt uns auch die aus Belgien übernommene lange schmale Belpaire-Feuerbüchse mit gerader glatter Stehkesseldecke auf. Der Kessel war recht groß, die Rostfläche betrug 2,2 m², die Heizfläche 197,6 m².

Die Maschine entsprach den Erwartungen. Sie zog 680 t auf 10 ‰ mit 18 km/h. Ihr Lauf war sehr ruhig, ihr Bau ein voller Erfolg, mehr als in einer Hinsicht. *Klose* bewies damit erstmalig in Deutschland, daß auch fünf gekuppelte Radsätze möglich, ja sogar praktisch seien. Zum anderen mögen *Gölsdorf, v. Helmholtz, Klien* und andere nicht wenig von ihm gelernt haben. Im selben Jahr ließ *Klose* als Klasse E auch zehn 1'B1'-n3v-Personenzuglokomotiven von Cockerill in Belgien bauen, bei denen er die Rückstellung der Laufradsätze von der Tenderkupplung aus steuern ließ. Die Lokomotiven konnten wahlweise als Drilling oder als Verbundmaschine gefahren werden. 1893 machte sich *Klose* an den Neubau der württembergischen Klasse F, und zwar mit Außenzylindern als Verbundmaschine F 1 c und mit Innenzylindern als

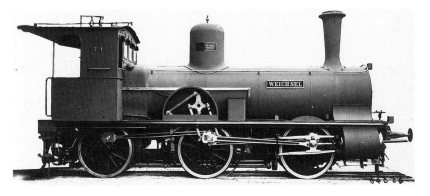

C-n2v-Güterzuglokomotive »Weichsel« der Württembergischen Staatsbahn, Klasse F 1 c, Esslingen 1893

Zwillingsmaschine F 1, beide mit seinem Triebwerk, das hier beim Dreikuppler noch besser, weil theoretisch genauer, verwendet werden konnte.

Das Klose-System besaß leider den Mangel, daß das komplizierte Triebwerk äußerst empfindlich war und die Unterhaltung sehr verteuerte. Andere Bahnverwaltungen konnten sich daher nicht zur Übernahme entschließen. Lediglich die Klose-Schmalspurlokomotiven, die er gleichzeitig mit den erwähnten württembergischen Gattungen schuf, fanden auch in Sachsen Eingang. Was geistreiche Ingenieurkunst zu leisten vermag, wurde hier am deutlichsten; diese Maschinen gehören zweifellos zum Interessantesten, was uns die lange Entwicklungsgeschichte der Dampflokomotive zu bieten hat.

Wie sehr die Bahnen damals nach kurvenläufigen Triebwerken suchten, geht aus der Tatsache hervor, daß unmittelbar nach *Klose* die Erfurter Maschinenfabrik Hagans ein eigenes Triebwerk entwickelte. Auch *Christian Hagans* ging gleich zum Fünfkuppler über. Die Eisenbahndirektion Erfurt kam auf den steigungsreichen Thüringer Strecken mit den herkömmlichen Lokomotiven nicht zurecht. So entstand 1896 die preußische T 15 als E-n2-Tenderlokomotive. *Hagans* teilte wieder das Triebwerk, legte die drei vorderen Radsätze im Rahmen fest und verband die beiden letzten zu einem Triebdrehgestell. Diese beiden hinteren Kuppelradsätze wurden über ein Schwinghebeltriebwerk vom Kreuzkopf der vorderen Radsatzgruppe aus angetrieben. Hierzu war allerdings Innensteuerung notwendig.

War man mit dem Lauf dieser Maschine an sich sehr zufrieden, so daß auch eine Anzahl D-Tenderlokomotiven mit dem Hagans-Triebwerk ausgerüstet wurden (T 13), so ergab sich ebenfalls wieder der Mangel einer großen Empfindlichkeit und teuren Unterhaltung. Sang- und klanglos mußte daher auch die Hagans-Maschine wieder abtreten. Baden machte 1900 abermals einen Versuch (VIII d) und brachte dabei das Kunststück fertig, auch noch eine außenliegende Heusinger-Steuerung unterzubringen. Da jedoch zu dieser Zeit bereits *Gölsdorf* das Problem gelöst hatte, blieb es bei zwei Versuchsmaschinen.

Im Jahre 1902 unternahm Preußen an einer T 15 einen Versuch mit dem Köchy-Triebwerk. Geblieben war die Anordnung des Fahrgestells. *Köchy* veränderte die Länge der Stangen durch eine über dem Treibradsatz liegende Blindwelle, die wiederum von der Einstellung des Drehgestells beeinflußt wurde. Aber auch für die Köchy-Maschine galt das oben Gesagte.

Blieben zum Schluß noch die Hohlachsbauarten zu erwähnen, die gleichfalls zu Beginn der neunziger Jahre auftauchten. Hier hielt sich die sächsische Hohlachsbauart von *Ewald Klien* und *Robert Lindner* am längsten. Ihre Bauart war recht einfach: Beide Räder waren durch eine hohle Achse verbunden, durch die Mitte der Achse lief eine, gewöhnlich im Außenrahmen, fest

Seite 133:
D-n2-Tenderlokomotive für 1000-mm-Spur »Berneck« der Württembergischen Staatsbahn, Klasse Ts, Esslingen 1892

E-n2-Tenderlokomotive Bauart Hagans der Preußischen Staatsbahn, Gattung T 15, Henschel 1896

1′D-h2v-Güterzuglokomotive der Sächsischen Statsbahn, Gattung IX HV, Hartmann 1907

gelagerte Kurbelwelle, die von den Kuppelstangen angetrieben wurde. Die Kurbelwelle griff mit zwei Zapfen in seitenverschiebbare Gleitstücke der Hohlachse ein; diese konnte sich also radial einstellen. Auch hier bewirkte der Tender die Rückstellung. Unumgänglich war allerdings der Außenrahmen. Die sächsischen IX V und IX HV von 1907 sind klassische Beispiele dieser Bauart. Über ihre sonstigen Besonderheiten wird unten noch gesprochen. Naturgemäß erfreuten sich die Klien-Lindner-Hohlachsen in ihrem Heimatland großer Beliebtheit, zumal die Laufeigenschaften dieser Maschinen gut waren. Die hohen Unterhaltungskosten verhinderten auch hier eine größere Verbreitung. Mit Hohlachsen waren auch die sächsischen Lokomotiven der Gattung XV HTV ausgerüstet.

Die Haganssche Hohlachse unterschied sich von der Klien-Lindner-Hohlachse lediglich dadurch, daß sie in einem Bissel-Gestell gelagert, vom Gewicht also entlastet war. Mit ihr waren die kleinen preußischen Schmalspurloks T 35 und T 38 ausgerüstet.

Zwei Lösungen der Kurvenbeweglichkeit fielen in spätere Zeit: Im Ersten Weltkrieg brachte *Luttermöller* von der Firma Orenstein & Koppel den nach ihm genannten Antrieb heraus, der in gewissem Sinne auf *Engerth* zurückging. Die Luttermöller-Endradsätze waren durch innenliegende Zahnräder mit dem nächsten Kuppelradsatz verbunden. Das Zahnradgehäuse konnte sich hierbei um einen Kugelwulst an dem treibenden Radsatz drehen. Im Gegensatz zu *Klien-Lindner* konnte der Innenrahmen beibehalten werden. Zuletzt wurden die wenigen Einheitslokomotiven der Baureihen 84 und 87 damit ausgerüstet.

Die Eckhardtschen Lenkgestelle schließlich gingen auf den aus Frankreich stammenden Beugniot-Hebel zurück. *Edouard Beugniot* begegneten wir bereits bei seiner Stütztenderlokomotive. Von ihm stammte auch der Gedanke, zwei Kuppelradsätze durch einen Schwenkhebel zu verbinden und so eine gegenseitige Verschiebbarkeit zu erzielen, wiederum in Anlehnung an das alte swiveling-truck von *Baldwin*. Beugniot-Lokomotiven wurden erstmals 1859 für die PLM gebaut; die Anordnung fand dann nach 1861 in Italien größere Verbreitung. *Eckhardt* erweiterte bei seiner Variante der Baureihe 84 das Krauss-Helmholtz-Drehgestell durch Einbau von Beugniot-Hebeln zwischen den beiden Endkuppelradsätzen, so daß einzig der spurkranzlose Mittelradsatz fest gelagert war. Die Einstellung in Gleisbögen war bei dieser Anordnung naturgemäß hervorragend, die Maschine konnte praktisch »um die Ecke« fahren. Auch die E-h2-Tenderlokomotive Reihe 82 der DB von 1950 wurde mit Beugniot-Hebeln ausgerüstet. Die Beugniot-Hebel kamen jedoch in Deutschland nicht in dem Maße wie die anderen Vorrichtungen zur Einführung.

Die Pionierlokomotive, die alle aufgezählten Lösungen über den Haufen warf, war die 1900 von der Wiener Lokomotivfabrik erbaute E-n2v-Güterzuglokomotive Reihe 180. Ihr Schöpfer war *Gölsdorf*. Mußten wir den Ingenieuren der neunziger Jahre den Vorwurf machen, daß sie sozusagen »den Wald vor lauter Bäumen nicht sahen« und das Problem so unendlich komplizierten, so war es dem Vorschlag *Karl Gölsdorfs* zu verdanken, die v. Helmholtzschen Untersuchungen zum einzig schlüssigen praktischen Ergebnis zu führen. *Gölsdorf* verlieh, theoretisch völlig richtig, dem ersten, dritten und fünften Radsatz Seitenspiel; zwangsläufig wurde der vierte, feste Radsatz zum Treibradsatz. Durch Zurückverlegung des Kreuzkopfes vermied man eine zu lange und schwere Treibstange. Bei den deutschen Lokomotiven wurde später der dritte Radsatz zum Treibradsatz, da dessen Seitenverschiebbarkeit entbehrlich schien.

Mit dieser Maschine ging nunmehr auch der Fünfkuppler als fester Bestandteil in den europäischen Lokomotivbau ein, nachdem endlich der Bann gebrochen war. Seine spätere große Verbreitung kostete jedoch noch viel Wagemut und Fleiß.

Nachdem wir der Kurvenbeweglichkeit einige Aufmerksamkeit widmeten, soll nun wieder die Normallokomotive zu ihrem Recht kommen, gab es doch noch einen anderen Lösungsweg: die Verwendung eines Laufradsatzes. Den Anfang machte Preußen 1892 und schuf die bekannte G 5-Serie, gleich mit fünf Unterbauarten. Man war zunächst vorsichtig, übernahm das Triebwerk der G 4, gab der Maschine jedoch zur Unterbringung des wesentlich vergrößerten Kessels noch eine vordere Adams-Achse. Die Höchstgeschwindigkeit konnte auf 65 km/h festgesetzt werden. Und nun begegnen wir der

E-n2v-Güterzuglokomotive der k. k. österr. Staatsbahnen, Reihe 180, Wiener Lokomotivfabrik 1900

1´C-n2-Güterzug-
lokomotive der
Preußischen Staats-
bahn, Gattung G 5[1],
verschiedene
Erbauer 1892

größten Schwäche der Preußischen Staatsbahn, für die die G 5-Serie ein
Musterbeispiel war: Über einen Zeitraum von 18 Jahren wurde an fünf
Unterbauarten dieser Gattung planlos herumgebastelt. Wenn wir bedenken,
mit welcher Liebe und Sorgfalt andere Bahnverwaltungen ihre Maschinen
entwickelten, oft in geringer Stückzahl, so ist das G 5-Problem schwer verständlich. Den Anfang machte die G 5[1], eine Zwillingsmaschine mit Adams-
Achse. 1895 kam die Verbundgattung G 5[2] heraus.

Mit der Adams-Achse war man nicht recht zufrieden; anscheinend war der
gedachte Deichselhalbmesser falsch bemessen. Also ging man 1901 zum
Krauss-Helmholtz-Drehgestell über und schuf die G 5[4], jetzt mit Heusinger-Steuerung. 1903 entdeckte man plötzlich, daß die Verbundwirkung überflüssig sei, und ging daher mit der G 5[3] zurück zum Zwilling. Aber auch mit
dem Krauss-Helmholtz-Drehgestell kam man nicht zurecht, deshalb verwendete man 1910 wieder die Adams-Achse. Die letzteren umgebauten Maschinen wurden in Hannover als G 5[5] bezeichnet. Zu allem Überfluß wies jede
Unterbauart auch noch eine bedeutende Stückzahl auf.

Auch das »Wachstum« der Dreikuppler (Achsfolgen C und 1´C) zwischen
1850 und 1910 läßt sich wieder anhand der Hauptabmessungen verfolgen.
Der Kesseldruck stieg von 5 auf 12 bis 14 bar an, die Rostfläche von 1,1 auf
2,2 m². Dagegen entwickelte sich die Heizfläche im Kessel nur von etwa 90
auf 135 m², zuletzt aber mit einem Überhitzer von 42 m². Die Massen wuchsen von den 22 t der bayerischen C-n2 des Jahres 1848 beträchtlich bis zu
den 57 t der preußischen 1´C-h2-Gattung P 6 des Jahres 1902.

Gleichzeitig mit der G 5 ging Preußen 1893 auch zum Vierkuppler der
Gattung G 7 über, diesmal in drei Ausführungen: die G 7[1] als D-n2-Lokomo-
tive, die G 7[2] als D-n2v-Maschine, die G 7[3] als 1´D-n2v-Lokomotive. Auch

D-n2-Güterzug-lokomotive der Preußischen Staats-bahn, Gattung G 7¹, verschiedene Erbauer 1893

hier verzeichnen wir bescheidene Versuche zur Lösung der Kurvenbeweg-lichkeit. Man ließ zunächst die Spurkränze des dritten Radsatzes fort, gab dann dem zweiten Radsatz ein wenig Seitenspiel und beschied sich später mit einer Spurkranzschwächung des dritten Radsatzes. Bedeutung ist diesen Versuchen nicht beizumessen. Die G 7³ war ein Entwurf von *v. Borries*, der die Anregung hierzu wohl aus Amerika mitgebracht hatte. Die Maschine war zweifellos sehr schön, aber man stellte bald fest, daß ihre Leistung die ihrer Schwestern nicht übertraf, so daß man sich auf die Beschaffung der G 7¹ und der G 7² beschränkte. Diese Bauarten kamen auch an die Pfalzbahn. Im Ersten Weltkrieg wurden allerdings auf Veranlassung der Militär-General-Direktion Warschau noch eine Anzahl G 7³ beschafft. Preußen konnte sich zum Fünfkuppler erst über den Umweg seiner Hagans-Maschinen entschlie-ßen. 1905 setzte sich mit der T 16 die Gölsdorf-Anordnung durch.

In Bayern sprang man von der C- gleich zur 1′D-Achsfolge mit Krauss-Helmholtz-Drehgestell. 1895 lieferte Krauss die E I, eine 1′D-n2-Güterzug-lokomotive, die für alle Zeiten ein Kuriosum blieb. Man stelle sich vor: eine 1′D-Lokomotive mit überhängenden Zylindern, bei der der erste Kuppelrad-satz – Treibradsatz ist! Gönnen wir dieser Maschine den Ruhm der Einmalig-keit. An dieser Gattung unternahm Krauss im Jahre 1896 einen mißglückten Versuch mit dem Sondermannschen Vierzylinder-Verbundtriebwerk, bei dem Hoch- und Niederdruckzylinder ineinandergeschachtelt waren. Spätere Lieferungen der E I erhielten allerdings die normale Zylinderlage zwischen Lauf- und erstem Kuppelradsatz.

Die 1′C trat 1899 in Bayern auf. Sie bewährte sich vorzüglich und wurde in der 1919 ausgeführten Heißdampf-Zwillingsausführung G 3/4 H zur lei-stungsfähigsten und schönsten 1′C-Lokomotive Deutschlands. Sie ver-

1′C-h2-Güterzug-lokomotive der Bayerischen Staats-bahn, Gattung G 3/4 N, Maffei 1907

mochte 700 t auf 5 ‰ mit 40 km/h zu schleppen. Merkwürdigerweise ging Bayern bei diesem Neubau zur Adams-Achse zurück.

In Amerika erkannte man übrigens weit früher als in Europa die guten Eigenschaften führender Laufradsätze und machte frühzeitig von der Erfindung *Bissels* Gebrauch. So treffen wir dort allgemein bereits die 1′C und die 1′D an, während man sich in Europa noch mit Kuppelradsätzen begnügte. Wir erwähnten bereits früher, daß 1867 auf der Pariser Weltausstellung ein gelenkloser Fünfkuppler gezeigt wurde. Im gleichen Jahr erschienen auch in Amerika die ersten 1′E-Güterzuglokomotiven und hielten sich in beschränktem Maße bis zur Jahrhundertwende. So wurde 1884 eine 2′E-Lokomotive mit sechsachsigem Tender als größte Lokomotive ihrer Zeit bestaunt. Die Seitenverschiebbarkeit von Radsätzen war übrigens auch in Europa bereits bekannt, bevor die ersten Vierkuppler erschienen. *Polonceau* machte an einer Crampton-Lokomotive der französischen Nordbahn den Mittelradsatz verschiebbar und brachte Blattfedern zur Rückstellung an. Von ihm hören wir auch von einer Maschine, bei der an einem seitenverschiebbaren Radsatz die Kuppelstangen mit Kugelzapfen und Kreuzgelenk versehen waren. 1863 baute *Beugniot* eine sechsachsige Lokomotive und verband den ersten und dritten sowie den vierten und sechsten seitenverschiebbaren Radsatz durch je einen waagerechten Ausgleichshebel. Von bleibender Bedeutung waren diese Maschinen jedoch nicht; die Versuche zeigten alle mehr den Charakter rein gefühlsmäßigen Experimentierens. Am Ende der Dampflokzeit bestanden keine Bedenken, selbst bei Sechs- und Siebenkupplern die Gölsdorf-Anordnung anzuwenden.

Bevor wir uns nun mit der gewaltigen Kraftentfaltung der Dampflokomotive um die Jahrhundertwende beschäftigen, bleibt noch eine Lokomotivenart zu besprechen, die in den achtziger Jahren ihren Anfang nahm und zu den Berglokomotiven gehört. Es ist dies die Zahnradlokomotive. Sie interessiert uns nur als Vollbahnmaschine mit gemischtem Zahn- und Reibungsbetrieb; die reinen Zahnradbahnen für Steilstrecken gehören nicht hierher.

3.5   Die Zahnradlokomotive

Auch bei der Zahnradlokomotive ging wieder Amerika voran, wenn wir von
der Blenkinsop-Maschine absehen. 1847 baute *Cathcart* eine Zahnradbahn
zwischen Madison und Indianapolis. Leider war diesem Versuch kein Erfolg
beschieden, und Amerika ließ die Angelegenheit – wie so oft – erst in Europa
reif werden. Kaum 15 Jahre später war sie so weit. Ihr Wegbereiter war *Riggenbach*, der 1839 als Monteur in der Maschinenfabrik Karlsruhe begann und
Ende der sechziger Jahre technischer Leiter der Schweizer Zentralbahn war.
Dort, im Heimatland der Gebirgsbahnen, lernte *Niklaus Riggenbach* die Probleme aus eigener Anschauung kennen. Sein Gedanke, eine Zahnleiter zwischen die Schienen zu verlegen und ein von der Lokomotive angetriebenes
Zahnrad eingreifen zu lassen, war verhältnismäßig naheliegend, und doch
hatte er fast zehn Jahre um die Ausführung seiner Pläne kämpfen müssen.
1863 meldete er sein erstes Patent in Frankreich an. In Amerika erkannte
man weit früher die Bedeutung seines Verfahrens, und 1869 baute *Marsh*
eine Bahn mit Zahnleiter auf den Mount Washington.

Am 31. Mai 1871 wurde in Europa die erste Zahnradstrecke, die Rigibahn,
eröffnet. Die Maschinenfabrik Esslingen nahm sich mit großem Erfolg der
Zahnstange an und versorgte die ganze Welt mit Bahnen, fast eine einmalige
Erscheinung. Das Riggenbachsche System trat uns in Deutschland auf den
württembergischen Albstrecken entgegen, die 1892 gebaut wurden. Auch
die badische Höllentalbahn wurde 1887 mit Riggenbachscher Zahnleiter,
verbessert von *Bissinger*, ausgeführt.

Während *Riggenbach* zunächst ein gemeinsames Triebwerk für den Zahn-
und Reibungsbetrieb verwandte, ging sein Schüler *Abt* weiter. Bei der Leiter-
zahnstange in ihren ersten Ausführungen war der Eingriff der Zahnräder
nicht immer gesichert, *Roman Abt* verwendete daher eine durchlaufende
zwei- oder dreiteilige Zahnstange aus hochkant gestelltem Flacheisen. Die
Teile der Stange waren mit ihren Zähnen etwas gegeneinander versetzt, so
daß das Zahnrad fortwährend in Eingriff blieb. *Abt* baute 1885 die erste
Zahnradbahn in Deutschland, die Teilstrecke der Halberstadt-Blankenburger Eisenbahn nach Tanne im Harz. Die Steigung der Zahnstrecke betrug
60 ‰. Auch bei den Thüringer Bergbahnen, den Oberlausitzer Kreisbahnen
und der Eulengebirgsbahn wurde das Abt-System eingeführt.

Schließlich trat als dritte Art in Deutschland noch die Zahnstange von
Strub auf. *Emil Strub* wurde 1896 durch den Bau der Jungfraubahn bekannt.
Er schnitt in eine Breitfußschiene Zähne ein und ließ von der Lokomotive
aus zwei zangenförmige Eisen unterhalb des Schienenkopfes entlanggleiten,

um ein Aufklettern des Zahnrades zu verhindern. Eine derartige Zahnstange lag auf der Strecke Passau–Wegscheid. Die Lokomotiven unterschieden sich jedoch nicht von der Bauart *Riggenbach*.

Das System Wetli wurde nur einmalig in der Schweiz ausgeführt. Eine Walze griff passend in pfeilförmig verlegte Schienenstücke. Den drei einzigen Lokomotiven dieses Systems vom Jahre 1876 war kein Erfolg beschieden. Auch die bei der Pilatusbahn 1885 von *Locher* angewendete Zahnstange, ähnlich einer Verdrehung der Riggenbachschen um 90°, in die von beiden Seiten je ein Zahnrad eingriff, wurde in Deutschland nicht ausgeführt.

Die Zahnstange ist nach 1925 selten geworden. Die Reibungslokomotiven waren so stark, daß in Deutschland das Zahnrad bis auf wenige Ausnahmen verschwunden ist. Der ersten deutschen Zahnradbahn im Harz wurde mit Erscheinen der 1′E1′-h2-Borsig-Lokomotive von 1920 ein Ende bereitet. Den restlichen Strecken machte die preußische T 20 den Garaus, und auf der Höllentalbahn feierte vor der Elektrifizierung ab 1933 die Baureihe 85 Triumphe. Als Vergleich sei angeführt, daß die T 20 auf der Zahnradstrecke Ilmenau–Schleusingen 250 t auf 1:16,6 mit 20 km/h zog, während es die Zahnradlokomotive mit 130 t auf 8 km/h brachte, der Reibungsmaschine also eindeutig unterlegen war. Die Zahnstangen konnten allgemein höchstens mit 15 km/h befahren werden, bei Einfahrt in die Stange mußte die Geschwindigkeit bis auf 5 km/h ermäßigt werden. Diese leistungsmäßige Beengtheit trug zusammen mit den hohen Unterhaltungskosten wesentlich zum Übergang auf reinen Reibungsbetrieb bei.

C1′-n2(4)-Zahnrad-lokomotive der Preußischen Staats-bahn, Gattung T 26, Borsig 1902

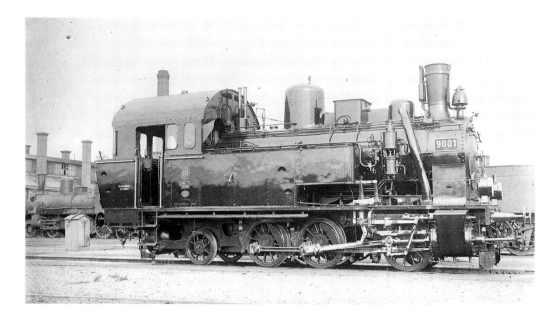

Noch ein Blick auf die Zahnradmaschinen selbst. Für die Abtsche Halberstadt-Blankenburger Bahn lieferte Esslingen 1885 seine C1'-n4-Lokomotiven, bei denen die Innenzylinder über Schwinghebel die beiden Zahnräder antrieben. Des umfangreichen Innentriebwerkes wegen hatte man Außenrahmen gewählt. Preußen ließ die Schwinghebel fort und trieb 1902 bei seiner T 26 mit Bauart C1'-n4 von den Innenzylindern aus die gekuppelten Zahnräder an. Württemberg beschritt bei seinen 1'C-n4v-Zahnradlokomotiven Klasse Fz von 1893 einen anderen Weg. Es legte die beiden Zahnräder lose auf die beiden vorderen Kuppelradsätze und ließ in sie ein von den Innenzylindern angetriebenes Zahnrad eingreifen. Hieraus wurde schließlich die später übliche Bauart abgeleitet, Hoch- und Niederdruckzylinder lagen außen übereinander. Die Steuerung beider Maschinengruppen war getrennt, die Antriebswelle lag senkrecht über dem Zahntriebrad; hierbei lief die Zahnmaschine schneller. Diese Bauart hatten die badischen IXb, die bayerische Ptz L 3/4, die preußische T 28 und die württembergische Hz, die stärkste deutsche Zahnradlokomotive. Letztere hatte 14 bar Kesseldruck, eine Rostfläche von 2,5 m^2 und Heizflächen von 117,1 m^2 plus 42,3 m^2 im Überhitzer. Die Dienstmasse betrug 74,9 t.

Gewaltige Ausmaße nahm die Zahnrad-Bauart in Österreich an, wo auf der Strecke Eisenerz–Vordernberg neben den F-n4-Lokomotiven der Reihe 269 von 1912 zuletzt 1'F1'-Maschinen, Reihe 369, als die weitaus stärksten Zahnradlokomotiven der Welt in Betrieb standen. Die Zugkraft dieser 1941 gebauten Maschinen war so stark, daß die für die Kupplung zugelassenen 210 kN erheblich überschritten wurden und sie nur zum Schieben verwendet werden konnten.

E-h2(4v)-Zahnradlokomotive der Deutschen Reichsbahn (vormals württembergische Gattung Hz), Esslingen 1923

Die Zahnradlokomotive bot technisch viel Interessantes. Wir können hier jedoch nicht näher darauf eingehen. Erwähnt seien nur die großen Zahnrad-Mallet-Lokomotiven Südamerikas und der Südseeländer. Damit haben unsere Betrachtungen die Jahrhundertwende schon weit überschritten. Wir wollen uns daher jetzt dem Höhepunkt in der Entwicklung der deutschen Dampflokomotive zuwenden.

S. 143:
Männer der
Lokomotive: der
Werkstattarbeiter.
Pumpenschlosser in
Leinhausen bei
Hannover, um 1900

4
Höhepunkte des Lokomotiv-baus (1900–1920)

4.1   Die Vierzylinder-Verbundlokomotive

Der nun folgende Zeitabschnitt wurde bestimmt durch das Erscheinen der Vierzylinder-Verbundlokomotiven in Deutschland, die Erfindung des Heißdampfes und die ersten Schnellfahrversuche mit Dampflokomotiven. Hinzu kommt noch, daß um die Jahrhundertwende bedeutende Ingenieure des Eisenbahnwesens aktiv waren, in Deutschland *v. Borries*, *v. Helmholtz*, *Garbe* und *Hammel*, *Courtin* und *Kittel*, in Österreich *Gölsdorf*, in Frankreich *de Glehn*, in Belgien *Flamme*, in Rußland *Noltein* und *Lomonossow*, in England *Webb*, in Schweden *Nyström*, in Amerika *Vauclain* und andere. All diese Männer haben durch ihre Arbeit befruchtend aufeinander gewirkt und voneinander gelernt. Ihr schönster Erfolg war wohl die zu jener Zeit entstandene Schnellzuglokomotive großen Stils, die bis zum heutigen Tag unbestritten der Inbegriff der »Lokomotive« geblieben ist.

Das soll nicht heißen, daß es danach keine guten und fähigen Ingenieure im Eisenbahnwesen mehr gab. Es muß aber beachtet werden, daß kurz nach der Jahrhundertwende die große technische Entwicklung beendet war und in der späteren Zeit nur noch kleine Verbesserungen gemacht wurden, die die großen Leistungen der genannten Männer nicht erreichen konnten, eben aufgrund der abgeschlossenen Entwicklung der Dampflokomotiven. In den großen Atlantic- und Pazific-Lokomotiven finden wir die Leistungen dieser Ingenieure in schönster Weise verkörpert. Die Vierzylinder-Verbundlokomotive mit ausgeglichenem Triebwerk schien für alle Zeiten die Ideallokomotive zu sein. Welche Gründe zu ihrer Verdrängung führten, darüber wollen wir später sprechen.

Zunächst die geschichtlichen Ereignisse. Die erste Vierzylinderlokomotive der Welt baute 1845 der nach England eingewanderte Schweizer *Bodmer*. Seine Maschine, eine 1A1, wies zwei gegenläufige Kolben in einem Zylinder auf und an jeder Seite zwei um 180° versetzte Kurbeln. Leider hatte er keinen Erfolg. Die Maschine entgleiste 1846 recht gründlich, eine zweite wurde 1849 umgebaut. Der Lauf der Maschinen wurde allerdings als sehr ruhig gerühmt. Den zweiten Versuch unternahm *John Haswell*, der Unermüdliche. Er brachte im Jahre 1861 die 2A-Vierlings-Schnellzuglokomotive »Duplex« heraus. Sie wurde auf der Pariser Weltausstellung gezeigt. Die Maschine hatte Außenrahmen. Jeweils zwei Zylinder lagen, leicht zum Treibradsatz geneigt, übereinander und trieben über zwei Kreuzköpfe und Doppelkurbel den Radsatz. Leider hatte die Maschine starke Überhänge und war in vieler Hinsicht eine Frühgeburt, so daß sie ihren Zweck nicht erfüllte. *Has-*

well soll die »Duplex« und eine gleichgebaute Zwillingsmaschine an einem Kran aufgehängt haben, so daß die Treibradsätze frei schwebten. Es heißt, die Vierzylinderlokomotive sei auch bei hohen Drehzahlen völlig ruhig geblieben, während die Zwillingsmaschine bald derart geschaukelt habe, daß die Krankette zu zerreißen drohte.

Seit Beginn der achtziger Jahre war in Frankreich *de Glehn* mit Versuchen am Werk, die Mallet-Verbundmaschine weiter zu verbessern. Das alte Problem des Massenausgleichs war keineswegs weniger brennend geworden. Nach seinen Entwürfen baute Grafenstaden eine 1Bo-Vierzylinder-Verbund-Schnellzuglokomotive. Die Hochdruckzylinder brachte er außen an einer Rahmenversteifung zwischen Lauf- und erstem Treibradsatz an. Sie wirkten auf den zweiten Treibradsatz. Die Niederdruckzylinder rückten zwischen den Rahmenwänden unter die Rauchkammer und trieben den ersten Treibradsatz. Kuppelstangen fehlten. *Alfred de Glehn* wählte also von Anfang an die wärmetechnisch günstigste Bauart, ist doch gerade die Abkühlung des Dampfes an den Wänden der Niederdruckzylinder eine Sorge bei der Vierzylinder-Verbundlokomotive.

Auf der Französischen Nordbahn nahm *de Glehn* 1886 gemeinsam mit dem Chefingenieur *du Bousquet* umfangreiche Versuche mit dieser Maschine vor, die sehr günstig verliefen. Allerdings bewährte sich die Trennung der Triebwerke nicht, und schon bei seinen zwei nächsten Lokomotiven, den Grafenstadener 2'B-n4v-Lokomotiven der Französischen Nordbahn, kehrte er wieder zur Kuppelstange zurück. Bei diesen Maschinen lagen die Hochdruckzylinder an einer starken Querversteifung zwischen Drehgestell und erstem Kuppelradsatz. Wir treffen hier also auf die Urform der nach ihrem Erfinder benannten Bauart. Die Triebwerke hatten getrennte Heusinger-, in Frankreich Walschaert-Steuerungen, die gemeinsam oder getrennt verstellt werden konnten. Das Anfahren geschah nach dem Mallet-Prinzip. Von Anfang an stellte *de Glehn* die Fahrweise, ob als Verbundmaschine, als Doppelzwilling oder als einfache Zwillingsmaschine nur mit den Hochdruckzylindern (auch das war durch ein mit Servomotor betriebenes Ventil vorgesehen), in das Belieben des Lokomotivführers. Die Maschinen bewährten sich vorzüglich und waren sehr sparsam; das gegenläufige Triebwerk führte zu einem äußerst ruhigen Lauf. In dieser Form kamen im Jahre 1894 auch die ersten Vierzylinder-Verbundlokomotiven nach Deutschland.

Zwei Jahre vorher hatte *Klose* bereits mit den württembergischen Gattungen E und G das Dreizylinder-Verbundtriebwerk in Deutschland eingeführt, das wegen seiner konstruktiven Schwierigkeiten bis zum Schluß auf Abneigung stieß. Seine Anfänge gingen auf *Webb* zurück, den maschinentechnischen Leiter der London and North Western Railway in England. Die Drillingsmaschine selbst bescherte uns *Stephenson* im Jahre 1846. Wir erinnern uns, daß in jenen Jahren der Wettkampf um die Spurweiten ausgetragen wurde und *Stephensons* Long-boiler und seine 2A bei hohen Geschwindigkeiten nicht befriedigten. *Howe* ließ sich am 11. Februar 1846 ein Patent auf eine Dreizylindermaschine eintragen, von der zwei Stück gebaut wurden, eine 2A und eine 1A1. Die Kurbel des Innenzylinders war gegen die gleichgestellten äußeren um 90° versetzt, der Kolbendurchmesser des Innenzylinders betrug das Doppelte eines äußeren. Obwohl die Konstruktion nicht schlecht war, konnte sie natürlich das Grundübel, den zu kurzen Achsstand, nicht beseitigen. Die Versuche wurden nach kurzer Zeit wieder eingestellt.

Auch *Webb* griff erneut das Drillingstriebwerk auf und baute im Jahre 1881, also noch vor *de Glehn*, eine 1Bo-Schnellzuglokomotive, ebenfalls ohne Kuppelstangen, die mit einem Dreizylinder-Verbundtriebwerk ausgerüstet war. Hierfür boten sich grundsätzlich die zwei Möglichkeiten, einen Hochdruckzylinder in die Mitte und zwei Niederdruckzylinder nach außen zu legen oder umgekehrt zwei Hochdruckzylinder nach außen und einen Niederdruckzylinder nach innen. Beide Möglichkeiten wurden in England ausprobiert, wobei *Webb* zunächst die letztere ausführte. Die Schwierigkeit lag bei dieser Anordnung von Anfang an in der ungleichen Leistungsverteilung. Beim Anfahren hatte zunächst der von beiden Hochdruckzylindern angetriebene Radsatz die alleinige Arbeit zu verrichten. Naturgemäß geriet er häufig ins Schleudern mit dem Erfolg, daß der Verbinder sich rasch auffüllte und nunmehr der Niederdruckzylinder mit seinen entstandenen großen Kolbenkräften den zweiten Radsatz zum Schleudern brachte. Etwas günstiger war die Sache schon bei Lage des Hochdruckzylinders im Innern; diese Konstruktion erforderte aber in der Gleichmäßigkeit der Dampfverteilung ein Höchstmaß von Berechnungssorgfalt.

Die Webbsche Maschine war im Jahre 1884 in Österreich erschienen. Die Österreich-Ungarische Eisenbahngesellschaft kaufte von Sharp-Stewart in Manchester eine 1Bo-Schnellzuglokomotive mit Dreizylinder-Verbundtriebwerk. Die Maschine litt jedoch außerordentlich unter den erwähnten Anfahrschwierigkeiten und wurde daher frühzeitig zum alten Eisen verurteilt. In Deutschland bestellte *Klose* für die Württembergische Staatsbahn bei Cockerill in Belgien zehn 1′B1′-n3v-Personenzuglokomotiven. Alle drei Zylinder waren mit 420 mm Durchmesser gleich groß, der Hochdruckzylinder lag innen. Über ihre Radialradsätze haben wir oben bereits gesprochen. Das gleiche Triebwerk erhielt die Güterzuglokomotive der Klasse G. Diese beiden Lokomotivgattungen blieben bis zum Jahre 1933, in dem zwei S10²-Lokomotiven in Mitteldruck-h3v umgebaut wurden, die einzigen nach dem Webbschen System in Deutschland, wenn wir von der Wittfeld-Schnellfahrlokomotive absehen. Die Dreizylinder-Verbundmaschine konnte sich in Deutschland nicht durchsetzen, während sie in England und Frankreich größere Verbreitung fand.

Wie erwähnt, lieferte *Grafenstaden* 1894 eine 2′B-n4v-Lokomotive an Preußen und eine 2′C-n4v-Lokomotive an Baden, letztere als erste 2′C-de Glehn-Lokomotive überhaupt. Und hier finden wir wieder eine der Merkwürdigkeiten in der Lokomotivgeschichte: Die de Glehn-Vierzylinder-Verbundlokomotiven gehörten aufgrund ihres Gesamtaufbaus, ihrer Laufeigenschaften und wärmetechnischen Durchbildung zu den besten Bauarten, die je geschaffen wurden. In Frankreich fuhr man bis zum Ende der Dampftraktion sehr gut mit ihnen. In Deutschland, besonders in Preußen, hatte man kein Glück. Mag es daran liegen, daß hier von vornherein eine Abneigung gegen die französische Bauweise bestand, mag es auch sein, daß die angeblichen preußischen Verbesserungen das geschlossene Lokomotivgefüge durchbrachen. Erst 20 Jahre später, als man mit der preußischen S 10[1] und der badischen IV h nochmals zum de Glehn-Triebwerk griff, hatte man Erfolg. Beide Typen wiesen dann allerdings in überzeugender Weise die Überlegenheit dieser Bauart nach.

Umfangreiche Versuche, die *v. Borries* auf der Französischen Nordbahn anstellte, führten schließlich 1897 dazu, daß Preußen eine eigene 2′B-n4v-Schnellzuglokomotive in Betrieb nahm, die von der de Glehnschen Bauart erheblich abwich. Es war dies die hannoversche S 5[1]. Bei dieser Maschine ging der bewährte Konstrukteur in vielerlei Hinsicht neue Wege. Rein äußerlich bot sie ein neues Bild, wenn auch manches, etwa der Kessel, von der S 3 übernommen war. Während die Treibradsätze in einem Blech-

August von Borries (1892–1906) setzte ab 1880 in Preußen die Verbundlokomotive durch und schuf 1900 seine Bauart der Vierzylinder-Verbundmaschine.

2′B-n4v-Schnellzuglokomotive der Preußischen Staatsbahn, Gattung S 5[1], (Bauart v. Borries), Hannoversche Maschinenbau-AG 1900

rahmen üblicher Bauart gelagert waren, wurde der vordere Lokomotivteil zwischen Pufferträger und erstem Kuppelradsatz von einem aus einem Gurt bestehenden Barrenrahmen getragen. Hier spiegelte sich auffällig ein Erfolg der Amerikareise des Ingenieurs wider. Die Maschine gewann sehr an Übersichtlichkeit. Völlig neu war das Triebwerk. *August v. Borries* meinte, die Vorteile des Vierzylindertriebwerkes auch auf einfachere Weise erreichen zu können; er legte alle vier Zylinder in eine Querebene unter die Rauchkammermitte, so daß die Ausströmleitungen den kürzesten Weg erhielten. Aus Raummangel wurden die Niederdruckzylinder nach außen verlegt; je einer war mit einem inneren Hochdruckzylinder zu einem Gußstück vereint. Die Kurbeln waren um 180° gegeneinander versetzt.

Selbstverständlich wurde ein v. Borriessches Anfahrventil verwandt. Neu war auch die Steuerung. Von der inneren Heusinger-Steuerung war über eine Umkehrwelle auch die Steuerung der Außenzylinder abgeleitet. Allerdings hatte jeder Kreuzkopf einen eigenen Voreilhebel, so daß sich doch ein unterschiedliches Übersetzungsverhältnis ergab.

Dieses v. Borries-Triebwerk sollte sich von nun an auf allen deutschen Bahnen ständiger Beliebtheit erfreuen. Der wunde Punkt an ihm war jedoch der erste Treibradsatz. Bei Einlauf in die Krümmung hatten trotz Drehgestell oder Laufradsatz die Spurkränze des ersten Treibradsatzes einen noch verhältnismäßig großen Anlaufdruck aufzunehmen. Dieser traf nun auf eine doppelt empfindliche zweifach gekröpfte Achse, die dann auch mehrfach den starken Biegebeanspruchungen erlag und zu Bruch geriet. Um den Vorzug des Massenausgleichs an einem Radsatz zu erhalten, wählte *Anton Hammel* in Bayern später den Mittelradsatz als Treibradsatz, mußte nun aber die inneren Kurbelstangen über den ersten Kuppelradsatz hinwegführen und die Zylinder also schräg legen. Diese Lösung hat sich ebenfalls bewährt. Ein Vorteil der de Glehn-Bauart war wiederum die gegen Wärmeverlust geschützte Lage der Niederdruckzylinder im Inneren. Allerdings ergab sich häufig die Schwierigkeit, daß die großen Niederdruckzylinder innerhalb des Rahmens einfach keinen Platz fanden und, wie in Bayern, nach außen wandern mußten. Der Verbesserung des Massenausgleichs diente ebenfalls die Innenlage der Niederdruckzylinder mit ihren größeren Massenkräften. Jedenfalls hat der Streit der Meinungen um das Für oder Wider beider Bauarten, ob Einachsantrieb nach *v. Borries* oder Zweiachsantrieb nach *de Glehn*, jahrzehntelang die Gemüter der Ingenieure erhitzt. In Preußen liefen beide: Die S 5[1] wurde im Jahre 1902 auch von Grafenstaden in de Glehnscher Bauart geliefert. Die Maschinen entsprachen wohl den Anforderungen, zu einer Beliebtheit brachten sie es jedoch nicht.

Im Bild ist die getrennte Steuerungsbedienung gut zu erkennen, wie über-

2′B-n4v-Schnellzug-
lokomotive der
Preußischen Staats-
bahn, Gattung S 5¹
(Bauart de Glehn),
Grafenstaden 1902

haupt die Maschine mit ihrem Außenrahmendrehgestell den Grafenstadener Typ fast rein verkörpert. An die anderen deutschen Bahnen, deren Streckenverhältnisse meist ungünstiger waren, sind 2′B-Vierzylinder-Verbundlokomotiven nicht geliefert worden. Hier machte man von Anfang an von der 2′B1′- oder der 2′C-Maschine Gebrauch. Die letzten großen 2′B-Schnellzuglokomotiven liefen in Preußen und – merkwürdigerweise – in Württemberg, dem Land, das die Bauart zuerst nach Deutschland brachte. Dort hatte ja Long-boiler-Brockmann die Entwicklung um ein Jahrzehnt zurückgeschraubt. Bei diesen Lokomotiven wurde bereits die neue, die entscheidendste Erfindung der letzten 50 Jahre des Dampflokbaus eingeführt: der Heißdampf.

4.2   Der Heißdampf im Lokomotivbau

Die Einführung der Dampfüberhitzung in den Lokomotivbetrieb ist die letzte große, aber auch umwälzendste Erfindung in der langen Geschichte des Dampfbetriebs gewesen. Um deren Bedeutung recht zu würdigen, müssen wir bedenken, daß die Lokomotive, nachdem mit Einführung des Verbundsystems ein letzter Schritt zu ihrer Vervollkommnung getan war, am Ende der Entwicklung angekommen zu sein schien. Eine Steigerung ihrer Leistungsfähigkeit hielt man für ausgeschlossen, da in ihren größten Ausführungen die Grenzen der zulässigen Abmessungen (Profil, Länge, Masse) erreicht waren. Daher kam der neuen Erfindung im Zeichen des Verkehrsaufschwungs um die Jahrhundertwende besondere Bedeutung zu.

Das Prinzip der Heißdampflokomotive ist einfach: Dem Dampf wird, nachdem er vom Kesselwasser getrennt ist, weiter Wärme zugeführt, er wird »überhitzt«. Die Dampftemperatur steigt, während der Dampfdruck unver-

Robert Garbe (1847–1932) spielte von 1895 bis 1912 bei der Beschaffung von Dampfloks in Preußen die Hauptrolle und führte dort den Heißdampf ein.

ändert bleibt. Tritt dieser Heißdampf in die Zylinder ein, gibt er zunächst seine »Überhitze« an die Wandungen ab, während er früher sofort kondensierte. Wird die Überhitzung immer höher getrieben, so tritt schließlich der Augenblick ein, in dem der Sättigungspunkt während der Dehnung im Zylinder nicht mehr erreicht wird. Die Kondensationsverluste entfallen dann vollkommen. Mit anderen Worten: Aus der Dampfmenge, die 1 m³ Wasser für die Dampfleitungen geliefert hat, verblieben infolge der Kondensation bei der Zwillingslokomotive nur zwei Drittel, bei der Verbundlokomotive nur drei Viertel für den Arbeitsprozeß im Zylinder, während nach der Überhitzung die volle Menge Dampf Arbeit leistet. Es erscheint auch dem Laien einleuchtend, welche Ersparnisse an Kohle und Wasser und welche Leistungssteigerung im Gefolge der Überhitzung entstanden. Allerdings, das muß einschränkend bemerkt werden, war die Erfindung erst um die Jahrhundertwende möglich, da um diese Zeit mineralische Schmieröle aufkamen, deren Flammpunkt höher als 350 °C, also über der Temperatur des überhitzten Dampfes, lag. Bei den Stopfbuchsen waren die alten Hanfdichtungen den Metalldichtungen gewichen.

Versuche, die Dampfüberhitzung zu erproben, sind alt. Die Lokomotive war bei den ersten Ansätzen jedoch noch zu unentwickelt, um mit Erfolgen aufzuwarten. 1848 lieferte *Cockerill* drei Lokomotiven für Belgien, bei denen sich der Dampfraum des Langkessels in einer Dampfkammer fortsetzte. Auch *Heusinger v. Waldegg* probierte an seiner Taunusbahn-Musterlokomotive von 1850 eine Art Abgasüberhitzer aus, gab aber die Versuche wieder auf. Zu gleicher Zeit liefen erfolglose Versuche des Elsässers *Hirn* und des Amerikaners *MacConnel*. Auch *Pétiet* in Frankreich befaßte sich mit dem Problem. Mit der Verbundmaschine glaubte man zunächst, das allein zukunftweisende Verfahren gefunden zu haben, und erst dem Kasseler Zivilingenieur *Schmidt* war es vorbehalten, den kühnen Schritt ins Neuland zu gehen. Als außerordentlich günstiger Umstand muß gewertet werden, daß *Wilhelm Schmidt* in *Robert Garbe*, dem Fahrzeugdezernenten der Eisenbahndirektion Berlin, einen überzeugten Helfer fand, und von Geheimrat *Carl Müller* im preußischen Ministerium für öffentliche Arbeiten aufs wärmste gefördert wurde. Ohne deren Unterstützung erscheint es fraglich, ob die neue Erfindung sich bei den damaligen Verhältnissen mit einer derartigen Schnelligkeit hätte durchsetzen können. Jedenfalls gelang es 1897, den Bau einer S 3- und einer P 4-Probemaschine bei Vulcan und Henschel zu veranlassen. Es waren dies die Lokomotiven »Hannover Nr. 74« und »Kassel Nr. 131«.

Als erste Heißdampflokomotive der Welt wurde am 12. April 1898 die S 3-Probemaschine beim Stettiner Vulcan abgenommen und bestand – ein denkwürdiges Datum – am 13. April 1898 ihre erste Probefahrt auf der

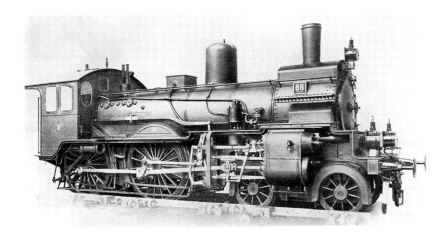

2′B-h2-Schnellzug-
lokomotive der
Preußischen Staats-
bahn, Nr. 86 Hanno-
ver, Vulcan 1899

Strecke Stettin–Stargard. Am 29. Juli folgte die P 4-Probelokomotive von Henschel. Beide Maschinen waren Zweizylinderlokomotiven. Man verzichtete von vornherein auf das Verbundverfahren. Bei beiden Maschinen zog *Schmidt* zunächst ein großes Flammrohr durch den Kessel, in das er die Überhitzerrohrbündel legte. Dieser erste Flammrohrüberhitzer bewährte sich nicht; denn das 445 mm dicke Rohr neigte infolge der Wärmespannungen zu Undichtigkeiten, und außerdem waren die Flachschieber den hohen Dampftemperaturen nicht gewachsen. *Schmidt* versuchte zwei neue Bauarten, den Rauchkammerüberhitzer, bei dem wohl das Flammrohr erhalten blieb, das Überhitzerbündel jedoch in die Rauchkammer verlegt wurde, und den Rauchröhrenüberhitzer, bei dem die Überhitzereinheiten in einer Reihe Rohre von größerem Durchmesser lagen.

Der Rauchkammerüberhitzer wurde 1899 an zwei weiteren S 3-Lokomotiven ausprobiert, den Maschinen »Hannover Nr. 86« und »Berlin Nr. 74«. Letztere erregte auf der Pariser Weltausstellung 1900 gewaltiges Aufsehen. Die Maschinen hatten diesmal Kolbenschieber. Der Erfolg war durchschlagend. Die Kohlenersparnis gegenüber der Regel-S 3 betrug 12 Prozent. Gleichermaßen bewährten sich zwei versuchsweise mit Rauchkammerüberhitzer ausgerüstete 2′B-Tenderlokomotiven der Berliner Stadtbahn. Im Ausland griffen *Nyström* und *Noltein* die deutsche Erfindung auf, während *Flamme* in Belgien noch vor Deutschland den Rauchröhrenüberhitzer wählte.

Gegenüber dem Schmidtschen Überhitzer traten alle anderen Bauarten, die etwa zu gleicher Zeit entstanden, in den Hintergrund. 1898 entwickelte der Berliner Ingenieur *Pielock* eine eigene Überhitzerbauart. In der Kesselmitte umgab ein Kasten die Heizrohre, in dem der Dampf zwischen Trennwänden hin- und hergeführt wurde. Die mäßige Überhitzung von 50 bis 60 °C muß eigentlich als Dampftrocknung bezeichnet werden. Da jedoch die Rohre im Überhitzerkasten ständig rosteten, ergab die Unterhaltung Schwierigkeiten, so daß er bald wieder verschwand. Das gleiche Schicksal teilte der in Österreich und Baden verwandte Dampftrockner von *Crawford* und *Clench*, später in einer Gölsdorf-Ausführung, der die Überhitzung in einem abgeteilten Raum am Kesselvorderteil besorgte. In Oldenburg gab es noch den Verbinderdampftrockner von *Ranafier*, der als Röhrenbündel zwischen Hoch- und Niederdruckzylinder eingebaut war, also praktisch nur eine Aufbesserung des Dampfes für den Niederdruckzylinder brachte. Ähnlich war auch der in Sachsen verbreitete Klien-Dampftrockner. Wir werden diesen Bauarten bei den einzelnen Lokgattungen noch begegnen.

Die Erfahrungen mit den ersten Heißdampflokomotiven waren also äußerst zufriedenstellend verlaufen, und *Garbe*, der fanatische Heißdampf-vorkämpfer, setzte sich nun selbst im Jahre 1901 unter Auswertung aller bisherigen Erkenntnisse für den Entwurf einer großen Schnellzuglokomotive ein. Eine Fülle von Problemen tauchte auf, die alle erst gelöst sein wollten. Lange mußte probiert werden, um die Stopfbuchsen dicht zu bekommen, und die Frage der Schmiermittel für die erhöhten Temperaturen bereitete reichlich Kopfschmerzen. Die neue Maschine wurde mit Rauchkammerüberhitzer ausgerüstet und erhielt die preußische Bezeichnung S 4. Von hier ab wurden bei den preußischen Gattungsbezeichnungen für Heißdampflokomotiven die geraden, für Naßdampflokomotiven die ungeraden Zahlen gewählt.

Obwohl die Lokomotive in ihrer Leistung die S 3 beträchtlich übertraf und allgemein zufriedenstellend arbeitete, durfte sie den traurigen Ruhm für sich in Anspruch nehmen, eine der unschönsten Lokomotiven Deutschlands gewesen zu sein. Mit dieser Maschine setzte sich der Garbe-Stil in Preußen durch, der Musterbeispiele reiner Zwecklokomotiven schuf. *Garbe* lehnte ferner das Verbundsystem für die neuen Heißdampflokomotiven strikt ab und vermeinte, die wirtschaftlichen Vorteile der Dampfüberhitzung würden durch das verwickelte und teure Verbundsystem gemindert. Jene ersten

2′B-h2-Schnellzug-lokomotive der Preußischen Staats-bahn, Gattung S 4, Borsig 1902

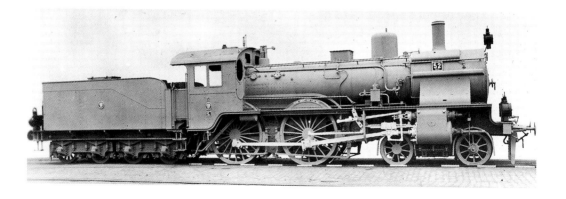

Jahre der Heißdampflokomotive sind daher durch einen sich vertiefenden Gegensatz zwischen *Garbe* und *v. Borries* überschattet. Letzterer hatte sich von Anfang an für den Heißdampf erklärt, aber *Garbe* hat eine Mitwirkung *v. Borries* strikt abgelehnt, so daß sich der Hannoveraner vergrämt auf seine Naßdampf-Vierzylinder-Verbund-Lokomotiven beschränkte, hier aber Maschinen entwickelte, die den Garbeschen Typen in nichts nachstanden. Es scheint, als habe es eine Art Konkurrenzkampf zwischen beiden Männern gegeben. Wahrscheinlich tritt hier wieder einmal die alte Rivalität zwischen Preußen und den anderen deutschen Ländern zutage, in diesem Falle mit Hannover. *August v. Borries* war Hannoveraner und ließ seine Maschinen bei der späteren Hanomag bauen. *Robert Garbe*, als Dezernent in der Eisenbahndirektion Berlin, war vor allem Preuße, der seine Maschinen nur in Preußen bauen ließ.

Nun, jener »Garbesche Geist« hat letztlich dazu beigetragen, daß die Deutsche Reichsbahn bei der Entwicklung ihrer Einheitslokomotiven ebenfalls die Verbundmaschine von vornherein stiefmütterlich behandelte. Kurios ist es indes schon, daß die beste und wirtschaftlichste aller Heißdampfschnellzuglokomotiven ausgerechnet die ohne *Garbes* Mitwirkung gebaute S 10[1] von 1911 war, eine – Vierzylinder-Verbund-Heißdampflokomotive, die erste ihrer Art in Preußen! Dennoch soll man diese Dinge auch nicht überbewerten. *Garbe* bleibt nun einmal der konsequente Verfechter der Heißdampflokomotive. Seine Verdienste auf diesem Gebiet sind einmalig und so bedeutsam, daß seine Schwächen letztlich verblassen.

An der Gattung S 4 zeigte sich das Charakteristische der Garbe-Maschinen in krasser Form: der viel zu enge Schornstein und der weit vorgezogene Kessel oder, besser, das zurückgesetzte Triebwerk. Den Massenausgleich vernachlässigte *Garbe* über alle Gebühr. Die Maschine begann bereits bei 80 km/h äußerst unangenehm zu zucken. Erhebliche Sorgen machten die Kolbenschieber. Erst später fand man mit den schmalen federnden Ringen die günstigste Bauart.

Mit der 1906 erschienenen preußischen S 6 trat dann die letzte, gleichzeitig auch die größte 2'B-Lokomotive Deutschlands auf. Wir wollen sie an dieser Stelle mit einfügen, um das Gebiet der 2'B-Achsfolge zusammen mit der württembergischen ADh abzuschließen. Die Garbesche S 6 mit ihrem 2100-mm-Treibraddurchmesser war eine schwierige Konstruktion. Ihr großer Kessel machte die Lastverteilung zum Problem, und mit über 17 t Achsfahrmasse war sie die schwerste 2'B-Lokomotive des Kontinents. Auch die Garbesche Abneigung gegen den Massenausgleich brachte die gleichen Schwierigkeiten wie bei der S 4. Bei der S 6 wurde dann auch der Rauchröhrenüberhitzer eingeführt. Die Maschine schleppte 600 t in der Ebene mit

80 km/h, wurde aber von der ein Jahr später erschienenen Gattung S 9 übertroffen. Die S 6 hat jahrelang den hochwertigen Schnellzugdienst Nord- und Ostdeutschlands bestritten.

Mit der württembergischen ADh von 1907 schloß die Reihe der 2′B-Lokomotiven in Deutschland ab. Den starken Anforderungen des Zugverkehrs war sie nicht mehr gewachsen. Die AD, die als Verbundmaschine schon 1899 entstanden war (wir lernten sie bereits kennen), hatte sich trefflich bewährt, so daß man 1907 nochmals an einen Neubau dieses Typs heranging, nun mit den Vorzügen des Heißdampfes ausgerüstet. Letztere war bis in die dreißiger Jahre hinein im Dienst, also im wahrsten Sinne des Wortes die letzte aller 2′B-Schnellzuglokomotiven.

Innerhalb der knapp zwei Jahrzehnte, die zwischen dem Erscheinen der preußischen S 2 und der Lieferung der württembergischen ADh liegen, ist bei der Achsfolge 2′B nicht mehr das Größenwachstum vergangener Epochen festzustellen. Die Rostfläche blieb bei 2 m², die Heizfläche um 120 m², die Dienstmasse zwischen 45 und 50 t. Lediglich die preußische S 6-Heißdampflok übertraf mit 2,29 m² Rostfläche, 137 m² Verdampfungsheizfläche und 40 m² Überhitzerheizfläche diese Durchschnittswerte; sie wog betriebsfähig 60,7 t.

Doch nun zu unserer Vierzylinder-Verbundlokomotive zurück, bei der sich auch alsbald der Heißdampf bewähren sollte. Wir erwähnten bereits, daß Grafenstaden im Jahre 1894 gemeinsam mit der preußischen 2′B-Lok auch 2′C-n4v-Maschinen in de Glehn-Bauart nach Baden lieferte, die dort auf der Schwarzwaldbahn eingesetzt werden sollten. Die Maschine, badische Gattung IV e, entsprach nun weithin ihren französischen Schwestern. Sie bewährte sich gut, wenn auch ihr Kessel nicht größer als jener der preußischen S 3 war. Preußen bezog 1899 von Grafenstaden einige Maschinen ähnlicher Bauart, die P 7, die aber wenig Beliebtheit erlangte.

Im Jahre 1898 sah sich auch Württemberg für seine Bergstrecken gezwungen, zur dreifachen Kupplung überzugehen, und beschaffte bei Esslingen die württembergische Klasse D, eine 2′C-n4v-Maschine in de Glehn-Bauart. Sie war der badischen IV e an Leistung erheblich überlegen. Bei ihr trat übrigens schon die Schwierigkeit dieser Bauart in Erscheinung: Die großen Niederdruckzylinder von 600 mm Durchmesser ließen sich im Rahmeninnern nicht mehr unterbringen und wurden daher nach außen verlegt. Die Maschine zog 250 t auf 10 ‰ mit 60 km/h. Zu gleicher Zeit ging man in Bayern zur 2′C-Maschine über, und Maffei baute die bayerische Gattung C V, die sich von der württembergischen D nur wenig unterschied.

Diese 2′C-Lokomotiven waren nun in jenen Jahren in so geringer Stückzahl vorhanden, daß sie praktisch noch gar nicht in Erscheinung traten, ihr

Seite 155:
2B′-h2-Schnellzuglokomotive der Preußischen Staatsbahn, Gattung S 6, Linke-Hofmann 1906

2′C-n4v-Schnellzuglokomotive der Badischen Staatsbahn, Gattung IV e, Grafenstaden 1894

2′C-n4v-Schnellzuglokomotive der Württembergischen Staatsbahn, Klasse D, Esslingen 1898

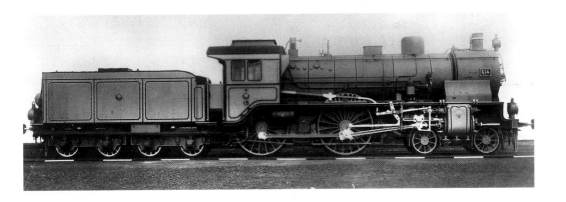

Wert stellte sich erst später heraus. Das weite Feld beherrschte nach wie vor die 2′B-Lokomotive. Bei dem starken Aufschwung des Verkehrs um die Jahrhundertwende war diese jedoch mit ihrem beschränkten Kessel allgemein am Ende ihrer Leistung angelangt, zumindest auf den Hügellandstrecken. Wir hatten seinerzeit die gleiche Erscheinung beim Güterzug-Dreikuppler zu verzeichnen. Da die Achsfahrmasse nicht gesteigert werden konnte, blieb nur die Hinzufügung eines weiteren Laufradsatzes übrig. Es war in Österreich, von wo eine Lokomotive der Kaiser-Ferdinands-Nordbahn vom Jahre 1895, Reihe 308, den Siegeszug dieser Gattung antrat. Wir möchten daran erinnern, daß in Amerika Namen für bestimmte Bauarten gebräuchlich waren. Diese Bezeichnungsweise war damals auch in Europa üblich. Da 2′B1′-Lokomotiven von der New Jersey Central Railroad im schnellen Bäderverkehr nach Atlantic City eingesetzt wurden, erhielt die neue Bauart die Bezeichnung »Atlantic-Lokomotive«, genau wie später die auf den amerikanischen transkontinentalen Strecken erstmalig erschienene 2′C1′-Pazific-Lokomotive. Der erste Atlantic-Typ der Welt wurde allerdings 1893 bei der Atlantic Coast Line in Dienst gestellt, ohne indes hervorzutreten.

4.3   Die Atlantic- und die Pazific-Lokomotiven

Diese Atlantic-Bauart trat nun einen beispiellosen Siegeszug an. »Sie ging gleichsam als ein glänzender Meteor über den Lokomotivhimmel«, sagt *Hans Nordmann* treffend, dabei war sie von einmaliger Kurzlebigkeit, währte doch ihr Dasein nur knapp zehn Jahre. Sie war wohl die reinste Verkörperung der Flachland-Schnellzuglokomotiven. Mit nur wenigen Ausnahmen waren alle Atlantic-Lokomotiven ausgesprochen formschöne Maschinen. Ihren hervorragenden Laufeigenschaften war in erster Linie der zu Beginn des Jahrhunderts entstandene hochwertige Schnellzugverkehr zu danken.

In Deutschland hielt sie im Jahre 1898 auf der Pfalzbahn ihren Einzug, und dazu gleich in einer Ausführung, die sonst nicht wieder in Deutschland auftauchte. Es war dies die pfälzische P 3^1, eine 2′B1-n2-Schnellzuglokomotive, von Krauss geliefert. Wie die badische II c besaß sie reines Innentriebwerk. Ein recht eigenartiges Aussehen verlieh ihr der zusätzlich zum Innenrahmen angebrachte Außenrahmen. Die innenliegende Heusinger-Steuerung wurde zur Vermeidung von Hubscheiben von der Treibstange aus angetrieben. Das Drehgestell trug die Maschine mittels zweier seitlicher halbkugeliger Druckpfannen, dem hinteren Laufradsatz gab man Seitenspiel. Die

2′B1-n2-Schnellzug-
lokomotive der
bayerischen Pfalz-
bahn, Gattung P 3^I,
Krauss 1898

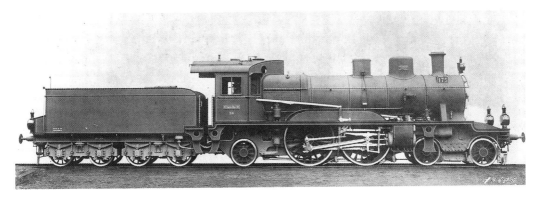

2′B1-n4v-Schnell-
zuglokomotive der
Sächsischen Staats-
bahn, Gattung X V,
Hartmann 1900

Maschine lief vorzüglich und führte ihre Bauart bestens ein. 1913 wurden
sämtliche Maschinen in Vierzylinder-Verbundlokomotiven umgebaut. Man
ließ die Innenzylinder einfach als Hochdruckzylinder bestehen. Nach diesem Umbau wurde die Maschine noch abwegiger.

Zu gleicher Zeit hatte man auch auf den Hügellandstrecken Sachsens sehr
mit Schwierigkeiten zu kämpfen, und als *Hartmann* 1900 auf der Weltausstellung in Paris eine vielbestaunte Atlantic-Maschine mit de Glehn-Triebwerk
ausstellte, griff Sachsen zu, und so erschien als zweite ihrer Art die sächsische
X V auf der Bildfläche. Sie war eine reine de Glehn-Maschine, lediglich bei
den Innenzylindern hatte *Hartmann* die Joy-Steuerung angewandt. Mit der
X V begann sich die uns bereits von Baden her bekannte Windschneide am
Führerhaus auch bei anderen Bahnen zu verbreiten. Leider waren die Abmessungen der Maschine etwas bescheiden gewählt, so daß ihre Leistung noch
nicht überzeugte.

Bayern beschritt im Jahre 1899 einen ganz eigenen Weg, dem wir nicht
genug Anerkennung zollen können. In diesem Jahr bestellte nämlich die
Bayerische Staatsbahn zwei Atlantic-Schnellzuglokomotiven mit Vauclain-
Triebwerk und zwei 1′D-Güterzuglokomotiven in gleicher Ausführung bei

**Anton Hammel
(1857–1925) war
nach der Jahrhun-
dertwende wohl der
erfolgreichste süd-
deutsche Lokomo-
tivkonstrukteur.**

Baldwin in Philadelphia. Dieser Schritt wurde von keiner Bahn wieder getan, und es waren die letzten aus dem Ausland bezogenen Lokomotiven. Es fällt auf, daß jetzt nicht mehr England, sondern, wie schon bei *August v. Borries*, Amerika zum Vorbild wurde. Dort hatte sich 1883 *Dunbar* erfolglos mit einem Vierzylinder-Triebwerk abgemüht, und auch das 1889 von dem Chefkonstrukteur der Baldwin-Werke, *Samuel Vauclain*, entwickelte System war keinesfalls die beste Lösung. Aber es ging auch nicht allein um die Vauclain-Maschine, sondern um die amerikanische Bauart überhaupt, die man aus eigener Erfahrung kennenlernen wollte.

Beim Betrachten des Bildes der Baldwinlok fällt uns bereits auf, woher der berühmte bayerische Schornstein stammt. Die größte Neuerung, die jedoch hier ihren Einzug hielt, war der amerikanische Barrenrahmen, seitdem unersetzlicher Bestandteil des europäischen Lokomotivbaus, kam er mit seiner leichten Zugänglichkeit doch gerade dem Vierzylinder-Verbundtriebwerk entgegen. Das Vauclain-Triebwerk vermochte sich in Deutschland nicht durchzusetzen, wogegen Rußland Freundschaft mit ihm schloß. Bei ihm lagen Hochdruck- und Niederdruckzylinder außen übereinander und wirkten auf einen gemeinsamen Kreuzkopf. Die Vorteile des besseren Massenausgleichs gingen also hierbei in gleichem Maße wie bei der Tandemmaschine verloren, die in Ungarn 1890 als Gattung I e erschien, und bei der Hochdruck- und Niederdruckzylinder auf einer gemeinsamen Kolbenstange saßen. Beide Triebwerke sollen daher nicht weiter interessieren.

Die Höhe der Kesselmitte über Schienenoberkante betrug bei *Baldwin* nur 2 450 mm. Allgemein gesehen befriedigten die Maschinen nicht vollständig. Und doch waren sie so entscheidend für ganz Europa. Wir wissen nicht, wie oft *Anton Hammel* mit diesen Maschinen gefahren ist. Wir wissen nur, daß hier der Ausgangspunkt für eine Entwicklung zu suchen ist, die in gerader Linie zu den großen süddeutschen Konstruktionen führte.

**2′B1-n4v-Schnell-
zuglokomotive der
Bayerischen Staats-
bahn, Gattung
S 2/5, Baldwin 1900**

Wenn wir die pfälzische und die sächsische Atlantic-Bauart noch in das Versuchsstadium des neuen Typs rechnen, so gelang mit der dritten Maschine der große Treffer: Maffei bescherte Deutschland die erste große Schnellzuglokomotive, zu jener Zeit die gewaltigste in ganz Europa und eine technische Großleistung ersten Ranges, die badische II d. Die pfälzische P 3^1, in Konkurrenz zu Baden entstanden, war wohl Anlaß, daß nun Baden einen Wettbewerb ausschrieb, aus dem Maffei als Sieger hervorging. An dieser Maschine begann sich erstmalig der von Maffei ausgehende Gedanke der neuen Lokomotivgestaltung anzudeuten. Hinter ihr, einer Gemeinschaftsarbeit von *Alexander Courtin*, dem badischen Lokomotivdezernenten, und von *Anton Hammel*, sehen wir bereits den genialen Maffeischen Chefkonstrukteur im Kommen.

Der Kessel übertraf mit 3,87 m^2 Rostfläche und 210 m^2 Heizfläche alles bisher Dagewesene. Der Dampfdruck wurde auf 16 bar heraufgesetzt. Auf *Hammel* geht auch die Anwendung des v. Borries-Triebwerkes zurück, allerdings unter Verlegung der Hochdruckzylinder nach innen und unter Fortlassung der inneren Voreilhebel. Die Kesselmitte wurde bis auf 2 750 mm heraufgerückt. Endlich lag der Kessel frei über dem Rahmen wie schon bei *Gölsdorfs* Reihe 6. Rund 50 Jahre hatte es gedauert, bis man die verhängnisvollen Gedanken *Cramptons* überwandt. Mit dem Treibraddurchmesser von 2 100 mm und ihrem großen Achsstand von 10 240 mm, zusammen mit dem ausgezeichneten Massenausgleich, erreichte man mit der Maschine erstmalig 144 km/h. Auf der Strecke Offenburg–Freiburg wurden bei einem Höhenunterschied von 110 m Reisegeschwindigkeiten von 116 km/h erreicht, die Maschine leistete bis zu 1 850 PS.

Mit dieser Maschine trat allerdings eine vielleicht bedauerliche Entwicklung im deutschen Lokomotivbau ein. War bisher der Unterschied zwischen den Bauarten der einzelnen Länderbahnen nicht sehr groß gewesen, so führte die II d nunmehr zu einer eigenen süddeutschen Bauform, bei der zum Teil ganz andere Wege als in Norddeutschland beschritten wurden. Insofern kommt der Gattung II d auch stilgeschichtlich eine entscheidende Bedeutung zu.

Indessen war *Hammels* norddeutscher Kollege nicht müßig gewesen. Auf den preußischen Mittelgebirgsbahnen machte sich der Wunsch nach stärkeren Maschinen recht bemerkbar. Der Heißdampf war noch zu neu, die S 4 noch in der Entwicklung. So griff man also zur Atlantic-Maschine, und 1902 erschien erstmalig, von *v. Borries* gemeinsam mit der Hannoverschen Maschinenbau-AG entwickelt, die preußische S 7 als 2′B1′-n4v-Maschine. An ihr waren die Grundsätze der S 5[1] weiterentwickelt; vieles hatte sie mit dieser gemein. Neu war der Übergang zur kurzen breiten Feuerbüchse, mit der Platz zu sparen war. Der Rahmen bestand wie bei der S 5[1] wieder aus kombiniertem Barren- und Blechrahmen; der hintere Laufradsatz war eine Adams-Achse. Bei der S 7 ging man auch von den Anfahrvorrichtungen ab, da sie nicht befriedigten, und führte das Zusatzventil ein, das dem Niederdruckzylinder direkt Dampf lieferte.

Die S 7 war kleiner als die badische II d, dennoch war ihre Leistung ausgezeichnet. Ihr Lauf soll ganz hervorragend gewesen sein. Auf der Strecke Berlin–Hannover konnte sie 318 t in der Ebene mit 108 km/h dauernd befördern. Bei Versuchen fuhr sie 143 km/h.

Nach der im preußischen Eisenbahnministerium allmählich zur Tradition gewordenen Ziellosigkeit bestellte man die gleiche Bauart auch in Grafenstaden mit de Glehn-Triebwerk, die 1903 geliefert wurde. Die vielen besonderen Wünsche Preußens gereichten der Gattung nicht zum Segen. Mehrere Ausführungen lagen vor, so mit Außenrahmen und hannoverschem Drehgestell und mit unterschiedlicher Kessellage. Preußen wurde mit seinen de

2′B1′-n4v-Schnell-zuglokomotive der Preußischen Staatsbahn, Gattung S 7 (Hannoversche Bauart), Hanomag 1902

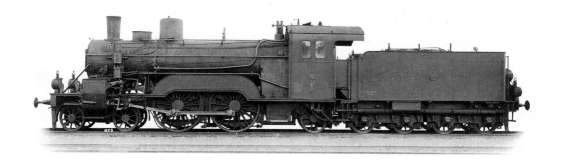

2′B1-n4v-Schnell-
zuglokomotive der
Preußischen Staats-
bahn, Gattung S 7
(Grafenstadener
Bauart),
Grafenstaden 1903

Glehn-Maschinen nun einmal nicht fertig. Es mögen vorwiegend politische Gründe gewesen sein, die so oft Grafenstaden zitieren ließen.

Damit hatte die Atlantic-Lokomotive schon eine ganze Reihe Vertreter bekommen. An der Spitze lag jedoch immer noch die badische II d. Der Weg zum Gipfel der Entwicklung der deutschen Dampflokomotive schien nur kurz zu sein. Was gab es noch zu ihrer Vollendung zu tun? Nun, der Endspurt blieb dem schon mehrfach erwähnten Chefkonstrukteur der Lokomotivfabrik Maffei, *Anton Hammel*, vorbehalten. Dieser Mann war vielleicht der genialste seiner Zeit. *Hammel* war kein umwälzender Neuerer, der einmalige Erfindungen herausbrachte. Seine Einmaligkeit bestand in einem tiefen Gefühl für das Zweckmäßige und einzig Richtige. *Hammel* sah den Weg der Lokomotive auf Jahrzehnte hinaus vorgezeichnet. Seine Schöpfungen hätten ebensogut, mit kleinen Änderungen, 1930 oder 1950 gebaut sein können. Noch eins kam bei ihm hinzu, was *Garbe* völlig fehlte: *Hammel* besaß ein hervorragendes künstlerisches Gefühl. Dem Historiker drängt sich der Vergleich *v. Borries–Hammel* auf. Die Wurzeln der Schöpfungen beider Ingenieure lagen in Amerika, beider Stil war verwandt, und doch lassen sie sich nicht gegeneinander abwägen wie etwa *v. Borries* und *Garbe*. *Hammel* stand von vornherein der Weg zum Heißdampf offen. In gewisser Hinsicht vollendete er damit das Werk des Hannoveraners, dessen Tod gerade im Zeitpunkt des Umbruchs der Dampflokomotive für Preußen ein Unglück war.

1903 brachte man auch in Bayern eine Atlantic-Lokomotive heraus, die Gattung S 2/5, gleichzeitig mit einer 2′C-Maschine, der Gattung S 3/5. Die Konstruktion war so gehalten, daß die Teile beider Gattungen austauschbar waren. Beide Maschinen besaßen erstmalig nach dem Baldwinschen Vorbild einen Barrenrahmen, der seitdem in Bayern beibehalten wurde und von hier aus seinen Weg über ganz Europa nahm. Mit diesen Maschinen ging man

**2′C-h4v-Schnellzug-
lokomotive der
Bayerischen Staats-
bahn, Gattung
S 3/5, Maffei 1903**

auch in Bayern zum Einachsantrieb über. Das Neue der Bauart zeigt am besten ein Vergleich mit der gleichaltrigen preußischen S 4.

Mit dieser Maschine gingen jedoch die Tage der Atlantic-Lokomotive bereits zu Ende. Ihr Höhepunkt war die II d gewesen. Von der S 2/5 wurden nur noch zehn Stück gebaut. Der Zugverkehr stieg in kurzer Zeit so gewaltig, daß die zweifache Kupplung nicht mehr genügte, zumal auf den hügeligen süddeutschen Strecken. So bekam Württemberg überhaupt keine Atlantic-Maschine. Die Pfalzbahn beschaffte 1905 nochmals eine sehr ähnliche und formschöne Atlantic-Maschine, diesmal bereits in Heißdampfausführung. Leider wählte man den Pielock-Überhitzer, der inzwischen versagt hatte und auch hier zum Fiasko führte, so daß die Maschinen dann mit Naßdampf betrieben wurden.

Bei dem allgemein verwandten v. Borries-Antrieb stellte sich als Nachteil dieser Bauart die empfindliche Kropfachse heraus. Oftmals kam es zu Brüchen, insbesondere ergab sich, daß die Massendrücke des Triebwerks bei Gefällefahrt, hoher Geschwindigkeit und Wegfall des Zylindergegendrucks noch gefährlicher waren als bei Fahrt unter Dampf.

Wahrscheinlich waren es die norddeutschen Flachlandstrecken, die Preußen im Jahre 1907 nochmals bewogen, zu einer neuen Atlantic-Maschine zu greifen. Bereits die S 7 hatte sehr unter Anfahrschwierigkeiten zu leiden. Häufig mußten mehrere Versuche eingeleitet werden, die kostbare Zeit in Anspruch nahmen. Vom technischen Standpunkt her war der Bau der neuen Maschine daher unverständlich. Der Historiker jedoch wird nur begrüßen, daß Preußen endlich nach so vielen Versuchen noch zum Zuge kam und mit der preußischen S 9 die weitaus stärkste aller Atlantic-Maschinen in Dienst stellte, der zur Vollkommenheit nur der Überhitzer fehlte. Die Maschine war ganz im Sinn des 1906 verschiedenen *v. Borries* gehalten. Sie muß als die beste aller damaligen Lokomotiven angesehen werden. Der Rost war auf

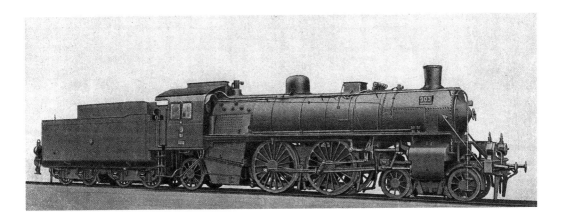

4 m² Fläche angewachsen. Der Kessel wies 229 m² Heizfläche auf. Das Triebwerk übernahm man von der hannoverschen S 7; die Niederdruckzylinder wurden jedoch diesmal nach innen verlegt. Der Dampfdom lag auf der hinteren Kesselhälfte.

Die Abmessungen der S 9 waren überaus glücklich gewählt. In ihr feierte der Naßdampf seinen letzten Triumph, schlug die S 9 die Garbesche S 6 doch glatt aus dem Feld. Ihre Leistung konnte selten voll ausgenutzt werden; sie zog noch mit Leichtigkeit Züge von 570 t auf ebener Strecke mit 100 km/h. Wie sehr ihr der Überhitzer fehlte, geht aus der Tatsache hervor, daß später zwei S 9-Maschinen mit Rauchröhrenüberhitzer und Speisewasservorwärmer die sparsamsten Schnellzuglokomotiven ihrer Zeit waren. Die Anfahrprobleme änderten sich dadurch allerdings nicht.

Leider blieb den deutschen Bahnen diese prachtvolle Lokomotive nicht erhalten. Von den vorhandenen 99 Stück mußten 21 aufgrund der Waffenstillstandsbedingungen abgegeben werden. Die verbliebenen wurden bald ausgemustert. Auch hier wieder eine der Kuriositäten der Geschichte: Ihre Glanzzeit erlebte die S 9 nach 1919 in Belgien, stand dort lange in Dienst und regte sogar zum Nachbau an.

Kam in Preußen die S 9 bereits zu spät, so bleibt uns völlig unverständlich, warum in Sachsen im Jahre 1909 nochmals eine Atlantic-Maschine, die letzte in Deutschland, aufgelegt wurde. Gerade Sachsen hätte bei seinen schwierigen Streckenverhältnissen über seine Dreikuppler glücklich sein sollen. Erst 1913 sah man diesen Fehler ein. Bei der neuen sächsischen X H1 wählte man von vornherein die Heißdampf-Zwillingsausführung. Sie wurde im Austauschbau mit der gleichaltrigen 2′C-h2-Maschine XII H1 entwikkelt. Der hintere Laufradsatz war allerdings fest. Obgleich das Triebwerk der Maschine unter Zucken litt, war ihre Leistung sehr gut. Sie vermochte 440 t in der Ebene mit 100 km/h zu befördern, näherte sich also der S 9.

2′B1′-n4v-Schnellzuglokomotive der Preußischen Staatsbahn, Gattung S 9, Hanomag 1907

Erich Metzeltin (1871–1948) stand von 1902 bis 1924 dem Lokomotivbau der Hannoverschen Maschinenbau-AG vor und führte 1904 den Namen »Hanomag« ein.

**2'B1-h2-Schnellzug-
lokomotive der
Sächsischen Staats-
bahn, Gattung
X H 1, Hartmann
1909**

Damit war die große Zeit der Atlantic-Maschine zu Ende. An sich war sie ein Extrem. Ihr Kessel erlaubte hohe Zugleistungen, ihr Triebwerk beschränkte sich auf reine Flachlandstrecken mit hohen Geschwindigkeiten, möglichst ohne Halt. In gewissem Sinn war sie eine Vorläuferin der modernen Schnellfahrlokomotive. Mit allen deutschen Atlantic-Lokomotiven konnten Geschwindigkeiten über 120 km/h gefahren werden. Das Anfahren wurde jedoch zum Problem. Die Treibradsätze schleuderten fortwährend. An der Atlantic-Lokomotive fand gleichzeitig das n4v-Triebwerk seine schönste Ausprägung. Es ist bezeichnend, daß ihr letztes Exemplar aber eine Heißdampfmaschine war. Die ihr folgende Pazific-Lokomotive wurde von vornherein mit Überhitzer gebaut. Mit der Atlantic-Maschine wurden die ersten Schnellfahrversuche zu Beginn des Jahrhunderts durchgeführt. Hier fand die Entwicklung der Dampflokomotive seit *Stephensons* Tagen einen vorläufigen Abschluß.

Bei den Hauptabmessungen der Atlantic-Lokomotiven waren 12 bis 16 bar Kesseldruck üblich. Die Rostflächen maßen bauartbedingt 2,7 bis 4,0 m², die Heizflächen 160 bis 230 m². Die Dienstmassen der beschriebenen Gattungen schwankten zwischen 60 und 75 t. Auf der 1905 erreichten Stufe ist man lange gewissermaßen stehengeblieben, und auf die Zeit der Entwicklung folgte eine Zeit der Verfeinerung; an der Maschine selbst hat sich nichts Grundsätzliches geändert.

Der Lokomotive, die sozusagen den Schlußstrich unter die Entwicklung der Dampflokomotive in Deutschland zog, seien noch einige Zeilen gewidmet. Um die Jahrhundertwende bekam die alte Dampflokomotive zwei Konkurrenten: die Elektrizität und die Verbrennungsmaschine. Wir erinnern uns, daß der Straßendampfwagen älter als die Schienenlokomotive war. Solange die Frage der Schienenreibung noch nicht geklärt war, schien im Straßenfahrzeug die Zukunft zu liegen. *Stephenson* hatte den lästigen Gegner so gründlich aus dem Feld geschlagen, daß er sich fast 70 Jahre lang nicht wieder erholte. Nun war er wieder da, im Bunde mit der Elektrizität.

Bekanntlich fanden auf der Strecke Marienfelde–Zossen ab 1901 die ersten Schnellbahnversuche mit elektrischen Fahrzeugen statt, die zu Geschwindigkeiten von über 200 km/h führten. Der allgemeine Schnelligkeitshunger blieb auch auf die Dampflokomotive nicht ohne Rückwirkung. Preußen schrieb 1902 ein Preisausschreiben für Entwürfe von Schnellfahrlokomotiven aus. Verlangt wurden 150 km/h Geschwindigkeit. Den ersten Preis erhielt ein Entwurf des Oberingenieurs *Michael Kuhn* von der Firma Henschel zusammen mit dem preußischen Oberbaurat *Gustav Wittfeld*. Im Jahre 1904 wurden zwei Probelokomotiven geliefert. Die Maschinen wurden wegen ihrer abweichenden Bauart, 2′B2′ n3v, allgemein bekannt. Rost und Kessel waren mit 4,39 m² und 260 m² Heizfläche noch größer als bei der badischen IId. Der Kessel war vollständig mit einem geschlossenen Umbau versehen, der Führerstand lag nach dem in Frankreich entstandenen System *Thuile* vorn, während der Heizer am gewohnten Platz blieb. Ein Seitengang schuf die Verbindung.

Die Maschinen wurden ein Mißerfolg. Schuld daran war das Dreizylinder-Verbundtriebwerk, zu dem man ohne genügende Erfahrung gegriffen hatte. Es bestand noch nicht einmal Klarheit über die Kurbelstellung, die Zylinder waren mit je 524 mm zu klein geraten. Mit einer Achsfahrmasse von 18,3 t war die Maschine auch reichlich schwer. Bei den Schnellfahrversuchen von 1904 schnitt sie kläglich ab, trotz des Aufhebens, das um sie gemacht wurde.

2′B2′-n3v-Schnell-zuglokomotive der Preußischen Staats-bahn, Bauart Wittfeld-Kuhn, Henschel 1904

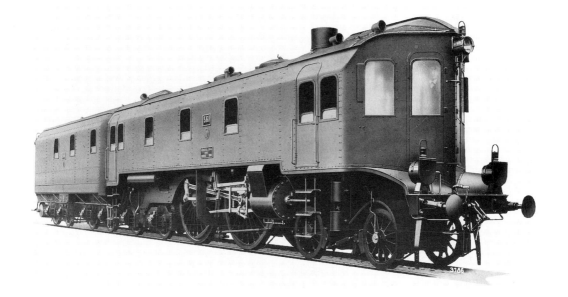

2'B2'-h4v-Schnell-fahrlokomotive der Bayerischen Staats-bahn, Gattung S 2/6, Maffei 1906

Mit 109 t am Zughaken erreichte sie in der Ebene knapp 137 km/h, während es die wesentlich kleinere hannoversche S 7 auf 143 km/h brachte. Die beiden Wundermaschinen versahen nach Entfernung des Aufbaues noch bis 1918 bei der Direktion Altona ihren Dienst.

Im Anschluß an diese Versuche griff *Hammel* bei Maffei das Problem auf und führte es mit geradezu erstaunlicher Sicherheit zu Ende. Auf der Ausstellung in Nürnberg im Jahre 1906 zeigte Maffei seine 2'B2'-h4v-Schnellfahrlokomotive, die bayerische S 2/6, wohl die schönste Maschine, die je in Deutschland lief. Diese Lokomotive blieb einmalig. Was tat es, daß der Überhitzer zu klein geraten war oder die Windschneiden an Dom und Schornstein in der verkehrten Richtung lagen; wußte man es besser? Der Treibrad-

Vergleich alter und neuer Lokomotiven nach einer Tafel im Deutschen Museum, 1910

Neuzeitliche Dampflokomotiven.

Vergleich der Lokomotive „Rocket" von Stephenson 1829 mit der bayerischen Schnellzuglokomotive S²⁄₆, 1906.

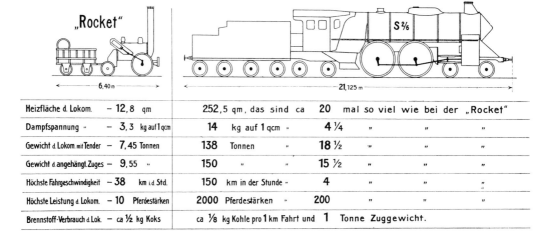

	„Rocket"		S²⁄₆			
	6,40 m		21,125 m			
Heizfläche d. Lokom.	– 12,8 qm	252,5 qm, das sind ca	20	mal so viel wie bei der „Rocket"		
Dampfspannung „	– 3,3 kg auf 1 qcm	14 kg auf 1 qcm „	4 ¼	„	„	„
Gewicht d. Lokom. mit Tender	– 7,45 Tonnen	138 Tonnen	18 ½	„	„	„
Gewicht d. angehängt. Zuges	– 9,55 „	150 „ „	15 ½	„	„	„
Höchste Fahrgeschwindigkeit	– 38 km i. d. Std.	150 km in der Stunde „	4	„	„	„
Höchste Leistung d. Lokom.	– 10 Pferdestärken	2000 Pferdestärken „	200	„	„	„
Brennstoff-Verbrauch d. Lok.	– ca ½ kg Koks	ca ⅛ kg Kohle pro 1 km Fahrt und	1	Tonne Zuggewicht.		

2'C-h2v-Schnellzug-
lokomotive der
Sächsischen Staats-
bahn, Gattung
XII H 1, Hartmann
1909

durchmesser betrug wie bei der preußischen Schnellfahrlokomotive 2 200 mm, die Kesselmitte erreichte mit 2 950 mm über Schienenoberkante den bisherigen Höchststand. Die Führung der Maschine wurde ganz von den Drehgestellen übernommen, so daß die Kuppelradsätze entlastet waren. Mit 11 700 mm Achsstand und 21 200 mm Gesamtlänge übertraf sie alles bisher Dagewesene. Die Maschine war ein einmaliger Entwurf, ihre Leistung war dementsprechend. Am 2. Juli 1907 wurde mit ihr auf der Strecke München–Augsburg (62 km) vor einem Zug von 150 t eine Geschwindigkeit von 154,5 km/h erreicht. Die Maschine lief hierbei mit der Ruhe eines Uhrwerks. Sie war jahrelang die schnellste deutsche Dampflokomotive. Mit der preußischen S 10^2 und der bayerischen S 3/6 wurden 152 km/h, mit der badischen IV h ebenfalls 154 km/h erreicht. Übertroffen wurde diese Leistung erst 1936 durch die Schnellfahrlokomotive der Reihe 05.

Die S 2/6 eilte ihrer Zeit derart weit voraus, daß die Eisenbahn mit ihr nichts anzufangen wußte. Ein Bedürfnis nach so hohen Geschwindigkeiten bestand noch gar nicht, und außer der kurzen Strecke München–Augsburg besaß Bayern gar keine Strecke, wo man die Leistung der Maschine hätte voll ausnutzen können. Leider merkte man das erst hinterher. So blieb es denn bei dieser einen Maschine und den stolzen Tagen von 1907. Die Maschine wurde in den planmäßigen Schnellzugdienst auf der Pfalzbahn eingestellt und diente danach noch 23 Jahre, bis sie den ihr gebührenden Platz im Verkehrsmuseum Nürnberg einnahm.

Bei der bayrischen S 2/5 sahen wir bereits, daß die Zugmassen gebieterisch die dreifache Kupplung verlangten. Die gleichzeitig mit ihr entwickelte S 3/5 spielte im Betrieb die günstigere Rolle, wenn sie auch etwas langsamer als ihre Atlantic-Schwester war. Besonders bei den Bahnen mit Hügellandstrecken war das Bedürfnis dringend. Sachsen machte seit 1906 Versuche mit 2'C-Schnellzuglokomotiven, teils als Zwillings-, Vierlings- und Verbundma-

schinen, und kam lange nicht zurecht damit. So entstanden die drei verschiedenen Bauarten der sächsischen Gattung XII. Die Bauart brachte nichts
Neues, und obgleich man gern eine einfache Anordnung vorgezogen hätte,
zeigte sich doch die h4v-Maschine überlegen, da die Wirtschaftlichkeit des
Zwillings und des Vierlings zu wünschen übrig ließ.

Auch in Preußen hatte sich die dreifache Kupplung nicht umgehen lassen.
Die Garbeschen P 6- und P 8-Lokomotiven, die wir etwas später besprechen, zeigten die Vorteile der größeren Reibungsmasse und damit der besseren Anfahrbeschleunigung. Im Jahre 1909 schritt man also zur Neuentwicklung einer Schnellzuglokomotive mit erhöhter Reibungsmasse. Es scheint
uns jedoch, als fehlte in Preußen nach dem Tode *v. Borries'* der große Ingenieur, der für die Entwicklung richtungsweisend gewirkt hätte. Im Ministerium machte sich eine augenscheinliche Unsicherheit bemerkbar, die schließlich in einer Ziellosigkeit endete, die heute unverständlich erscheint. Zu
allem Überfluß erschien als neuer maschinentechnischer Dezernent ab 1909
Oberbaurat *Hinrich Lübken* auf dem Plan, zwar ein sehr fähiger Ingenieur,
der jedoch von den Reichseisenbahnen kam und so wieder mit Grafenstadener Gedankengut belastet war.

Das Ergebnis war ein neuer Stilumbruch im preußischen Lokomotivbau.
Von der neuen Gattung wurden vier verschiedene Ausführungen beschafft.
Wir hätten ohne weiteres Verständnis, wenn die Maschinen zunächst des Ver-
gleiches halber entwickelt worden wären, um schließlich die beste Ausführung zu verwenden. Aber die Stückzahlen beweisen das Gegenteil: Es wurden 202 Stück der Gattung S 10 und 237 Stück beider Spielarten der Gattung S 10[1] beschafft, außerdem 124 Stück der Gattung S 10[2]. Wir können

**2′C-h4-Schnellzug-
lokomotive der
Preußischen Staats-
bahn, Gattung S 10,
Schwartzkopff 1910**

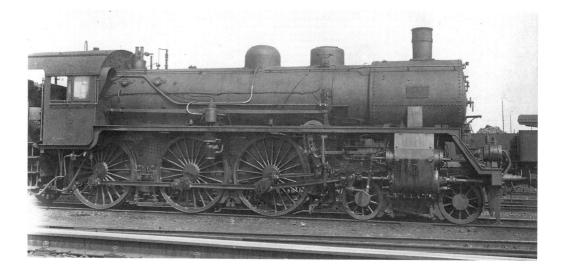

uns kaum erklären, wie man sich die Entwicklung damals eigentlich weiter gedacht hatte.

Als erste Ausführung wurde 1910 die Gattung S 10, eine Heißdampf-Vierlingslokomotive, in Dienst gestellt und auf der Weltausstellung in Turin 1911 gezeigt. Man wählte das v. Borries-Triebwerk, zunächst in Blechrahmen, dann wieder in gemischtem Blech-Barren-Rahmen. Der Kessel war von der preußischen P 8 abgeleitet. Wie jedoch schon die sächsischen Vierlingsmaschinen von 1906 zeigte sich auch die S 10 nicht als sonderlich wirtschaftlich. Es stimmt heiter, wenn man betrachtet, wie die Preußische Staatsbahn ein Jahrzehnt lang auf ihre Heißdampfzwillingsmaschinen geschworen hat, weil sie in ihnen die allein selig machende Bauart sah, dann aber ausgerechnet zum dampfverschwendenden Vierling überging. *Erhard Born* kennzeichnete die Entwicklung mit treffenden Worten: »Man hat die schwere, verwickelte und kostspielige Vierzylinder-Verbund-Maschine abgelehnt und dafür den Vierling gewählt, dem dieselben schmückenden Beiwörter gebühren, der aber nicht, wie die Verbundlokomotive, weniger, sondern mehr Dampf verbraucht als der Zwilling.« Nun, 1911 ging man auf Wunsch der östlichen Direktionen, denen an Einsparung von Kohletransportkosten gelegen war, endlich dazu über, eine Heißdampf-Vierzylinder-Verbundlokomotive zu bauen. Wir erwähnten bereits das Kuriosum: Ausgerechnet diese Maschinen, die Gattung S 10[1], sind die wirtschaftlichsten Lokomotiven der Preußischen Staatsbahn überhaupt geworden.

Der Entwurf wurde diesmal von *Georg Heise* bei Henschel aufgestellt, vielleicht gereichte das der Bauart zum Segen. Unter *Lübkens* Einfluß wurde das de Glehn-Triebwerk abermals angewandt, mit dem nun ein voller Erfolg erzielt wurde. Obgleich die Maschinen sich weitgehend französischer Bauweise näherten, erfreuten sie sich großer Zustimmung. Nun, sie waren ja auch nicht von Grafenstaden, sondern vom *preußischen* Henschel gebaut!

Die Niederdruckzylinder hatte man innen verlegt. Wegen Raumschwierigkeiten wurden sie schräg über die Drehgestellmitte nach vorn geschoben. Als Anfahrvorrichtung benutzte man einen Druckausgleicher; eine Lösung, die sich durchaus bewährte. Preußen war gegenüber Süddeutschland im Vorteil, da auf seinen Strecken bereits 17 t Achsfahrmasse zugelassen waren. Trotzdem hatte man mit der neuen Maschine bereits die Grenze erreicht, ein Speisewasservorwärmer ließ sich nicht mehr unterbringen. Da man sich jedoch von ihm Vorteile versprach, wurde diese Bauart 1913/14 unter dem Gesichtspunkt der Masseersparnis nochmals umgearbeitet.

In dieser Ausführung gelang die Maschine noch besser, obwohl die Bauart 1911 bereits befriedigte. Lauf und Leistung waren gut. Sie gilt noch heute als eine ausgezeichnete Maschine; ein Exemplar blieb in Dresden erhalten.

Georg Heise (1874–1945) wirkte seit der Jahrhundertwende in der Konstruktion von Staatsbahnlokomotiven bei Henschel.

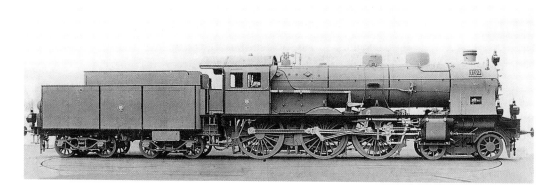

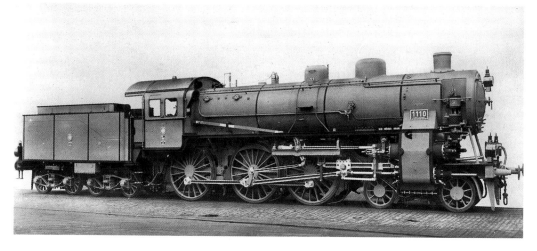

Da man gern das verwickelte Triebwerk vermieden hätte, ging man 1914 an den Bau der vierten Ausführung, der Heißdampf-Drillingsmaschine der Gattung S 10². Glücklicherweise wählte man nur einfache Dampfdehnung. Der Entwurf des Triebwerks stammte von dem Chefkonstrukteur des Vulcan, *Najork*, und entsprach ganz späteren Ansichten, oder besser gesagt, für die späteren Drillingsmaschinen leistete die S 10² wesentliche Pionierarbeit. Da man bei der S 10² von der ersten S 10 ausging, blieb sie etwas schwächer als die S 10¹. Ihr Lauf war jedoch sehr gut. Wirtschaftlich stand sie der Verbundmaschine nach. In ihren äußeren Abmessungen war die S 10-Gattung nicht größer als die S 9, Bauart 2'B1'-n4v. Ein Vergleich der Größen ist nicht uninteressant:

	S 9	S 10¹
Länge über Puffer (bei 31,5-m³-Tender)	21 860 mm	20 750 mm
Achsstand der Lokomotive	10 750 mm	9 100 mm
Kesselmitte über Schienenoberkante	2 675 mm	2 800 mm

Die Maschinen beförderten 450 t in der Ebene mit 100 km/h und 400 t auf 10 ‰ mit 50 km/h. Gegenüber der S 9 zeigte sich ihre Überlegenheit auf Strecken mit wechselnden Neigungsverhältnissen. Auch von den S 10-Bauarten mußten 153 Stück nach dem Ersten Weltkrieg an die Bahnen der Sieger ausgeliefert werden. Im Jahr 1940, nach dem deutschen Überfall auf Belgien und Frankreich, kehrten eine Anzahl von ihnen als Beutegut nach Deutschland zurück.

Der Erste Weltkrieg setzte der Entwicklung ein Ende; reine Schnellzuglokomotiven wurden vorerst nicht mehr gebraucht und deshalb in Preußen nicht mehr gebaut. Damit hatte auch die 2'C-Maschine ausgedient. Mit der Betrachtung der sechs großen deutschen Pazific-Lokomotiven aus der Zeit vor der Gründung der Deutschen Reichsbahn wollen wir nunmehr die süddeutsche Entwicklung weiter verfolgen.

Baden hatte stets unter heftiger Konkurrenz der linken Rheinseite zu leiden, ließ doch Preußen fast den gesamten Verkehr Holland–Schweiz über Elsaß-Lothringen laufen. Um überhaupt im Rennen zu bleiben, mußte Baden schon außergewöhnliche Leistungen hervorbringen. Im Jahre 1904 erwies sich die II d-Lokomotive bereits wieder als zu schwach, und *Courtin* setzte sich mit *Hammel* wegen einer stärkeren Bauart in Verbindung. Die Maschinen wurden erst im Juli 1907 geliefert, ein Beispiel, mit welcher Sorg-

Seite 170:
2'C-h4v-Schnellzuglokomotive der Preußischen Staatsbahn, Gattung S 10¹, erste Bauart, Henschel 1911

2'C-h4v-Schnellzuglokomotive der Preußischen Staatsbahn, Gattung S 10¹, zweite Bauart, Henschel 1914

2'C-h3-Schnellzuglokomotive der Preußischen Staatsbahn, Gattung S 10², verschiedene Erbauer 1914

Gattung IV f. d. Grossh. Bad. Staatseisenbahnen.
Gebaut von der Maschinenbaugesellschaft
„Karlsruhe".
Karlsruhe (Baden.)

**2′C1′-h4v-Schnell-
zuglokomotive der
Badischen Staats-
bahn, Gattung IVf,
Maffei 1907**

falt der Konstrukteur seinen Entwurf durchgearbeitet hatte. Die neue badische IV f war die erste deutsche Pazific-Maschine, also in der Achsfolge
2′C1′, nachdem kurz zuvor die Paris-Orléans-Bahn die erste Pazific-Lokomotive Europas in Dienst gestellt hatte.

Das Gesicht der neuen Maschine hatte sich wesentlich verändert. Wir können an ihr sehr gut die Entwicklung verfolgen, die *Hammel* selbst genommen
hat. Die Maschine besaß Barrenrahmen, der Rost war mit 4,5 m² sehr groß,
der Überhitzer zu klein. Beim Triebwerk hatte man diesmal den mittleren
Kuppelradsatz als Treibradsatz gewählt, erstmalig also die bekannte bayerische Anordnung. Die inneren Hochdruckzylinder mußten als ein Gußstück
unmittelbar unter der Rauchkammer in schräger Lage befestigt werden, um
die Treibstangen über den ersten Kuppelradsatz hinwegführen zu können.
Vollständig gelungen war der Massenausgleich, durch den die Maschine
einen hervorragend ruhigen Lauf erhielt. Ein Verhängnis nur, daß man diesmal den in Baden üblichen Treibraddurchmesser von 2 100 mm verließ und
1 800 mm wählte. Für die badischen Verhältnisse war er entschieden zu
klein, die hohen Drehzahlen führten zu einem raschen Verschleiß des Triebwerks, so daß die Maschine als einzige ihrer Art vorzeitig ausgemustert werden mußte.

Ein Jahr später nahm Bayern dann seine Gattung S 3/6 in Betrieb, eine
der S 2/6 an Schönheit ebenbürtige Gattung, deren letzte Maschine erst im
Jahre 1931 geliefert wurde. Es findet sich hier der seltene Fall, daß eine

Lokomotivgattung über 22 Jahre hindurch mit nur geringen Änderungen nachgebaut worden ist.

Die S 3/6 war die konsequente Weiterentwicklung der badischen IV f, die Treibräder auf 1 870 mm vergrößert, die Heizrohre verlängert und auch die Zylindermaße verändert. Der anfänglich kleine Überhitzer von 50 m² war bis 1926 auf 76 m² vergrößert worden. Die Anordnung des Triebwerks entsprach weitgehend dem der badischen Musterlokomotive. Die S 3/6 wurde eine der gelungensten Schöpfungen des deutschen Lokomotivbaus und architektonisch, thermodynamisch und betrieblich eine der besten der Welt. Mit ihr legte *Anton Hammel* erneut ein Zeugnis seines Könnens ab. Der deutsche Lokomotivbau hatte Weltgeltung erlangt, und das Konstruktionsbüro der Firma Maffei mit dem Oberingenieur *Heinrich Leppla* an der Spitze durfte stolz auf die Erfolge sein. Wir sollten nicht vergessen, daß im Gegensatz zum preußischen Lokomotivbau die bayerischen Maschinen weitgehend Eigenerzeugnisse des Maffeischen Konstruktionsbüros waren. Der Lokomotivdezernent der Bayerischen Staatsbahn, *v. Weiß*, griff nicht in dem Maße wie etwa *Garbe* in die Konstruktion der Industrie ein. Hier war in aller Stille

2′C1′-h4v-Schnell-zuglokomotive der Bayerischen Staatsbahn, Gattung S 3/6, Maffei 1908

2′C1′-h4v-Schnell-zuglokomotive der Bayerischen Staatsbahn, Gattung S 3/6 mit 2000 mm Kuppelraddurchmesser, Maffei 1912

ein konstruktives Können herangereift, das – denken wir an die Verhältnisse jener Jahre – der Konkurrenz ein Dorn im Auge sein mußte. Die Entwicklung des Maffeischen Unternehmens bricht daher auch mit dem Ende der Bayerischen Staatsbahn jäh ab und endet im wirtschaftlichen Bankrott.

Mit der S 3/6 wurden 1928 Versuche unternommen, die die außerordentliche Leistungsfähigkeit der Maschine bewiesen. Mit einem 600 t schweren Zug hat man Dauerleistungen von 2 500 PS ermittelt. 1926 gab die Reichsbahn nochmals eine Serie S 3/6 in Auftrag, da die neue Baureihe 01 wegen ihrer hohen Achsfahrmasse nicht auf allen Strecken eingesetzt werden konnte, aber dringender Bedarf vorlag. Es wurden 40 Stück gebaut, die letzten lieferte bezeichnenderweise Henschel. Die lange Bauzeit des Typs brachte naturgemäß eine Reihe von Veränderungen mit sich, so daß letztlich 14 verschiedene Serien der S 3/6 entstanden, die kleine Abweichungen aufwiesen. Die wichtigsten sind:

Serie a bis c: 1908 bis 1911, Dampfdruck 15 bar, Achsfahrmasse 16 t, 23 Stück, DR-Nr. 18 401 bis 418.

Serie d und e: 1912 bis 1913, wie vor, aber Treibraddurchmesser 2 000 mm, 18 Stück, DR-Nr. 18 441 bis 458.

Serie f und h: 1913 bis 1914, wie vor, Treibraddurchmesser 1 870 mm, acht Stück, DR-Nr. 18 419 bis 424.

Serie g: 1914, Lieferung für die Pfalzbahn, einzelne Abweichungen, zehn Stück, DR-Nr. 18 425 bis 434.

Serie i: 1915 bis 1918, Speisewasservorwärmer, Überhitzer 62 m², Achsfahrmasse 17 t, 30 Stück, DR-Nr. 18 461 bis 478.

Serie k: 1923 bis 1924, wie vor, 30 Stück, DR-Nr. 18 479 bis 508, Führerhaus ohne Windschneiden.

Serie l bis o: 1927 bis 1931, Nachbau mit 18 t Achsfahrmasse, Dampfdruck 16 bar, Überhitzer 76,4 m², DR-Nr. 18 509 bis 548.

Die Deutsche Bundesbahn hat von 1952 bis 1956 noch 30 Maschinen der Serien l bis o mit neuen geschweißten Kesseln mit Verbrennungskammer versehen sowie mit neuen Führerhäusern ausgerüstet (18 601 bis 630). Sie zählten in der neuen Gestalt zu den wirtschaftlichsten und leistungsfähigsten Maschinen der Dampflokzeit überhaupt.

Im Jahre 1909 ging man auch in Württemberg zur Pazific-Maschine über. Die von *Eugen Kittel* entworfene württembergische Klasse C war gleichfalls eine besonders gelungene Maschine, wenn sie auch die kleinste ihrer Art in Deutschland blieb. Mit dieser Maschine führte die Maschinenfabrik Esslingen die Reihe ihrer Schöpfungen zu einem bemerkenswerten Höhepunkt. Das Triebwerk war etwas abweichend gestaltet, man wählte wie bei der pfälzischen Atlantic-Maschine den Blechrahmen mit einem äußeren Träger. Das

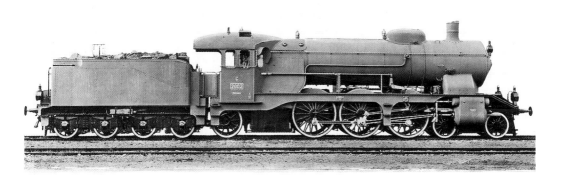

Zylinderverhältnis wurde von der Klasse D übernommen, alle vier Zylinder wirkten auf den zweiten Kuppelradsatz, wobei die inneren Hochdruckzylinder etwas nach rückwärts versetzt werden mußten. Auch bei der Klasse C war man mit dem Überhitzer zunächst noch ängstlich, von 53 m² ging man später auf 65 m² hinauf.

Die Maschine übertraf selbst die kühnsten Erwartungen ihrer Schöpfer, sie beförderte 408 t auf 10 ‰ mit 70 km/h, also für lange Zeit eine hervorragende Leistung, die die Maschine so recht für die württembergischen Hügellandstrecken befähigte. Als Dauerleistung wurden 1 900 PS bei 90 km/h angegeben. Sehr ansprechend wirkten die schönen glatten Formen der Maschine. Sie wurde bis zum Jahre 1921 ununterbrochen nachgebaut. Als einzige aller Schnellzuglokomotiven der Deutschen Reichsbahn erhielt sie keine Windleitbleche.

2′C1′-h4v-Schnellzuglokomotive der Württembergischen Staatsbahn, Klasse C, Esslingen 1909

2′C1′-h3-Schnellzuglokomotive der Sächsischen Staatsbahn, Gattung XVIII H, Hartmann 1917

Sachsen war die nächste Bahnverwaltung, die 1917 zum Pazific-Typ überging. Hier entbehrt die Entwicklung nicht einer leichten Komik. Seit Jahren
bemühte man sich in Sachsen, von der Vierzylinder-Verbundlokomotive loszukommen, schuf Entwürfe über Entwürfe und landete schließlich doch
immer wieder bei der bewährten Anordnung. Schuld waren zweifellos die
schwierigen Streckenverhältnisse des Landes, die an den Lokomotivbau
außerordentliche Anforderungen stellten. Aber auch die geographische Lage
des Landes als Mittler zwischen Nord und Süd, zwischen preußischem, baye-
rischem und österreichischem Lokomotivbau mag das Zusammentreffen meh-
rerer Stilelemente erklären.

Bei Ausbruch des Ersten Weltkrieges hatten sich die Maschinen der Gattung XII dem gestiegenen Verkehr gegenüber als zu schwach erwiesen, der
Betrieb forderte eine stärkere Schnellzuglokomotive. Die Dresdener Gene-
raldirektion wandte sich daher an Maffei wegen der probeweisen Überlas-
sung einer S 3/6. Die Maschine wurde 1915 geliefert und in Reichenbach
(Vogtl) stationiert. Sie bewährte sich im schwersten Hügellanddienst derart
hervorragend, daß man sich an Maffei zwecks Nachbau des Typs durch Hartmann wandte. Die Verhandlungen scheiterten indes an der Frage der Lizenz-
gebühren. Hartmann erhielt kurzerhand den Auftrag zur Entwicklung einer
ähnlichen Bauart. Das heimische Unternehmen entledigte sich glänzend seiner Verpflichtung; es entstanden gleich zwei Bauarten, die sächsische
XVIII H als Dreizylinder-Lokomotive und die XX HV, eine 1′D1′-Vierzylin-
der-Verbund-Bauart, der wir später noch begegnen. Die XVIII H kann ihr
bayerisches Vorbild nicht verleugnen, im Triebwerk war sie jedoch abweichend entwickelt. Sie erhielt ein Drillingstriebwerk ähnlich der preußischen
Ausführung. Kessel und Rost waren sehr groß, der Überhitzer mit 72 m² der
größte aller Pazific-Lokomotiven, der Rahmen wieder aus vorderem Barren-
und hinterem Blechrahmen zusammengesetzt. Lauf und Leistung der
Maschine waren ausgezeichnet. Sie zog 520 t auf ebener Strecke mit
100 km/h, übertraf also bei weitem die preußischen Lokomotiven. Auch
äußerlich waren die XVIII H formschöne Maschinen, die schließlich über 40
Jahre lang ihre Pflicht erfüllt haben.

In Baden hatte man die ständigen Schwierigkeiten mit den Schnellzuglo-
motiven gründlich satt bekommen und baute eine Lokomotive, die alle anderen in ihrer Mächtigkeit überragte, ja sogar die Reihe 03 in den Schatten
stellte: die badische IV h.

Beim Entwurf dieser Maschine hatte man lange gezögert, ob Einachs-
oder Zweiachsantrieb zu wählen sei. Ihr Konstrukteur *Heinrich Baumann*, stu-
dierte persönlich in Frankreich eingehend das de Glehn-Triebwerk und
nahm die Kropfachsfrage sehr ernst. Diese sorgfältigen Studien blieben

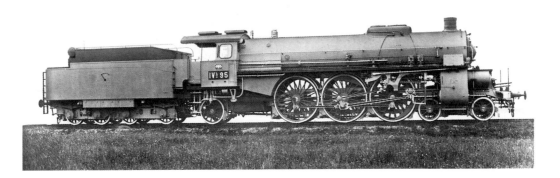

nicht ohne Erfolg, auch hier konnte die Überlegenheit des de Glehn-Trieb-werks überzeugend nachgewiesen werden. Aber mit welchen Mitteln wurde dieser Beweis erkauft! Die innenliegenden Hochdruckzylinder mußten gegenüber den Niederdruckzylindern um eine volle Zylinderlänge nach vorn geschoben werden, um genügend lange Treibstangen zu erhalten. Durch Verschiebung ihrer Mittellinien voneinander wurden sie schräg zusammengerückt, hierdurch konnte den Kurbelwangen eine Dicke von 160 mm gegeben werden. Die Kurbelwangen bekamen außerdem Frémont-Aussparungen, als Material wählte man besten Chrom-Nickel-Tiegelstahl. Die große Sorgfalt führte dazu, daß bei keiner der 20 IV h-Maschinen Anrisse an der Kropfachse eingetreten sind und, soweit festgestellt werden konnte, alle Maschinen bis zur Ausmusterung mit ihren ersten Kropfachsen liefen. Durch die Verschiebung der Hochdruckzylinder war es möglich, die Schieber für Hochdruck und Niederdruck hintereinander anzuordnen, so daß das Gestänge der Innensteuerung entfiel. Die Leistung der Maschine machte ihrem Konstrukteur alle Ehre, sie zog ohne Anstrengung 650 t in der Ebene mit 100 km/h und war damit die weitaus stärkste aller damaligen Schnellzuglokomotiven. Hervorragend gelungen war ihr Laufwerk, sie war mit 2 100 mm Treibraddurchmesser ein ausgesprochener Renner. Allerdings galt ihr Triebwerk als in der Wartung sehr unzugänglich und war nicht bei jedem beliebt, doch wurde eine eingespielte Lokomotivmannschaft ohne wei-teres mit ihm fertig. Die IV h-Maschinen erwiesen sich übrigens mit ihrer glücklichen Kesselbauart und günstigen Rostanordnung als ausgesprochene Langläufer. Ihr Kohleverbrauch galt aber als hoch.

Das Schicksal dieser Lokomotivbauart ist nicht alltäglich. Die Maschinen besaßen in ihrer Urform einige Mängel, die zwar mit der grundsätzlichen Konzeption nichts zu tun hatten, aber doch als störend empfunden wurden. Sie waren im Betrieb etwas anfällig, die Anordnung der Armaturen im Füh-

2′C1′-h4v-Schnell-zuglokomotive der Badischen Staats-bahn, Gattung IV h, Maffei 1918

rerhaus war nicht glücklich, die Federn waren etwas zu steif geraten, und insbesondere hatte man Sechspunktaufhängung gewählt anstelle der zweckmäßigeren Vierpunktaufhängung. Die Tandemanordnung der Schieber machte das Einstellen des Hochdruckschiebers zu einer umständlichen und zeitraubenden Angelegenheit. Diese Mängel zusammen mit der schwierigen Wartung ließen die Bauart etwas in Mißkredit geraten. Hinzu kam die bedauerliche Tatsache, daß zwischen den Vorstellungen des Konstrukteurs und denen des Lokomotiveinsatzleiters ein gewaltiger Unterschied bestand, ein bis zum heutigen Tag finsteres Kapitel in der Lokomotivgeschichte. Es war schon zur Regel geworden, daß Lokomotiven für Einsätze verwendet wurden, für die sie nicht gebaut wurden. So hat die Reichsbahn alle IV h-Lokomotiven aus Baden abgezogen und im westdeutschen Raum eingesetzt, wo sie als Fremdlinge unter lauter »Preußen« sowieso nicht viel galten.

Erst die Versuchsanstalten beider deutscher Bahnen erinnerten sich ihrer wieder. 30 Jahre nach Entstehen ging man endlich daran, die geringen Mängel zu beseitigen, die vier noch vorhandenen Maschinen zu überholen und als Bremslokomotiven einzusetzen. Erst als der Zweite Weltkrieg die unseligen Mainlinien-Reminiszenzen weitgehend vergessen ließ, entdeckte man erneut den Wert der Maschinen. Sie waren zeitweilig, nach Ausmusterung der 05-Lokomotiven, die schnellsten deutschen Dampflokomotiven, mit denen wiederholt Geschwindigkeiten von über 160 km/h gefahren wurden, und übertrafen an Leistung und Wirtschaftlichkeit die 03-Bauart bei weitem, unter besonderen Umständen sogar die 01. Ihre Laufruhe wurde von keiner anderen Lokomotive erreicht, und es ist ein Treppenwitz der Eisenbahngeschichte, daß eine über 40 Jahre alte Bauart eine derartige Spitzenstellung einnahm. Bei Versuchen im Jahre 1951 hat eine IV h einen 150-t-Zug

2′C1′-h4v-Schnell-zuglokomotive der Reichseisenbahnen in Elsaß-Lothringen, Gattung S 12, Grafenstaden 1909

im Expreßzugplan mit 125 km/h Höchstgeschwindigkeit ohne Zwischen-
halt, ohne Ausschlacken, ohne sonstige Behandlung über 977 km hinweg
von Hamburg nach Freilassing gezogen, eine einmalige Spitzenleistung.

Zu den deutschen Pazific-Lokomotiven gehörte schließlich noch die S 12
der Reichseisenbahnen in Elsaß-Lothringen, eine 1909 von Grafenstaden
erbaute Vierzylinder-Verbund-Bauart. Sie wurde jedoch nur in acht Stück
beschafft und durch den preußischen S 10-Typ mit nahezu gleicher Leistung
abgelöst. Die Französische Nordbahn entwickelte jedoch den gleichen
2'C1-Typ mit langer, schmaler Feuerbüchse zu hohen Leistungen weiter.

Wir fassen zusammen: War die Atlantic-Lokomotive die ideale Schnell-
fahrmaschine, so hatte sie doch einen Mangel, das schlechte Anfahrvermö-
gen. Aus diesem Grund entstand die Pazific-Bauart. Bei beiden hat sich die
gewählte Achsanordnung glänzend bewährt. Der hintere Laufradsatz gestattete die Unterbringung eines großen Stehkessels, dem Aschkasten waren in
der Breite kaum Grenzen gesetzt. Der Barrenrahmen, verbunden mit der
hohen Kessellage, ließ eine weitgehende Ausnutzung aller Möglichkeiten zu.
Lauftechnisch war die Bauart 2'B2' überlegen, bei der Entlastung der Treibradsätze von Führungsdrücken konnte hier das v. Borries-Triebwerk seine
ideale Anwendung erfahren. Bei der Pazific ging *Hammel* daher mit dem
Antrieb auf den mittleren Treibradsatz über. Ungelöst blieb die Frage der
Unterbringung der Niederdruckzylinder innerhalb des Rahmens. Baulich
war das bei der IV h schon unmöglich. Auch *Hammel* blieb bei der Außen-
lage, während Preußen von der S 9 ab innen zurechtkam. Die Wirtschaftlichkeit der preußischen S 10[1] wurde hierdurch zweifellos günstig beeinflußt.
Daß sich letzten Endes das Prinzip der sächsischen XVIII H durchsetzen
sollte, war in erster Linie der viel einfacheren Konstruktion zu verdanken.
Der verwickelte Antrieb der Vierzylinder-Verbundmaschinen ist ihr wunder
Punkt geblieben. Beim Personal konnten sie sich nie sonderlicher Beliebtheit erfreuen; der de Glehn-Antrieb noch weniger als der Antrieb nach *v. Borries*, und bei den Maschinen mit vorgeschobenen Innenzylindern hörte ja
sowieso alle Freundschaft derjenigen auf, denen die Betreuung oblag.

Beim Betrachten der Hauptabmessungen aller deutschen Pazific-Lokomotiven, die vor dem Ersten Weltkrieg gebaut worden sind, werden die Unterschiede zwischen der württembergischen C und der badischen IV h besonders deutlich. Eine Tabelle findet sich am Schluß des folgenden Abschnitts.

4.4   Die weitere Entwicklung bis zur Auflösung der Länderbahnen

Die Pazific-Lokomotive hatte lange Zeit den größten Anteil am Schnellzug-dienst der ganzen Welt. In ihrem Heimatland mußte sie jedoch der vierfa-chen Kupplung weichen, da die dort üblichen Massen auf drei Radsätzen nicht mehr zu verteilen waren. Man ist dort auch rasch bei 37 t Achsfahr-masse angekommen.

Als die Reichsbahn 1924 neue Schnellzuglokomotiven entwarf, griff man selbstverständlich zur Pazific-Bauart und schuf die bewährten 01- und 03-Zwillingsmaschinen, zu denen sich 1938 der Drilling gesellte. Abgesehen von den preußischen 2′C-Maschinen bestritten die Pazific-Lokomotiven aller Gattungen noch bis in die letzten Jahre der Dampftraktion den gesam-ten deutschen Schnellzugdienst, lediglich die IV f hatte das Rennen vorzeitig aufgeben müssen.

War die Atlantic noch eine reine Flachlandmaschine, so gelang der Pazific der Vorstoß ins Hügelland. Zu ihrer Verwandtschaft gehörte auch die Maschine »mit umgekehrten Vorzeichen«, die 1′C2′, die in der österreichi-schen Reihe 310 durch *Gölsdorf* ihre schönste Verkörperung fand. Österreich hatte von jeher Mühe mit der Anlage großer Rostflächen, da dort fast nur minderwertige Kohle zur Verfügung stand. Das hintere Drehgestell erwies sich als zweckmäßiger, und Österreich blieb auch bei seinen modernsten Maschinen, den 1′D2′, bei der gleichen Bauart. Die 1′C2′, zu Ehren Öster-

1′C2′-h4v-Schnell-zuglokomotive der k. k. österr. Staats-bahnen, Reihe 310, Wiener Lokomotiv-fabrik 1908 (als preußische Gattung S 11)

2278

1′C1′-h2-Schnell-
zuglokomotive der
Oldenburgischen
Staatsbahn,
Gattung S 10,
Hanomag 1917

reichs »Adriatic-Maschine« genannt, war jedenfalls eine der gelungensten Schöpfungen *Gölsdorfs*. Es ist wenig bekannt, daß die Reihe 310 mit sieben Stück auch in Deutschland lief. Nach 1918 übernahm Preußen eine Serie dieser bei der Wiener Lokomotivfabrik fertiggestellten Maschinen, da Österreich infolge der Grenzänderungen keine Verwendung mehr hatte. Sie wurden als Gattung S 11 eingeordnet. Da die Bauart jedoch in Preußen völlig aus dem Rahmen fiel, wurde sie alsbald an Polen verkauft.

Zu den deutschen Schnellzuglokomotiven müssen wir auch zwei Gattungen der 1′C1′-Achsfolge und zwei der 1′D1′-Achsfolge rechnen. Es handelt sich einmal um die badische IVg, eine 1′C1′-t4v-Lokomotive, die mit 1 700 mm Treibraddurchmesser auch zum Personenzugdienst gerechnet werden kann. Die 1912 gebaute Maschine bedeutete insofern einen Rückschritt, als man vom Schmidt-Überhitzer abging und den Clench-Dampftrockner einführte, der natürlich kein Ersatz sein konnte. Auch leistungsmäßig trat sie nicht rühmlich hervor. Für den Schnellzugdienst war sie zu schwach, die Konstruktion mangelhaft. Aus dem deutschen Lokomotivbestand ist sie rasch wieder verschwunden, da nach dem Waffenstillstand alle fünf Stück abgeliefert werden mußten. Diesen Verlust bedauerte niemand.

Die Bauart lebte 1917 nochmals auf, als auch Oldenburg sich eine große Schnellzuglokomotive wünschte. Bei den geringen dortigen Verkehrsanforderungen war man bisher mit preußischen Normallokomotiven ausgekommen (P 4[1] und S 5[2]), die übrigens mit Lentz-Ventilsteuerung ausgerüstet wurden. Unter ihrem maschinentechnischen Leiter, *Heinrich Ranafier*, war diese Steuerung bei allen größeren Maschinen eingeführt worden. Die neue Lokomotive, die oldenburgische S 10, war bereits bei der Bestellung durch Begrenzung der Achsfahrmasse auf 15 t sozusagen vorbelastet. Außerdem war wieder Ventilsteuerung verlangt worden. Daß bei einer derartigen Beschränkung nichts Rechtes zustandekommen konnte, war klar. Rein äußerlich stellte sie im Aufbau eine Mißgeburt dar, der Kessel lang und schmal, beide Laufradsätze Adams-Achsen, der vordere Radsatz mußte mit sämtlichen Hilfseinrichtungen belastet werden. Ihr Zwillingstriebwerk besaß Mängel, die nie restlos aufgeklärt wurden. Sie beförderte 300 t in der Ebene mit 100 km/h und soll bei Versuchsfahrten 520 t auf 10 ‰ mit 30 km/h gezogen haben. Es blieb bei den drei gelieferten Maschinen, die nach noch nicht einmal zehnjähriger Lebensdauer bis zum Jahre 1926 dem Schmelzofen zugeführt waren. Der Versuch kam also die kleine Bahn teuer zu stehen.

Auffallenderweise hat sich das 1′C1′-Triebwerk bei Schlepptenderlokomotiven in Deutschland erst nach 1950 durchzusetzen vermocht, obwohl es sich konstruktiv für eine Reisezuglok geradezu anbietet. Hingegen war die 1′C1′ in Rußland und der Sowjetunion bereits seit 1910 ein äußerst beliebter und verbreiteter Typ. Mit 3 700 Stück nahm die dortige Klasse S, eine Heißdampf-Zwillingslok, eine Spitzenstellung im leichten Reisezugdienst ein.

Als letzte der deutschen Bahnverwaltungen legten Sachsen und Preußen 1918 und 1922 nochmals Schnellzuglokomotiven auf, die vor allem die schweren Züge auf den Hügellandstrecken bedienen sollten. Beide wählten die 1′D1′-Achsfolge mit Krauss-Helmholtz-Drehgestell. Sachsen kehrte bei seiner neuen Gattung, der sächsischen XX HV, reumütig zum Vierzylinder-Verbundsystem zurück. Die Maschine war von großer Imposanz, sie muß als besonders mutiger Entwurf der sächsischen Lokomotivbauer bezeichnet werden. Rost und Kessel waren reichlich, alle vier Zylinder wirkten auf den zweiten Kuppelradsatz, die Hochdruckzylinder lagen innen. Diesmal hatte man auch den Barrenrahmen gewählt. Sie galt damals als schwerste Schnellzuglo-

1′D1′-h4v-Schnell-
zuglokomotive der
Sächsischen Staats-
bahn, Gattung
XX HV, Hartmann
1918

den. Desgleichen war der Unterschied zwischen P- und G-Lokomotiven von Anfang an nie so scharf gewesen, und häufig gab es für beide Zugarten die sogenannte »locomotive mixte«, die besonders in Frankreich goldenen Boden fand. Diese Mehrzwecklokomotive war stets das Ziel der Bahnverwaltungen, wurde aber selten erreicht.

Sehen wir uns das Gattungsverzeichnis der Reichsbahn von 1923 an, so finden wir im P-Gebiet eine beträchtliche Reihe alter Schnellzuglokomotiven eingeordnet. Bei der preußischen P 10 waren wir ja auch bereits im Zweifel, ob sie eine S- oder P-Lokomotive ist, denn das alleinige Zugrundelegen des Treibraddurchmessers ist nicht immer stichhaltig. Die preußische P 6 mit 1 600 mm und die sächsische XII H2 mit 1 590 mm Treibraddurchmesser sind als P-Lokomotiven, die Reihen 41 und 45 mit 1 600 mm Treibraddurchmesser als Güterzuglokomotiven, die kleine Baureihe 24 mit 1 500 mm wiederum als P-Lokomotive eingeordnet. Hier muß also doch wohl der Gesamtaufbau und nicht der Nummernplan herangezogen werden. Die Bezeichnungsweise der DR war in mancherlei Hinsicht nicht die glücklichste.

So waren auch die alten preußischen mit P bezeichneten Lokomotiven niemals reine Personenzuglokomotiven, sondern wurden im gleichen Maße für Schnellzüge verwandt. Eine reinliche Scheidung verzeichnen wir erst zwischen S 3 und P 4. Bei der P 7 ist man schon wieder unsicher. Als früher Dreikuppler war sie für den Hügelland-Schnellzugdienst vorgesehen. Eine unglückliche Rolle spielte die im Jahre 1902 entstandene preußische P 6. Diesmal forderte der Betrieb tatsächlich eine Lokomotive mit hohem Beschleunigungsvermögen für den Personenzugdienst. *Garbe* griff diese Wünsche mit Begeisterung auf, um seinen Heißdampf auch auf diesem Gebiet vorzuführen. Es entstand die P 6, eine 1′C-h2-Personenzuglokomotive mit 1 600 mm Treibraddurchmesser, zunächst mit Rauchkammer-, dann mit Rauchröhrenüberhitzer, rein äußerlich sofort als eine typische Garbe-Maschine zu erkennen.

1′C-h2-Personenzuglokomotive der Preußischen Staatsbahn, Gattung P 6, Hohenzollern u. a. 1902

Die P 6 war trotz guter Kesselleistung ein Fehlschlag. Infolge des wenig sorgfältigen Massenausgleichs war die Höchstgeschwindigkeit von 90 km/h kaum anzuwenden, da die Maschine unangenehm zuckte. Der Treibraddurchmesser war für Schnell- und Personenzüge recht klein, für Güterzüge zu groß. So wurde sie schon bald nach ihrem Erscheinen in untergeordnete Dienste verwiesen. Sie trat nie irgendwie hervor, und auf abseitigen Nebenbahnen oder schwach frequenten Strecken führte sie jahrelang ein Dasein am Rande. Dort hat sie sich allerdings recht lange gehalten, besonders in Pommern und Ostpreußen. Von 1913 bis 1919 beschaffte die Lübeck-Büchener Eisenbahn nochmals sechs Lokomotiven dieser Bauart, davon drei mit 1 400 mm, drei mit 1 500 mm Raddurchmesser. Letztere erhielten tiefliegendes Blasrohr und sogar Windleitbleche.

Wie eine richtige Personenzuglokomotive beschaffen sein muß, das bewies im Jahre 1905 wieder *Hammel*, als er seine verkleinerte S 3/5, die bayerische P 3/5, mit 1 640 mm Treibraddurchmesser baute; eine prachtvolle Maschine, die später mit Rauchröhrenüberhitzer bis zum Jahre 1921 nachbestellt wurde. Mit ihr wurde bewiesen, daß die Verbundmaschine auch in der Personenzugförderung mit Erfolg eingesetzt werden kann.

Im gleichen Jahr 1905 sehen wir *Garbe* nach dem Mißerfolg mit der P 6 wieder an einer neuen Reisezuglokomotive beschäftigt. Diesmal sollte ihm endlich der große Wurf beschieden sein: Mit der preußischen P 8 entstand eine der glücklichsten Lokomotivkonstruktionen Deutschlands. Ursprüng-

2′C-h4v-Personenzuglokomotive der Bayerischen Staatsbahn, Gattung P 3/5, Maffei 1905

Vierzylinder-Verbund-Personenzuglokomotive
Gattung P³/₅ der Kgl. Bayr. Staatsbahn
gebaut von I. A. Maffei.

Verlag: Ernst Schüler
Karlsruhe i. B.

3 370 gelieferten Stück buchstäblich das Rückgrat des deutschen Eisenbahnwesens. Das war selbst innerhalb des Bestandes von 20 500 Loks, den Preußen 1914/15 besaß, eine enorme Stückzahl.

1910 brachte man in Sachsen neben der Schnellzuglokomotive XII H1 eine gleichartige Personenzuglokomotive heraus, wiederum mit Belpaire-Feuerbüchse, die sächsische XII H2. Sie war kleiner als die P 8, ihre Höchstgeschwindigkeit betrug nur 80 km/h. Im Hinblick auf die besonderen Streckenverhältnisse ihrer Heimat war ihre Leistung vorzüglich, so daß sie noch

Verdampfungsheizfläche m²	Überhitzerheizfläche m²	Zylinderdurchmesser mm	Kolbenhub mm	Kuppelraddurchmesser mm	Lokdienstmasse t	Reibungsmasse t
126	–	350/550	640	1 600	58,8	41,7
162	–	380/600	560	1 650	64,4	44,9
162,5	34,5	360/590	640	1 870	71	46,8
165,5	–	340/570	640	1 640	65	43
142,3	58,9	575	630	1 750	78,2	51,6
146,1	43,8	430	630	1 885	73,3	49
159,6	43,2	550	600	1 590	73,3	47,1
153,1	61,5	430	630	1 980	77,2	50,9
161,2	58,5	400/610	660	1 980	83,1	53,2
153,1	61,5	500	630	1 980	81	51,3
167	43	360/590	640	1 700	72	46,6
145,8	41,2	580	630	1 980	73,9	45,4
208,7	50	425/650	610/670	1 800	88,3	49,6
201,7	76,3	425/650	610/670	1 870	94	52,7
200,2	38,5	380/600	660	2 040	82,2	48
208	65	420/620	612	1 800	87,3	48
216	72	500	630	1 905	93,5	50,7
225	77,6	440/680	680	2 100	96,9	53,2
199,9	88,8	390/660	720	2 100	83,8	43,8
226,6	74	480/720	630	1 905	99,9	68,6
218	59,6	560	720	1 740	89	62

bis zum Jahre 1927 beschafft wurde und bis zuletzt eine beliebte Maschine
geblieben ist.

Die anderen beiden mit P bezeichneten Lokomotiven, die badische IV g
und die preußische P 10, erwähnten wir bereits bei den Schnellzuglokomotiven. Damit wäre auch die Anzahl der alten Personenzuglokomotivgattungen
erschöpft. Die Tabelle enthält einige charakteristische Daten der bisher
beschriebenen S- und P-Lokomotiven.

4.5   Die Güterzuglokomotiven
der Jahrhundertwende

Bei den Güterzuglokomotiven machte sich die um die Jahrhundertwende einsetzende Spaltung zwischen norddeutschem und süddeutschem Stil noch
stärker bemerkbar. Süddeutschland hielt auch beim langsamen Dienst an der
Vierzylinder-Verbundmaschine fest, während im Norden der Heißdampf-
zwilling allein das Feld beherrschte. Es fällt uns ferner auf, daß in Süddeutschland alsbald, wohl unter Einfluß der beiden importierten Baldwin-
Maschinen, der Laufradsatz heimisch wurde, dessen Wert man im Norden
erst sehr spät erkannte. In Preußen hatte *v. Borries* auf seiner Amerikareise

**D-h2-Güterzug-
lokomotive der
Preußischen Staats-
bahn, Gattung G 8,
verschiedene
Erbauer 1902**

den Vorzug des Laufradsatzes auch beim Güterzugdienst kennengelernt,
seine Vorschläge für eine 1′D-h4v-Güterzuglokomotive mit Barrenrahmen
fanden aber taube Ohren, und *Garbe* setzte den Bau seines Heißdampf-Vier-
kupplers als preußische G 8 durch.

Hier leistete nun *Garbe* wahre Pionierarbeit. Trotz mancher abfälliger Kritik an seinen Maschinen, trotz vieler Schwächen bleibt seine Leistung für die Verbreitung des Heißdampfes einmalig. Wenn wir bedenken, daß in kaum zehn Jahren der Heißdampf Allgemeingut des Eisenbahnwesens der ganzen Welt wurde, daß *Garbes* Lokomotiven die Wirtschaftlichkeit der Überhitzung trefflich bewiesen, so bleibt noch genügend Bewunderung für diesen Mann, der nicht nur praktisch, sondern auch theoretisch das Neue fest untermauerte. Jahrzehntelang arbeiteten die Konstrukteure nach Garbeschen Formeln. Wieviele Mühe kostete es, die geeigneten Zylinder- und Schieberabmessungen zu finden; die Schieber waren sowieso ein Problem für sich. Die alten Kolbenschieber der Naßdampfmaschinen mit breiten federnden Ringen waren sehr schwer. *Garbe* versuchte es längere Zeit mit einer Verkleinerung auf 150 mm Durchmesser, festen Kaliberringen und doppelter Einströmung. Die Dampfverluste blieben, so daß schließlich ein förmlicher Wettbewerb im Erfinden neuer Schieber anhub, bis sich endlich der Schieber mit einfacher Einströmung und schmalen federnden Ringen durchsetzte.

Die neue Lokomotive erhielt zunächst den Rauchkammerüberhitzer. Erst 1906 setzte sich in Preußen der Rauchröhrenüberhitzer durch. Mit der G 8 gelang es wohl, eine leistungsfähige und auch mit 1 350 mm Treibraddurchmesser günstige Bauart zu finden, die Maschine überzeugte jedoch noch nicht restlos, so daß man 1908 nochmals eine gleichartige Naßdampf-Zwillingsmaschine entwarf. Die G 9 war die letzte preußische Naßdampflokomotive, ihr Kessel war mit einer Heizfläche von 198 m² sehr beträchtlich. Allein, auch sie befriedigte nicht vollständig, wenn sie auch der G 8 nicht viel nachstand. 1912 ging man nochmals an die Umkonstruktion der G 8, und die nunmehr entstandene preußische G 8¹ sollte ein voller Erfolg werden.

D-h2-Güterzug-lokomotive der Preußischen Staatsbahn, Gattung G 8¹, verschiedene Erbauer 1913

Zu ihrem Vorteil gereichte, daß als Achsfahrmasse auf den preußischen Hauptstrecken inzwischen 17 t zugelassen waren. Der Kessel wurde abermals vergrößert, er war einer der leistungsfähigsten aller preußischen Lokomotiven. Die Maschine erhielt auch den neuen Oberflächenspeisewasservorwärmer.

Bis zuletzt zählte die G 8^1 zu den beliebtesten Lokomotivgattungen. Besonders im schweren Rangierdienst war ihr nichts Gleichwertiges entgegenzusetzen. Sie erreichte mit 4 948 Stück den Rekord aller preußischen Lokomotiven. 1934 versah die DR eine Anzahl G 8^1 zur Heraufsetzung der Höchstgeschwindigkeit von 55 auf 70 km/h mit vorderem Laufradsatz. Die Verwendbarkeit der Maschine wurde hierdurch noch universeller.

Inzwischen war man auch in Süddeutschland nicht müßig gewesen. Wir erwähnten bereits die beiden von Baldwin beschafften 1′D-Güterzuglokomotiven mit Vauclain-Triebwerk, bei dem aus Platzgründen die Niederdruckzylinder über den Hochdruckzylindern lagen. Auch diese Maschinen hatten Barrenrahmen. 1905 brachte Bayern eine 1′D-n2-Güterzuglokomotive heraus, die ab 1916 als h4v-Lokomotive weitergebaut wurde. Es ist dies die bayerische G 4/5. Nachdem man bei den Erstlingen reichlich viel von *Baldwin* abgesehen hatte, nahm man bei der späteren Lieferung die badische VIIIe zum Vorbild, eine 1908 gelieferte h4v-Lokomotive, die damals die erste deutsche Güterzuglokomotive mit Barrenrahmen und zugleich die größte aller 1′D-Maschinen war. Baden ließ alle vier in einer Ebene liegenden Zylinder auf den dritten, Bayern hingegen auf den zweiten Kuppelradsatz wirken. Baden, das dem Schmidt-Überhitzer abgeneigt war, wählte zunächst den Clench-Dampftrockner in der Gölsdorf-Ausführung, der jedoch dem

1′D-h2-Güterzug-lokomotive (umgebaute G 8^1), Baureihe 56^2 der Deutschen Reichsbahn, Borsig und Ausbesserungswerke 1934

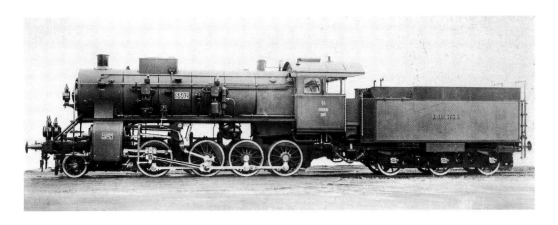

Betrieb nicht standhielt. Beide Maschinen waren gelungene Konstruktionen. An Leistung übertrafen beide die preußische G 8[1], die G 4/5 beförderte 995 t auf 5 ‰ mit 40 km/h. Während des Ersten Weltkriegs wurde die G 4/5 H als eine Art von Kriegslokomotive von Bayern in großer Stückzahl gebaut und auch von den Militär-Generaldirektionen beschafft.

1′D-h4v-Güterzug-
lokomotive der
Bayerischen Staats-
bahn, Gattung
G 4/5 H, Maffei 1916

Auch Sachsen machte sich die guten Eigenschaften des Vierkupplers mit vorderem Laufradsatz bald zu eigen und schuf 1902 seine sächsische IX V in einer auf den ersten Anblick etwas verblüffenden Bauart, und zwar deshalb, weil hier in Deutschland der aus Österreich bekannte lange Dampfsammler auf dem Langkessel mit der respektablen Länge von 4 856 mm auftrat. Der maschinentechnische Leiter der Sächsischen Staatsbahn, Oberbaurat *Klien*, war ein ausgesprochener Liebhaber von beweglichen Triebwerken und Radialradsätzen. So erhielt auch die neue Maschine die von ihm gemeinsam mit *Lindner* entwickelte Hohlachse. Die auf Seite 132 abgebildete Lokomotive wurde mit einem Klien-Dampftrockner ausgerüstet, der eine bescheidene Überhitzung des Niederdruckdampfes lieferte. An der Maschine wurde eine schöne Kombination von Heusinger- und Joy-Steuerung ausgeführt, in der zum Antrieb der Schwinge aus Platzgründen ein Joy-Lenker angebracht war. Der Dampftrockner wurde bald durch einen Rauchröhrenüberhitzer ersetzt. In dieser Ausführung kann die Maschine als sehr gelungen bezeichnet werden; sie zog in der Ebene 1 670 t mit 50 km/h.

Auch die Oldenburgische Staatsbahn schaffte 1912 einen Vierkuppler an, die oldenburgische G 7, die von der preußischen Ausführung abwich, aber ebenfalls gute Eigenschaften aufwies.

Selbstverständlich läßt sich auch bei den Güterzuglokomotiven der Achsfolgen D und 1′D in den Jahren zwischen 1893 und 1916 ein gewisses Größenwachstum verzeichnen. Der Kesseldruck schwankte zwischen 12 und 14 bar und erreichte zuletzt 16 bar. Die Rostflächen wuchsen von 2,25 auf

**E-h2-Güterzug-
lokomotive der
Württembergischen
Staatsbahn, Klasse H,
Esslingen 1905**

3,55 m² an, die Heizflächen der Naßdampfloks von rund 150 m² auf etwa 180 m². Bei Heißdampfloks kam noch der Überhitzer mit 40 bis 50 m² Heizfläche hinzu. Die Maschinen ohne Laufradsatz wogen dienstfähig 53 bis 67 t, die Spielarten mit Laufradsatz dagegen 56 bis zu 76 t.

Inzwischen war die Gölsdorfsche Methode der Seitenverschiebbarkeit gekuppelter Treibradsätze Allgemeingut geworden, die Scheu vor dem Fünfkuppler endgültig gewichen. Vor dem Ersten Weltkrieg entstanden bei allen Bahnen schwere E-Güterzuglokomotiven, die zum Teil jahrzehntelang liefen. Württemberg hatte bekanntlich mit seiner Kloseschen Klasse G Pionierarbeit geleistet. Es ging 1904 zur Klasse H über, einem Fünfkuppler, bei dem schon äußerlich eine Verwandtschaft mit der Gölsdorfschen 180 recht verdächtig war. Ab 1909 gab man der Maschine den Überhitzer als württembergische Klasse Hh.

Mit 1 750 t in der Ebene bei 45 km/h leistete sie das gleiche wie die ein Jahr später entwickelte sächsische XI, die als n2v-, h2v- und h2-Ausführung geliefert wurde, anfangs wieder mit dem Verbinder-Dampftrockner von *Klien*. Die Maschine ähnelte sehr der württembergischen Hh, nur ging man in Sachsen bald dazu über, den dritten Radsatz als Treibradsatz zu wählen, um die lange Treibstange zu vermeiden.

Preußen hatte inzwischen an seiner Tenderlokomotive T 16 das Gölsdorf-System mit Erfolg ausprobiert und ging 1910 ebenfalls zum Fünfkuppler über, der bekannten und beliebten preußischen G 10, von der man über 2 500 Stück beschaffte. Der Kessel war von der P 8 entlehnt. Als Treibradsatz wählte man von vornherein den dritten Radsatz, gab dem ersten und fünften Radsatz ± 28 mm Spiel und schwächte den Spurkranz des dritten um 5 mm. Später wurde der fünfte Radsatz allerdings wieder festgelegt.

Diese drei Fünfkuppler hatten Blechrahmen. Als Bayern im gleichen Jahr wie Preußen die Bauart aufnahm, trat wieder die bewährte Vierzylinder-Verbundmaschine mit Barrenrahmen auf. Die bayerische G 5/5, die stärkste aller alten E-Maschinen, war zudem mit ihrem Dampfdruck von 16 bar etwas im Vorteil, dafür war aber auch der Überhitzer mit 47 m² anfangs zu klein, und erst die späteren Ausführungen stellten das Verhältnis richtig. Die Niederdruckzylinder lagen außen, alle vier Zylinder wirkten auf den dritten Kuppelradsatz, die Endradsätze hatten ± 20 mm Spiel. Die G 5/5 vermochte 1 210 t auf 5 ‰ Steigung mit 40 km/h zu ziehen, übertraf also noch die späteren Baureihen 50 und 52. Ihre Hauptabmessungen überboten die Werte der übrigen Fünfkuppler ohne Laufradsatz recht deutlich: Rostfläche 3,7 m², Verdampfungsheizfläche 206 m², Dienstmasse 78,5 t. Nur der Kuppelraddurch-

E-h2-Güterzug-lokomotive der Sächsischen Staatsbahn, Gattung XI H, Hartmann 1905

E-h2-Güterzug-lokomotive der Preußischen Staatsbahn, Gattung G 10, verschiedene Erbauer 1910

**E-h4v-Güterzug-
lokomotive der
Bayerischen
Staatsbahn,
Gattung G 5/5,
Maffei 1911**

messer von 1 270 mm war etwas kleiner, erlaubte aber 60 km/h Höchstgeschwindigkeit.

Mit dieser gelungenen Güterzuglokomotive lieferte Bayern den Beweis,
daß auch im schweren Dienst das Verbundsystem mit Erfolg angewendet
werden konnte. Ihr war im Jahre 1905 ein Vierzylinder-Verbund-Güterzug-
typ der Reichseisenbahnen vorangegangen, die elsässische G 11, als Naßdampflokomotive von Grafenstaden geliefert. Die Bauart hatte für die damalige Zeit beträchtliche Abmessungen und war die erste deutsche 1'E-Lokomotive überhaupt.

Der Erste Weltkrieg bereitete auch der hoffnungsvollen Entwicklung der
Güterzuglokomotiven ein jähes Ende. Die Kriegsinteressen bestimmten jetzt,
was gebraucht wurde und was gebaut werden sollte. Die vielen Länderbahntypen standen der Kriegsführung im Wege, und vor allem die Unterhaltung der
verschiedenen Typen verursachte große Schwierigkeiten. Zwar baute Preußen
seine G 10 und Bayern seine G 4/5 H in größerer Stückzahl, erstere erwies sich
jedoch als nicht überall genügend leistungsfähig, letztere war als Vierzylinder-
Verbundlokomotive viel zu kompliziert. Um den Kriegszielen gerecht zu werden, brauchte man eine für alle Bahnen einheitliche Lokomotivgattung. Aus diesen Erwägungen entstand 1915 die preußische G 12, eine 1'E-Drillingslokomo-
tive mit 17 t Achsfahrmasse, die zunächst von Preußen und Sachsen beschafft
wurde. Sie hatte nach preußischem Brauch wieder die lange schmale Feuerbüchse, Blechrahmen und das von der S 10² bekannte Drillingstriebwerk,
wobei die Außenzylinder den dritten, der Innenzylinder den zweiten Kuppelradsatz unter starker Neigung antrieben. In der Prüfung fiel die Maschine jedoch
durch, der Betrieb hatte etwas Einfacheres erwartet.

So ging man an die Umkonstruktion heran, und im August 1917 lieferte
Henschel die erste preußische G 12, eine 1'E-h3-Güterzuglokomotive, bei
der man sich einen für die Ottomanischen Eisenbahnen gelieferten Typ als

Muster nahm. Das Neue an ihr war der Barrenrahmen, mit dem sich süddeutsches Gedankengut durchsetzte. Der Belpaire-Stehkessel kam wieder einmal zu Ehren, konnte man doch die Feuerbüchse in ihrer kurzen breiten Form ausgezeichnet auf den Rahmen stellen. Geschichtlich bedeutsam und deshalb anzumerken ist, daß nun die Mitte des Langkessels auch in Preußen zum ersten Mal die 3-m-Höhe erreichte. Für den Laufradsatz wählte man das Bissel-Gestell, der zweite und der fünfte Kuppelradsatz erhielten ± 25 mm Spiel, die Spurkränze des Treibradsatzes waren um 15 mm geschwächt. Die Leistung der Lokomotive war ausgezeichnet, wenn sie auch die bayerische G 5/5 nicht ganz erreichte. Auf 5 ‰ Steigung vermochte sie 1 010 t mit 40 km/h zu ziehen. Die G 12[1] ist später auch von der Französischen Ostbahn als Serie 13 nachgebaut worden.

Selbst wenn sie also von mehreren Bahnverwaltungen »einheitlich« in Form einer Absprache beschafft worden ist, handelte es sich nicht um »die erste Einheitslokomotive«. Man hatte wohl das Problem der Vielfalt bisheriger Länderbahntypen erkannt, aber noch keinen Schritt zu den wichtigen Einheitslok-Merkmalen von Normung, Typisierung und Austauschbau getan. So gut gelungen die G 12 an sich war, so muß man sich rückblickend doch die Frage stellen, welche kuriosen Gedankengänge dazu geführt haben mögen, für eine »Kriegs«-Lokomotive ausgerechnet diesen komplizierten

1′E-h3-Güterzug-lokomotive der Preußischen, Sächsischen, Badischen und Württembergischen Staatsbahnen, Gattung G 12, verschiedene Erbauer 1917

Drillings-Typ zu wählen. Die Ratschlüsse der Preußischen Staatsbahn sind in vieler Hinsicht unerforschlich.

Aus der G 12 wurde dann noch ein Vierkuppler entwickelt, die preußische G 8³, und zwar in der Form, daß aus der G 12 sozusagen ein Kesselstück und ein Kuppelradsatz herausgeschnitten wurden. Außer der Verkürzung der Rohre und der Feuerbüchse sowie der Verkleinerung der Zylinderdurchmesser wurde nichts geändert. 1919 ging man vom Drillingstriebwerk ab und baute die Maschine als G 8² in Zwillingsausführung. Beide Formen bewährten sich . Die Maschine zog 940 t auf 5 ‰ mit 40 km/h. Jedoch hatte der Kessel an Güte eingebüßt, und es zeigte sich hier wieder einmal die alte Erfahrung, daß eine gute Konstruktion sich nicht ohne weiteres ändern läßt. Stilmäßig bieten die G 12, G 8² und G 8³ abermals ein neues Bild. Der Garbe-Stil ist überwunden. Ausgehend von den türkischen Musterlokomotiven Henschels, kündigt sich über die spätere P 10 und T 20 der allmähliche Übergang zum Aussehen der Einheitslokomotive an.

An diese letzte norddeutsche Lokomotive vor Gründung der DR schloß noch ein süddeutscher Typ an, mit dem sich der dort entwickelte Baustil einen glanzvollen Abgang sicherte. Im Jahre 1911 hatte *Gölsdorf* seinen bekannten Sechskuppler der Reihe 100 vorgeführt und damit nachgewiesen, daß die Grenzen der von ihm geschaffenen Seitenverschiebbarkeit der Kuppelradsätze sehr weit gesteckt sein können. *Gölsdorf* hatte den ersten und den vierten Radsatz festgelegt, den Spurkranz des dritten als Treibradsatz weggelassen, dem zweiten und fünften ± 26 mm und dem sechsten Radsatz ± 40 mm Spiel gegeben. Die Maschine lief in Krümmungen anstandslos und war die leistungsfähigste österreichische Gebirgslokomotive. Den Anlaß zum Bau dieser großen Maschine hatte die niedrige zulässige Achsfahrmasse der österreichischen Bahnen von 14 t gegeben, so daß eine Leistungssteigerung nur durch Erhöhung der Kuppelradsatzzahl möglich war. Aus dem gleichen Grund hatten die für 16 t Achsfahrmasse zugelassenen württembergischen Bahnen auf ihren Steilstrecken Schwierigkeiten. Es war das Verdienst von Baurat *Wilhelm Dauner*, nicht den Weg über die Mallet-Maschine gegangen zu sein, sondern mutig in Neuland vorzustoßen. 1917 erschien die württembergische Klasse K, eine 1′F-h4v-Güterzuglokomotive, die bis zum Bau der Reihen 43 und 44 die stärkste deutsche Maschine war. Der Rost war mit 4,2 m² sehr groß, Heizfläche und Überhitzer übertrafen die Werte der G 12 beträchtlich. Den Blechrahmen verbesserte man durch eine Reihe Einstiegöffnungen. Die äußeren Niederdruckzylinder trieben den vierten, die Hochdruckzylinder den dritten Kuppelradsatz, eine sehr lange äußere Treibstange mußte man hierbei mit in Kauf nehmen. Die Achsanordnung war noch glücklicher als bei der österreichischen Maschine. *Dauner* legte den zweiten und

fünften Radsatz fest, schwächte die Spurkränze des dritten und vierten Radsatzes um 15 mm, gab dem ersten Kuppelradsatz ± 20 mm und dem sechsten
± 45 mm Spiel. Anstelle der Adams-Achse erhielt die Klasse K ein Bissel-
Gestell mit ± 95 mm Spiel. Da der fünfte Kuppelradsatz festlag, erübrigte
sich das Kardangelenk, das *Gölsdorf* in die Kuppelstangen zwischen fünftem
und sechstem Kuppelradsatz einschaltete. Die Maschine zog 1310 t auf 5 ‰
Steigung mit 40 km/h; der Lauf war einwandfrei, und trotz ihrer Größe ließ
die Wirtschaftlichkeit keinerlei Wünsche offen. Während die österreichische 100 ein Einzelgänger blieb, wurde von der K eine größere Anzahl, nämlich 44 Stück, beschafft. Sie besaßen 15 bar Kesseldruck, 233 m² Verdampfungsheizfläche und 80 m² Überhitzerheizfläche. Die Hochdruckzylinder
hatten 510 mm, die Niederdruckzylinder 760 mm Durchmesser bei 650 mm
Hub und 1 350 mm Kuppelraddurchmesser. Dienstfähig wog die große Lok
103,6 t. Im Zweiten Weltkrieg kam sie sogar auf die Semmeringbahn.

**1′D-h2-Güterzug-
lokomotive der
Preußischen Staats-
bahn, Gattung G 8²,
verschiedene
Erbauer 1919**

**1′F-h4v-Güterzug-
lokomotive der
Württembergischen
Staatsbahn, Klasse
K, Esslingen 1917**

4.6   Die Tenderlokomotiven der Länderbahnen

Die württembergische Klasse K war die letzte große Schlepptenderlokomotive, die von den Länderbahnen selbständig entwickelt wurde. Der Krieg beendete die bisherige Entwicklung, die sich durch außerordentliche Buntheit und Vielfalt der Formen auszeichnete. Dieser, wir möchten sagen, Artenreichtum macht das Bild bei den Tenderlokomotiven noch verwickelter, und doch zeigen sich hier bei allen Bahnen größere innere Zusammenhänge. Gemeinsam war zunächst allen der Verwendungszweck für den seit den achtziger Jahren kräftig emporstrebenden Zweig der Stadt- und Vorortbahnen. Hierzu gesellte sich auch der Kurzstrecken-Schnellzugdienst, der zwischen zwei Nachbarorten das lästige Wenden der Maschinen ersparte. Schließlich treffen wir auch noch die kleinrädrige Güterzugtendermaschine für Gebirgs- und Rangierdienst und nicht zuletzt, an die Krausschen Gedanken anknüpfend, unsere bekannte Kleinbahnlokomotive.

Zu Beginn der neunziger Jahre entstand eine ganze Familie von zweifach gekuppelten Tenderlokmotiven für den Vorortdienst, in Preußen die T 4- und T 5-Bauarten, in Bayern die D XII und Pt 2/3 und Pt 2/4. Fast allen war der Wasserkastenrahmen gemeinsam. Die preußischen Maschinen waren meist Weiterentwicklungen älterer Typen. So besaß die alte T 4 noch vorderen Überhang, der erst bei einer der letzten Lieferungen beseitigt wurde. Auch eine Lokomotive mit hinterem Laufradsatz, die T 4, gab es. Als eigentliche Vorortlokomotive sollten jedoch die preußischen T 5, 1′B1′-n2, und die fast gleiche sächsische IV T in großer Stückzahl in den Großstädten eingesetzt werden, die vorn und hinten Adams-Achsen besaßen.

1′B1′-n2-Tender-lokomotive der Preußischen Staatsbahn, Gattung T 5[1], Henschel 1895

Die Lokomotiven waren leistungsfähig. Leider störten die zwei Adams-Achsen und der kurze feste Achsstand von 2 000 mm. Bei guter Kurvenläufigkeit wurden sie auf gerader Strecke derart unruhig, daß man in Preußen 1899 eine Drehgestellbauart, die T 5², versuchte, bei der nun allerdings der bei Rückwärtsfahrt voranlaufende Kuppelradsatz mißfiel.

In Bayern hatte sich die auf den Münchener Vorortstrecken verkehrende 1B-Tenderlokomotive der Gattung D IX als zu schwach erwiesen. Man schritt daher im Jahre 1897 zur Entwicklung einer neuen schweren Gattung, die von Krauss ausgeführt wurde, und mit welcher der geniale Konstrukteur *Richard v. Helmholtz* den deutschen Eisenbahnen die schönste Tenderlokomotive, die 50 Jahre lang im Dienst stand, bescherte. Es war dies die bayerische D XII, später mit Pt 2/5 bezeichnet.

Die Maschine gelang schon äußerlich gut, noch interessanter ist ihr Aufbau. Laufradsatz und erster Kuppelradsatz sind zu einem Krauss-Helmholtz-Drehgestell vereinigt, der Treibradsatz liegt fest, während das hintere Drehgestell ± 25 mm Spiel hat. Anstelle des festen Achsstandes tritt also bei dieser Maschine erstmals die geführte Länge, und *v. Helmholtz* setzte mit ihr den Schlußpunkt unter seine Beweisführung über die Bogenläufigkeit von Lokomotiven. Bei einem Treibraddurchmesser von 1 640 mm konnte die Maschine für 90 km/h zugelassen werden. In beiden Richtungen lief sie bei dieser Geschwindigkeit noch außerordentlich ruhig. Mit ihr trat übrigens in Deutschland erstmalig die bereits von Österreich her bekannte, sehr logische Achsfolge mit hinterem Drehgestell auf.

Um die Jahrhundertwende war auch die Entwicklung der zweifach gekuppelten Tenderlokomotive am Ende und der Dreikuppler nicht mehr zu umgehen. Um nun die folgende Entwicklung richtig zu verstehen, müssen wir

Richard von Helmholtz (1852–1934) widmete sich als Konstrukteur bei Krauss intensiv den Fragen des Bogenlaufs.

1′B2′-h2-Tenderlokomotive der Bayerischen Staatsbahn, Gattung Pt 2/5 H, Krauss 1906

1'C1'-n2v-Tenderlokomotive der k. k. österr. Staatsbahnen, Reihe 30, Wiener Lokomotivfabrik 1895

noch weiter nach Süden blicken. Im Jahre 1898 war nämlich die Wiener Stadtbahn eröffnet worden, und *Gölsdorf* hatte hierfür eine geeignete Maschine zu konstruieren, ein Auftrag, dessen er sich mit seiner 1'C1'-n2v-Tenderlokomotive der Reihe 30 glänzend entledigte.

Ihr sehr großer Rost von 2,3 m² und die Heizfläche von 129,5 m² machten sie sehr leistungsfähig, ihr Treibraddurchmesser von 1 258 mm verlieh ihr ein hohes Beschleunigungsvermögen, dem zwei Adams-Achsen gute Kurvenläufigkeit sicherten (übrigens ohne Rückstellung). Dienstfähig wog sie 69,5 t. Obwohl sie eine Verbundmaschine war, bewährte sie sich hervorragend. Diese Musterschöpfung einer Stadtbahnlokomotive blieb auf Deutschland nicht ohne Einfluß. Kein Geringerer als *August v. Borries* erkannte die Richtigkeit der Gölsdorfschen Gedanken und plädierte für eine 1'C1'-Maschine, als ein Neubau für die Berliner Stadtbahn akut wurde. In Preußen operierte man jedoch an C1'- und 1'C-Tenderlokomotiven der T 9-Gattung herum, und als *Wittfeld* 1902 mit der preußischen T 6, einer 1'C1'-n3-Tenderlokomotive, dennoch die Bauart aufgriff, da war es ein glänzender Reinfall. Die T 6 war eine Fehlkonstruktion. Ihre drei Zylinder waren mit 500 mm Durchmesser entschieden zu groß. Obwohl der Kessel großzügig bemessen war, reichte er bei größerer Leistung nicht aus. In der Abstimmung von Zylindergröße mit Heizfläche und Reibungsmasse zeigt sich eben die Kunst des tüchtigen Lokomotivbauers. Der vor dem vorderen Laufradsatz angeordnete Innenzylinder wirkte auf den ersten, die beiden Außenzylinder auf den zweiten Kuppelradsatz. Die Maschine wies vorn eine Adams-Achse, hinten ein Krauss-Helmholtz-Drehgestell auf. Auf ihre sonstigen Mängel wollen wir nicht weiter eingehen; rein äußerlich war die T 6

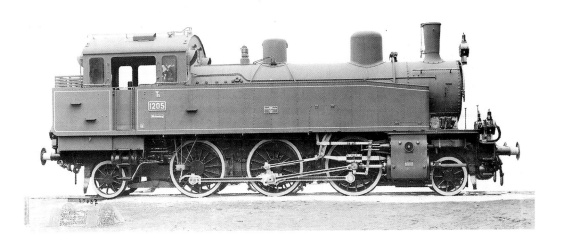

dieses Typs, die VIc vom Jahre 1913, die 290 t auf 5 ‰ mit 60 km/h schleppen konnte. Die T 12 war bei 215 t unter gleichen Verhältnissen am Ende ihrer Kräfte.

Noch größer und stärker geriet die von Esslingen für den Stuttgarter Vorortverkehr gelieferte württembergische T 5. Sie erhielt allerdings nur einen Kesseldruck von 12 bar, eine Rostfläche von 1,93 m², eine Verdampfungsheizfläche von 110 m² und einen Überhitzer von 33,7 m²; alles recht typische Werte für die 1′C1′-h2-Tenderlok der Zeit. Die Maschine bekam zwar nur 1 450 mm Treibraddurchmesser, lief aber bei 80 km/h noch ruhig. Sie vermochte 350 t auf 10 ‰ mit 32 km/h zu befördern. Genau wie Württemberg

1′C1′-h2-Tenderlokomotive der Württembergischen Staatsbahn, Gattung T 5, Esslingen 1910

1′C1′-h2-Tenderlokomotive der Sächsischen Staatsbahn, Gattung XIV HT, Hartmann 1911

wählte auch Sachsen die Adams-Achse für seine 1′C1′-Bauart, die größte ihrer Art. Die sächsische XIV HT erschien 1911, wurde 1917 nochmals verstärkt und bewährte sich trotz der Mängel der Adams-Achsen recht gut. Sie war in der Lage, 400 t auf 10 ‰ mit 40 km/h zu befördern, und war viele Jahre auf den sächsischen Hügellandstrecken zu finden.

Die Geschichte der Vorortlokomotiven wäre damit erschöpft. In Preußen entstand jedoch das Bedürfnis nach einer größeren Kurzstrecken-Schnellzugmaschine, besonders für die zwischen zwei Kopfbahnhöfen gelegene Strecke Frankfurt am Main–Wiesbaden. Aus dem Kessel der P 6 und dem Laufwerk der P 8 wurde die neue Gattung T 10 konstruiert, als eine der wenigen Tenderlokomotiven mit 1 750 mm Treibraddurchmesser. Leider hatte man nicht genug Platz für die Vorräte, außerdem wurde mit der T 10 ein altes Problem wieder akut, nämlich die Rückwärtsfahrt. Die Maschine wurde von Anfang an skeptisch betrachtet und ihrem Zweck zuwider jedesmal gewendet. Es gehörte Mut dazu, sie mit ihrer Höchstgeschwindigkeit von 100 km/h rückwärts laufen zu lassen. Nach den neueren Erkenntnissen sind aber die Unfälle von Maschinen mit voranlaufenden großen Kuppelradsätzen vielfach anderen Umständen als dem Treibraddurchmesser zuzuschreiben. Wir erinnern an die englische Stroudley-Lokomotive, die mit ihren hohen voranlaufenden Kuppelradsätzen hervorragende Laufeigenschaften aufwies.

2′C-h2-Tenderlokomotive der Preußischen Staatsbahn, Gattung T 10, Borsig 1909

Aufgrund der erwähnten Bedenken blieb es daher bei den zwölf gelieferten Maschinen, und 1911 ging man an die Entwicklung einer günstigeren Bauart, der preußischen T 18. Mit ihr war man in Preußen endlich zu einer

Inzwischen war im Jahre 1908 in der Pfalz ein Außenseiter von Tenderlokomotive entstanden, die Bauart 1'C 2'-h2, Gattung pfälzische P 5, die auch Bayern als Pt 3/6 übernahm. Die Maschine wies wieder die vorteilhafte Bauweise der D XII mit hinterem Drehgestell auf. Da der kurze Achsstand gegeben war, mußte der vordere Laufradsatz dicht an den ersten Kuppelradsatz heranrücken. Die Deichsel des Krauss-Helmholtz-Drehgestells verband man daher mit dem zweiten Kuppelradsatz. Bei dieser Maschine erhielt der Laufradsatz im Gestell erstmalig Seitenspiel. Die bauliche Beschränktheit des Vorderteils erschwerte die Lage der Zylinder, diese mußten nach oben gerückt werden, eine Neigung im Verhältnis 1:7 bedingend. Als Treibradsatz blieb der dritte Radsatz übrig, und diese verblüffende konstruktive Leistung *v. Helmholtz'* wurde ein voller Erfolg. Die Maschine wog 92 t und bewährte sich glänzend, ihre großen Vorräte von 16 m³ Wasser und 5,2 t Kohle machten sie auch auf längeren Strecken einsatzfähig. Die Lok vermochte 305 t auf 5 ‰ mit 60 km/h zu befördern.

Besprechen wir nun noch die Entwicklung der Güterzug- und Rangiertenderlokomotiven nach der Jahrhundertwende. Wir erfuhren, daß Preußen sehr unter Schwierigkeiten auf den verkehrsreichen Thüringer und westdeutschen Nebenstrecken zu leiden hatte. Hier war die T 15 eingesetzt. Bald nachdem *Gölsdorf* seine Reihe 180 herausgebracht hatte, ging man auch in Preußen an den Entwurf eines Fünfkupplers, und *Garbe* verband die neue Konstruktion gleich mit seinem Überhitzer. So entstand die preußische T 16, eine E-h2-Tenderlokomotive. Man wählte zunächst die Gölsdorfsche Achsanordnung, gab also dem ersten, dritten und fünften Kuppelradsatz Spiel und machte den vierten Kuppelradsatz zum Treibradsatz, wobei die Kolbenstangen sehr lang wurden. Bei dieser Anordnung liefen die Maschi-

1'C2'-h2-Tenderlokomotive der Pfalzbahn, Gattung P 5 (Pt 3/6), Krauss 1908

nen nicht sehr ruhig, so daß man später den dritten Radsatz als Treibradsatz festlegte und dem ersten und vierten Spiel gab. Der Kessel der neuen Maschine war wieder von der P 6 übernommen. Im Laufe der langen Beschaffungszeit, die von 1905 bis 1923 währte, ergab sich naturgemäß eine Reihe von Verbesserungen; die damit ausgerüsteten Maschinen wurden mit T 16¹ bezeichnet. Die Maschine war sehr leistungsfähig; sie vermochte 710 t auf 5 ‰ mit 40 km/h zu ziehen und war bis in die sechziger Jahre noch in großer Stückzahl vorhanden.

1907 beschaffte auch die Pfalzbahn eine starke E-n2-Tenderlokomotive in Gölsdorf-Anordnung. Auch Sachsen brachte 1908 eine E-h2-Tenderlokomotive, die sächsische XI HT heraus, an der man recht viel Freude hatte. Die Maschine, nach sächsischem Brauch mit Belpaire-Feuerbüchse ausgerüstet, wurde in einer leichten und einer schweren Ausführung geliefert. Ihr Triebwerk war dem der preußischen T 16 ähnlich. Eine zwar kleine, aber sehr tüchtige E-h2-Tenderlokomotive beschaffte Württemberg mit seiner Tn. Auch hier war der vierte Kuppelradsatz Treibradsatz. Trotz ihrer Achsfahrmasse von nur 13 t vermochte die Maschine 540 t auf 5 ‰ mit 40 km/h zu befördern. Diese Fünfkuppler der Bauzeit nach 1905 hatten zumeist 12 bar Kesseldruck, eine Rostfläche von über 2 m² und einen Kessel von 130 bis 170 m² Heizfläche. Die Kuppelraddurchmesser von 1 150 bis 1 350 mm definierten den Einsatzzweck im Rangierdienst und auf Steilstrecken. Je nach zulässiger Achsfahrmasse wogen sie zwischen 65 t (württembergische Tn) und 85 t (preußische T 16¹). Ihre großen Stückzahlen lassen erkennen, welche Bedeutung der Güterverkehr für das Land hatte.

Kurz vor dem Ersten Weltkrieg traten neben diese Maschinen auf fast allen Bahnen auch Vierkuppler, meist als letzte Naßdampfmaschinen, in den Rangierdienst oder leichten Güterdienst. Fast durchweg handelte es sich um erfolgreiche Lokomotiven. Allen diesen Maschinen (dazu gehören auch noch die württembergische T 4, die bayerische L 4/4 und R 4/4) war eine bemerkenswerte Betriebstüchtigkeit eigen, und unter ihnen möchten wir die preußische T 13 herausheben, die sich in Konstruktion und Aussehen besonderer Einfachheit erfreute, ein Musterbeispiel des Strebens einer Bahnverwaltung nach Wirtschaftlichkeit. Die vor dem Ersten Weltkrieg gebauten D-Maschinen hatten 12 bis 14 bar Kesseldruck und Rostflächen zwischen 1,5 und 2,1 m². Die Heizflächen beliefen sich auf 110 bis 143 m², ab 1910 oft mit einem kleinen Überhitzer. Wegen der begrenzten Achsfahrmassen konnten sie nur 60 bis 63 t wiegen.

Bisher haben wir nur Lokomotiven der großen Staatsbahnen betrachtet. Daneben gab es aber auch auf den kleinen Privatbahnen viele brauchbare Fahrzeuge, die sich vorwiegend an Typen der großen Bahnen anlehnten. So

Seite 212:
E-h2-Tenderlokomotive der Preußischen Staatsbahn, Gattung T 16¹, verschiedene Erbauer 1914

E-h2-Tenderlokomotive der Sächsischen Staatsbahn, Gattung XI HT, Hartmann 1908

E-h2-Tenderlokomotive der Württembergischen Staatsbahn, Gattung Tn, Esslingen 1921

B-n2-Tenderlokomotive der Bayerischen Staatsbahn, Gattung Pt L 2/2, Krauss 1908

schen Fairlie-Typ IM kennengelernt haben. Omnibus- und Trambahnlokomotive bilden eine gemeinsame Entwicklungsstufe, zu denen sich der Dampftriebwagen gesellte. Mit Aufkommen der Elektrizität und der Verbrennungsmaschine verdrängte der Triebwagen allmählich die beiden Konkurrenten.

Die Entwicklung wiederholte sich 25 Jahre später noch einmal, diesmal besonders in Österreich und Süddeutschland. Nach 1900 kamen aus gleichen Erwägungen heraus die »Glaskästen« auf, wie die bayerischen B-Tenderlokomotiven der Gattung PtL 2/2 gern scherzhafterweise genannt wurden. Vier verschiedene Ausführungen entstanden, Maffei wählte wie schon *Lentz* die Zylinderlage zwischen den Radsätzen, trieb allerdings die Räder mittels gegenläufiger Kolben an, so daß keine Kuppelstangen erforderlich waren. Krauss blieb bei der vorderen Zylinderlage, schuf aber mehrere Varianten, mit Innentriebwerk und Blindwelle, ferner mit Außentriebwerk und Blindwelle und auch mit Regeltriebwerk. Allen Maschinen waren ein ruhiger Lauf und eine erfreuliche Betriebstüchtigkeit eigen, teilweise waren Unterschubfeuerung und halbselbsttätige Rostbeschickung eingebaut worden, man hatte wohl an Einmannbedienung gedacht. Die Krauss-Bauarten mit Außentriebwerk haben sich bis in die fünfziger Jahre dieses Jahrhunderts hinein gehalten.

Eine dritte Phase dieser Entwicklungsreihe haben wir schließlich um das Jahr 1934 erlebt, als die Reichsbahn mit der Indienststellung der Baureihe 71 ähnliche Ziele verfolgte. Das war aber der letzte Versuch; die Zeit war über die Omnibuslokomotive hinweggeschritten.

4.7   Die technische Verbesserung

Bei der Betrachtung einzelner Lokomotivgattungen wurde bereits die technische Verbesserung mancher Einzelteile unserer Fahrzeuge gestreift. Wir nannten diesen Zeitabschnitt »Höhepunkte des Lokomotivbaus« und hatten festgestellt, daß der Zeitabschnitt von 1870 bis 1920 der initiativreichste und umwälzendste war. Er begann mit der Verbundmaschine und endete mit dem Vorwärmer. Hand in Hand ging das Streben nach Wirtschaftlichkeit mit Steigerung der Leistung. Aus der alten, dampfverschwendenden Naßdampflokomotive wurde die hochgezüchtete Heißdampfmaschine, und wir wollen uns nochmals in einer kurzen Zusammenfassung die einzelnen Vorgänge vor Augen halten.

Beginnen wir mit dem wichtigsten Teil der Lokomotive, dem Kessel. Er blieb in seinem grundsätzlichen Aufbau seit der »Rocket« fast unverändert, wenngleich seine Dimensionen auch erheblich zunahmen. Es hat nicht an Versuchen gefehlt, ihn durch andere, beim ersten Augenschein günstigere Bauarten zu ersetzen, man kehrte jedoch regelmäßig nach kurzer Zeit wieder zur alten Bauart zurück. Die dreischüssige Bauweise wurde in vielen Fällen zugunsten der zweischüssigen aufgegeben. Auch die konische Gestaltung des hinteren Kesselschusses zur Erzielung eines größeren Dampfraumes wurde versucht. Wir erinnern an die pfälzischen Krauss-Lokomotiven und an die preußischen v. Borries-Schnellzugmaschinen. Die konische Bauweise wendete auch *Gölsdorf* in Österreich gern an. Sie blieb übrigens bis zum Schluß in Amerika sehr beliebt.

Neben den glatten Heizrohren, deren Wanddicke zwischen 2,5 und 3,5 mm schwankte, haben sich die Versuche mit den aus Frankreich übernommenen Rippen- oder Serverohren mit merkwürdiger Zähigkeit gehalten. Man glaubte, durch diese gerippten Rohre eine größere feuerberührte Heizfläche zu erzielen, übersah aber anfangs, daß sich an den Rippen Ruß- und Löschereste viel leichter als an glatten Rohren festsetzen können, womit gerade das Gegenteil des Gewollten erreicht wurde. Württemberg rüstete eine ganze Reihe seiner A-Schnellzuglokomotiven mit Serverohren aus. Auch die Elsässischen Bahnen, besonders von Grafenstadener Seite aus, waren begeisterte Anhänger. Andere Bahnen gaben sich zurückhaltender. Allgemein sind sie bis zum Beginn des Ersten Weltkriegs aus dem deutschen Lokomotivbau wieder verschwunden.

Als Episode muß der Stroomann-Wasserrohrkessel, eine Umkehrung des üblichen Kessels, angesehen werden. Auf reiner Theorie aufgebaut, hielt er dem praktischen Betrieb nicht stand. Die kostspielige und umständliche Rei-

nigung der Rohre spielte bei dieser Bauart die Hauptrolle. Noch weit größere Experimente mußte die gute alte Feuerbüchse über sich ergehen lassen.
Die Stehbolzenfrage ist ja bis zuletzt das große Sorgenkind des gesamten
Lokomotivbaus geblieben. Ein Fortschritt war immerhin die Einführung der
beweglichen Deckenstehbolzen und der Bügelanker. Der Haystack war
schließlich vollständig verschwunden. Desto mehr wetteiferte die glatte
runde Crampton-Feuerbüchsdecke mit dem Belpaire-Stehkessel. Besonders
in Sachsen und Württemberg gab es Anhänger der letzteren Bauart, aber
auch in Preußen fand sie Liebhaber. Wir erinnern an die G 12 und P 10, wo
bei letzterer noch der trapezförmige Grundriß und die starke Kümpelung
der Seitenteile hinzukamen. Diese Form hat sich aber als der natürlichen
Strömung der feinen Dampfbläschen entgegenstehend erwiesen und ist wieder verschwunden. Aufgegeben wurde auch die lange schmale, zwischen den
Platten des Blechrahmens liegende Feuerbüchse, die sich in Preußen lange
Zeit hielt. Hier führte Süddeutschland mit der breiten, auf dem Barrenrahmen stehenden Feuerbüchse, die dann auch von der Reichsbahn übernommen wurde. Versuche, die Wasserumspülung der Feuerbüchse aufzugeben,
wie sie Krauss bei den L 2/2-Tenderlokomotiven machte, wurden bald wieder eingestellt, da gerade der größte Wärmespender hierdurch empfindlich
beschnitten wurde.

Sehr viel wurde mit der Wellrohrfeuerbüchse operiert; der Ersatz der Dek-
kenverankerung war Ausgangspunkt aller Versuche. Die Firma Schulz &
Knaudt in Essen griff die Gedanken der amerikanischen Erfindung auf und
rüstete 1888 eine C-Tenderlokomotive mit ihrem Patent aus. An die Stelle
der alten Feuerbüchse trat das große Flammrohr, das zugleich den Rost aufnahm. In der Weiterbildung von *Lentz* durchzog das Flammrohr fast den hal-
ben Langkessel, wobei der hintere Kesselschuß wieder kegelig war, um einen
großen Dampfraum zu gewinnen. Da sich zunächst keine Anstände zeigten,
wurden etwa 50 Lokomotiven der Preußischen Staatsbahn mit Wellrohrfeuerbüchsen ausgerüstet, darunter auch eine S 2 der Erfurter Bauart. Diese
Maschine explodierte jedoch 1894. Wie sich herausstellte, war das Wellrohr
auf der Oberseite gerissen. Untersuchungen ergaben, daß auch alle anderen
Flammrohre Abflachungen der Oberteile aufwiesen. Die Kessel wurden
daher aus dem Betrieb gezogen. 1901 lebten die Versuche noch einmal auf.
Da jedoch keine Fortschritte eintraten, wurde die Bauart aufgegeben, zumal
nach dem Tode *Knaudts* die Entwicklung eingestellt worden war.

Und doch sind die Stimmen viele Jahre nicht verstummt, die sich Vorteile
von der Bauart versprachen, zumal im ortsfesten Dampfmaschinenbau günstige Ergebnisse vorlagen. Trotz aller Mißerfolge unternahm es Krauss-Maffei 1943 nochmals, fünf Lokomotiven der Reihe 52 mit Wellrohrfeuerbüch-

sen auszurüsten. Obwohl die Maschinen sich anfangs gut bewährten, ergaben sich nach einiger Zeit ebenfalls Abplattungen, die bald so stark wurden,
daß man die Maschinen schleunigst aus dem Betrieb zog. Damit war die
Wellrohrfeuerbüchse endgültig aus dem Lokomotivbau verbannt.

Größere Erfolge konnte *Johan Brotan* mit seiner Röhrenfeuerbüchse aufweisen. Anstelle der Feuerbüchswände traten bei ihm eng aneinanderlie-
gende Rohre von größerem Durchmesser, die im hohlen Bodenring befestigt
waren und oben in einen oder zwei Dampfsammelkessel mündeten. Diese
waren an den Langkessel angesetzt. Ungarn und Österreich rüsteten zahlreiche Lokomotiven mit dieser allgemein als Brotan-Kessel bezeichneten Bauart aus und waren eigentlich recht zufrieden. Mit dem Brotan-Kessel waren
auch die Hochdruckkessel verwandt, die mancherorts auftauchten. So theoretisch richtig nun alle Gedankengänge sein mochten, deren Produkte jene
Kessel waren, so blieb doch allen die verteuerte Unterhaltung und die Sorge
um das Dichthalten der Rohre, die noch höheren Wärmebeanspruchungen
ausgesetzt waren, als großer Nachteil eigen.

Als es im Ersten Weltkrieg galt, Kupfer einzusparen, wurde die Stahlfeuerbüchse akut. Sie war in Amerika schon lange gebräuchlich, jedoch erst in den
neunziger Jahren nach Deutschland gekommen. Recht spät sind auch die
Kipproste eingeführt worden. Es hat Generationen gedauert, bis man gegen
Ende unseres Darstellungszeitraumes dazu überging, Lokomotiven in größerer Anzahl damit auszurüsten.

Sehr viel von sich reden machte damals ferner die Marcottysche Rauchver-
brennungseinrichtung, die ihrem Erfinder recht einträgliche Verdienste
gebracht haben mag. Über der Feuertür wurde ein Dampfschleier in die Feuerbüchse geblasen, der das Qualmen verhindern sollte. Die weitverbreitete
Einrichtung ist ebenfalls wieder verschwunden, seit sich ergab, daß doch
mehr oder weniger die Tüchtigkeit des Heizers für die Qualmentwicklung
ausschlaggebend ist. Geblieben ist allerdings die nach innen aufschlagende
Marcotty-Kipptür, die sich aus Sicherheitsgründen gegen Überdruck in der
Feuerbüchse bewährt hat. Daneben finden wir aber auch noch zwei- und
dreiflügelige Türen; eine Reihe von Atlantic-Maschinen besaß sogar zwei
Feuerlöcher.

Zum Kessel gehören Rauchkammer, Dom und Schornstein. Während
sich erstere im Verhältnis recht unproblematisch verhalten hat, erwähnten
wir bereits das »Wandern« des Domes. Die Ansichten über seine zweckmäßige Lage gingen oft weit auseinander. Seine anfangs beachtliche Größe hat
er seit Höherlegung des Kessels ständig verloren, und seit der G 12 erscheint
er nur noch als flache Haube auf dem Langkessel. Beim Regler ging man
vom alten Reglerschieber allmählich zum entlasteten Ventilregler über. Hier

war in Bayern der Zara-Regler gebräuchlich, während *v. Borries* in Preußen Doppelsitzventilregler verwandte. Seit 1907 bürgerte sich dann der Ventilregler Schmidt & Wagner ein.

Bei Betrachtung des zweiten Abschnitts der Entwicklungsgeschichte des Lokomotivbaus schnitten wir bereits das Thema Schornstein an. Jedenfalls gefällt uns der von *Prüsmann* bei den alten Bauarten eingeführte kegelige Schornstein entschieden besser als die Garbesche Qualmröhre, und er dürfte auch seinem Zweck weit dienlicher gewesen sein. Während bei den alten Bauarten mit hohem Kamin das Blasrohr in Höhe des Schornsteinansatzes lag, entdecken wir bei der P 10 dann das fortan übliche tiefliegende Blasrohr, das dem Schornstein seine weite Form gegeben hat. Die Funkenfänger, die wie dem Schornstein aufgesetzte Töpfe verschiedenster Form anmuten, sind im allgemeinen seit 1890 verschwunden, in Sachsen allerdings erst nach dem Ersten Weltkrieg, während sich in Österreich der Kobel und der Funkenfänger von *Rihosek* bis zuletzt erhalten haben.

In unserem Berichtszeitraum hatte sich auch das Sicherheitsventil gewandelt. An die Stelle des einfachen Federventils trat das von *Ramsbottom*, das oft von beachtlicher Höhe war und dabei vielfach in der von dem Maschinenmeister der Niederschlesisch-Märkischen Bahn, *August Wöhler*, entwickelten Form verwandt wurde. Mit Vergrößerung des Kessels wurde es jedoch erheblich verkleinert. So setzte sich seit der Jahrhundertwende das aus Amerika stammende Pop-Ventil, Bauart Coale, durch, das wiederum zum Ackermann-Hochhubventil überleitete.

Seit der Erfindung des Injektors von *Giffard* war jede Lokomotive mit zwei Dampfstrahlpumpen ausgerüstet. Wir wissen, welche großen Erleichterungen für den Betrieb sich hieraus ergaben. In den fünfziger Jahren baute *Kirchweger* aus Hannover, wie bereits an anderer Stelle erwähnt, auch eine Speisewasservorwärmanlage durch Abdampf, der in den Wasserbehälter des Tenders geleitet wurde. Die Erfindung konnte sich jedoch nicht halten, da inzwischen das Verbundverfahren im Blickfeld der Öffentlichkeit stand. Obwohl der Kirchweger-Vorwärmer recht verbreitet war, ergab sich der Nachteil, daß das Tenderwasser zu heiß wurde, womit die Pumpen nicht mehr einwandfrei arbeiteten. Auch ein Röhrenvorwärmer, den Karlsruhe 1883 für eine kleine Lokalbahnlokomotive baute, blieb unbeachtet. Die Kolbenspeisepumpe erfreute sich zunächst keiner sonderlichen Beliebtheit. Mit ihr ging es erst aufwärts, als die kurbelwellenlose Dampfpumpe für die Druckluftbremse entstand, deren Konstruktion dann auch als Speisepumpe verwandt wurde. Hier war es besonders die Firma Knorr-Bremse, die sich um die Weiterentwicklung der Pumpen große Verdienste erwarb.

Der Vorwärmer selbst nahm in England seinen Ausgang, und erstaunli-

cherweise war es die Ägyptische Eisenbahn, auf der 1905 die erste mit Vorwärmer, Bauart *Weir*, ausgerüstete Lokomotive lief. Die Preußische Staatsbahn nahm sich erst 1911 bei der Gattung G 8[1] des Vorwärmers an, zunächst
in der Weirschen Bauart, der als Oberflächenvorwärmer zwischen Speisepumpe und Kessel geschaltet wurde. *Schichau* gab ihm die flache Form mit
vierfachem Wasserumlauf, aber erst der runde Knorr-Vorwärmer sollte sich
durchsetzten. Er wurde seit 1920 bei allen deutschen Lokomotiven angewandt. Dabei tauchte aber das Problem der Unterbringung dieses wichtigen
Apparats auf, und hier wurden nun praktisch wohl alle Möglichkeiten ausgeschöpft: Auf dem Umlaufblech, auf dem Kessel, quer zwischen den Treibradsätzen und vor der Rauchkammer, bis ihn die DR schließlich in die Nische
zwischen Schornstein und Rauchkammervorderwand legte. Anstelle des Röh-
renvorwärmers nahm man in Österreich die mit dem Triebwerk gekuppelte
Dabeg-Einspritzpumpe. Sie war in Deutschland selten.

Auch die Speisewasserreinigung blieb eine alte Sorge, und Rieselbleche
waren naheliegend. Die reguläre Einführung blieb aber erst der Jahrhundertwende vorbehalten. *Gölsdorf* verlegte 1907 Rieseltaschen seitlich in den Kessel, eingeführt wurde jedoch in Deutschland das System Schmidt & Wagner
von 1913. Nach 1918 wurde auch der Speisedom Allgemeingut.

Einige Zeilen seien noch der Entwicklung anderer Lokomotivteile gewidmet, die größtenteils bereits erwähnt wurden. Stand man zu Beginn noch
ganz im Zeichen der Trick-Steuerung, teils innen-, teils außenliegend, so
erschien 1886, durch *v. Borries* eingeführt, die Heusinger-Steuerung, nachdem sie bereits über 30 Jahre bekannt, aber wenig geschätzt war. Auch dem
einschienigen amerikanischen Kreuzkopf hat dieser große Lokomotivbauer
seit 1894 zum Sieg verholfen und damit eine Masseersparnis erzielt. Neben
der Heusinger-Steuerung vermochte sich lediglich noch die Joy-Steuerung
zu behaupten, mitunter waren beide Steuerungen kombiniert. Nicht vergessen wollen wir den von der preußischen 2′B2′-Schnellfahrlokomotive her
bekannten Oberingenieur *Kuhn*, der uns die besonders bei Tenderlokomotiven geschätzte Kuhnsche Schleife zur Steuerung bescherte. Seit den Tagen
der Vierzylinderlokomotive setzte sich auch die Außensteuerung durch.

Viele Jahre leistete der Flachschieber treue Dienste, besonders in der von
Trick ausgeführten Form mit doppelter Einströmung. Der Kolbenschieber
erschien 1878 erstmalig in Ungarn; *August v. Borries* verwandte ihn 1889 bei
seiner P 3[2], und *Garbe* führte ihn dann bei seinen Heißdampfmaschinen ein.
Vom ortsfesten Dampfmaschinenbau stammte die von *Hugo Lentz* erfundene Ventilsteuerung, mit der die Hanomag seit 1905 führend wurde. Die
Oldenburgische Staatsbahn und Österreich waren Anhänger dieser Steuerung, während sie sich auf anderen Bahnen nicht durchsetzen konnte. *Rana-*

fier hat sich mit viel Sorgfalt ihrer angenommen. Vereinzelt finden wir auch die von dem italienischen Ingenieur *Arturo Caprotti* entwickelte Bauform der Ventilsteuerung.

Das Für und Wider um die von *Johannes Stumpff* 1909 beim Stettiner Vulcan erstmalig ausgeführten Gleichstromzylinder hat bis zum Ende der Dampftraktion die Gemüter bewegt, und die Stimmen sind nicht verstummt, die immer wieder die großen Vorteile dieser Bauart betonten. Die Gleichstrombauart versuchte, die sattsam bekannten Flächenschäden der Zylinder, die durch Abkühlung des Dampfes an den inneren Zylinderwänden entstehen, durch Dampffluß in »gleichem Strom«, bei dem alle Zylinderflächen gleiche Temperatur aufweisen, zu überwinden. Notwendig waren hierzu allerdings kleine Füllungen und starke Dehnungen bei hohem Dampfdruck, wenn der schädliche Raum nicht vergrößert werden sollte. Bei den damaligen Drücken von meist 12 bar war ihr kein sonderlicher Erfolg beschieden. Es ist jedoch nicht von der Hand zu weisen, daß die Bauart manches für sich hat.

Die gewaltigsten Fortschritte machte wohl das Laufwerk der Lokomotive. Seiner Entwicklung von den Radialradsätzen nach *Nowotny*, *Bissel* und *Adams* über das Erfurter und Hannoversche zum Krauss-Helmholtz-Drehgestell sind wir bei den verschiedenen Bauarten begegnet. Auch rein äußerlich hat sich unsere alte Dampflokomotive verändert. Vor allem der Kessel ragt jetzt frei und hoch über den Rahmen. Die Kesselmitte über Schienenoberkante, die in den siebziger Jahren des vorigen Jahrhunderts noch bei 1 800 und 1 900 mm lag, ist bis auf 3 100 mm gestiegen. Der Barrenrahmen gibt den Blick ins Triebwerkinnere frei. Man sieht der Lokomotive jetzt an, was in ihr steckt; ihre Erscheinung ist wuchtig und kraftvoll geworden. Daß seit den achtziger Jahren auch die Lokomotivräder gebremst wurden, erwähnten wir bereits.

An die Stelle der Dampfbremse trat die 1868 von *George Westinghouse* erfundene Druckluftbremse, seltener die Saugluftbremse. Die Westinghouse-Bremse wurde aber nur in Süddeutschland und Sachsen eingeführt. Preußen glaubte, die billigere Carpenter-Bremse wählen zu müssen, die jedoch Mängel aufwies. Die Umrüstung erforderte hohe Kosten. Nach Übernahme des von *Jesse Carpenter* in Berlin gegründeten Unternehmens durch *Georg Knorr* wurde die als Knorr-Bremse bezeichnete verbesserte Westinghouse-Bremse in Preußen, später auch bei der Reichsbahn allgemein eingeführt. Besonders nach den Änderungsvorschlägen von *Karl Kunze* und *Wilhelm Hildebrandt* hat sie sich als Kunze-Knorr- und Hildebrandt-Knorr-Bremse in jahrzehntelangem Betrieb bis zu höchsten Geschwindigkeiten bestens bewährt und ist im Prinzip noch heute die in Deutschland übliche Bremsbauart.

Die Schleifer-Bremse, eine einfache Druckluftbremse, ist durch die Knorr-Bremse völlig verdrängt worden. Hingegen haben sich die Körting-Saugluftbremse und die mechanische Heberlein-Seilzugbremse auf Neben- und Schmalspurbahnen in bescheidenem Umfang noch lange gehalten.

Trotz der gewaltigen technischen Fortschritte wurde zur Vereinfachung der Bedienung und zur Verbesserung der Arbeitsbedingungen für das Loko-motivpersonal wenig getan. Nach dem Kampf um das Führerhaus dauerte es wieder Jahre, bis das Lokomotivpersonal wenigstens eine notdürftige Sitzge-legenheit erhielt. Wir können nicht umhin festzustellen, daß man sich trotz des technischen Fortschritts wenig um die Menschen sorgte, die einen so schweren und verantwortungsvollen Dienst verrichten.

Zusammen mit der Lokomotive wuchs auch der Tender zu respektabler Größe. War zu Beginn der siebziger Jahre neben dem dreiachsigen Tender der zweiachsige noch weit verbreitet, so entstand um die Jahrhundertwende der Tender mit zwei zweiachsigen Drehgestellen, 1895 erstmalig in Baden. Die alten preußischen Normallokomotiven waren noch mit Tendern gekup-pelt, die nur 10 m³ Wasser und 5 t Kohle faßten. Doch bald wurde aus dem Tender 3 T 10,5 der 3 T 15, die Gattung P 4 erhielt bereits den Tender 2′2′T 16 mit Außenrahmendrehgestell. Bei der P 8 tauchte der Tender mit Fachwerkdrehgestell auf, der schließlich in Preußen als 2′2′T 31,5 sein größ-tes Maß erreichen sollte. In Bayern bewährte sich der Tender 3 T 20,2, mit dem die Gattung G 4/5H gekuppelt war, so vorzüglich, daß von 1934 bis 1937 noch 156 Tender an preußische Dampfloks G 10 abgegeben wurden. Die S 3/6 waren dann mit dem Tender 2′2′T 31,7 gekuppelt, der auch in einer Ausführung mit zwei festen Laufradsätzen erschien; die bayerischen Tender faßten 8 t Kohle. Größter sächsischer Tender war der 2′2′T 31 mit 7 t Kohle, größter badischer der Tender 2′2′T 29,6 mit 9 t Kohle, während die württembergische C die Reise mit dem Tender 2′2′T 30 und 10 t Kohle antrat. Nur in Württemberg und Oldenburg hat sich der Tender 2 T 10 bis zum Ersten Weltkrieg gehalten.

Es wäre noch viel über den enormen Fortschritt zu sagen, den die einzel-nen Bauteile nahmen, über das Material, über Lagerung und dergleichen. Das wäre aber eine Geschichte für sich. Unser Streifzug durch die dritte Epo-che der Entwicklungsgeschichte des deutschen Lokomotivbaus, die Zeit von 1870 bis 1920, ist somit beendet. Diese Epoche war die entscheidendste, die Zeit der Vollendung schlechthin. *Borries, Helmholtz, Hammel* und *Garbe* gaben ihr das Gepräge. Nunmehr brach die Zeit des Ausgleichens und des Verfeinerns an. Der Erste Weltkrieg bot ein vorläufiges Halt. Wir werden jetzt festzustellen haben, wie der deutsche Lokomotivbau nach 1918 den Anschluß an die vom Krieg verschont gebliebenen Länder wiederfand.

Seite 227:
Männer der
Lokomotive:
der Kesselschmied.
Arbeiter an der
Feuerbüchse für die
Maschine 04 001
bei Krupp, 1932

5
Die Reichsbahnlokomotiven
(1920–1945)

5.1   Die Situation bei Gründung der Deutschen Reichsbahn

Nachdem bereits in den Jahren des Ersten Weltkriegs erfolglose Verhandlungen über eine Verreichlichung der verschiedenen Länderbahnen geführt worden waren, zwangen die Erfahrungen des Krieges, mehr noch seine katastrophalen wirtschaftlichen Auswirkungen, schnellstens – sogar ein Jahr früher als vorgesehen – zur Aufgabe der Länderinteressen. Die längst fällige Überwindung der Zersplitterung dieses wichtigen Wirtschaftsteiles kam endlich zustande, besonders, weil die Länder mit den drückenden Lasten der darniederliegenden Bahnen nicht mehr fertig wurden und diese auf das Reich abschoben.

Zum 1. April 1920 gingen sämtliche deutsche Staatseisenbahnen auf das Deutsche Reich über. Eine achtzigjährige Entwicklung, Ergebnis des ausgeprägten Föderalismus in Deutschland, war damit zum Abschluß gekommen. Die Deutsche Reichsbahn trat das Erbe der Preußisch-Hessischen, Bayerischen, Sächsischen, Württembergischen, Badischen und Oldenburgischen Staatsbahnen sowie der Mecklenburgischen Friedrich-Franz-Eisenbahn an. Aber wie sah dieses Erbe aus: Der Erste Weltkrieg hatte der Eisenbahn ein gewaltiges Chaos gebracht. Neben den verhältnismäßig geringen Totalschäden bei der Eisenbahn war überall der Oberbau in mangelhaftem Zustand, das rollende Material verwahrlost und der Fachpersonalbestand dezimiert. Besonders betroffen war der Lokomotivpark zum einen dadurch, daß 8 200 in bestem Zustand befindliche Maschinen an die Siegermächte abgegeben werden mußten, und zum anderen, daß die restlichen infolge ungenügender Pflege nicht voll einsatzfähig waren. Das Erbe von 1920 sah indes noch weit rosiger aus, als das Unheil, das der Hitlerkrieg 1945 hinterließ. Um die Lükken im Fahrzeugbestand zu schließen und den aus dem Feld heimkehrenden Männern neue Arbeit zu geben, wurden besonders in den Jahren 1919 bis 1923 große Lieferungen von Länderbahnlokomotiven in Dienst gestellt. Diese etwas verwirrend auch »Reichsbahnbauarten« genannten Maschinen der Gattungen G 8^2, G 10, P 8, T 18 und anderer nahmen in erheblichem Umfang schon den Platz ein, den modernere Konstruktionen im Lokomotivpark der Reichsbahn bekommen sollten.

Daneben erschienen auch einige neue Typen, die vor 1918 noch nicht gebaut worden waren. In Preußen lagen bei Kriegsschluß Entwürfe für eine starke Mittelgebirgs-Schnellzuglokomotive bereit, die bald in die Tat umgesetzt wurden: Als bedeutendste erste Nachkriegskonstruktion erschien 1922 die preußische P 10, die wir bereits würdigten. Wir wollen nicht übersehen, daß die Siegermächte ein besonderes Interesse an der deutschen Eisenbahn zeigten und mit Hilfe der Dawes- und Young-Pläne das Geld für Reparationen aus dem gewinnbringenden Bahnbetrieb erwirtschaften wollten. Deshalb wurde 1924 die Deutsche Reichsbahn-Gesellschaft organisatorisch vom Reichsverkehrsministerium getrennt; dieser Zustand dauerte bis 1937.

Nach kurzer Zeit ging man daran, einheitliche Bezeichnungen für den Lokomotivpark einzuführen. Am 25. Juli 1923 erschien der Vorläufige Umzeichnungsplan für die Lokomotiven der Deutschen Reichsbahn, der die vielen Lesern geläufigen Gattungs- und Ordnungsbezeichnungen brachte, und an den sich die deutschen Bahnen im Westen bis 1968 und im Osten bis 1970 gehalten haben. Die Deutsche Reichsbahn wählte 1923 eine Reihennummerierung. Jede Lokomotive erhielt eine zweistellige Stammnummer und, durch einen Zwischenraum getrennt, eine drei- bis vierstellige Ordnungsnummer. Die Stammnummern waren wie folgt auf die einzelnen Gruppen verteilt:

S	P	G	St, Pt	Gt	Z	L	K
01…19	20…39	40…59	60…79	80…96	97	98	99

Es ergibt sich auf diese Weise eine Art zweites Gattungszeichen. Innerhalb der durch die Stammnummern gebildeten Bauartreihen erfolgte eine weitere Zusammenfassung von Lokomotiven gleicher Achsfolge. Beispielsweise gab man allen Länderbahnlokomotiven mit der Achsfolge 2′C die Stammnummer 17, den Loks mit der Achsfolge 2′C1′ die Stammnummer 18. Die einzelnen Bautypen wurden dann wieder bei den Ordnungsnummern durch Hunderter- oder Tausenderreihen getrennt. Also für alle Lokomotiven der sächsischen Gattung XVIII H, (2′C1′-h3-S) galten die Ordnungsnummern 18 001 bis 18 099, für die württembergische Gattung C die folgenden Nummern 100 bis 199 usw. Läßt man nun die beiden letzten Ziffern der Ordnungszahl weg (bei den K-Lokomotiven die letzte) und setzt die verbleibende Ziffer erhöht zur Stammnummer, so ergibt sich eine noch nähere Bezeichnung der Lokomotive. Im obigen Beispiel also für die sächsische Lokomotive 18^0, für die württembergische aber 18^1. Das so geschaffene System kann nicht gerade als sehr glücklich angesehen werden, viel besser als die preußische oder bayerische Bezeichnungsweise ist es jedenfalls nicht. So hat sich auch, obwohl seit Einführung der Numerierung im Jahre 1923 an die 70 Jahre vergingen, die alte Länderbezeichnung bis heute erhalten, zumal sie meist viel einprägsamer ist. Wir haben sie auch in diesem Buch vorzugsweise benutzt.

Innerhalb der Gruppen rangierten die »Einheitslokomotiven« vor den »Länderbahnlokomotiven«, weil nach deren Ausmusterung keine Lücke im Nummerungsplan sein sollte. Veralteten Maschinen gab man Ordnungsnummern über 7 000, um keine Ziffern unnötig zu blockieren. Die zwei Hochdrucklokomotiven der Reichsbahn erhielten ein H, die beiden Turbinenlokomotiven ein T vor die Stammnummer.

Man kann über den Zusammenschluß der Bahnen im Jahre 1920 geteilter Meinung sein. Man kann bedauern, daß hierdurch vielleicht manche hoffnungsvolle Konstruktion verlorenging, daß manche angebahnte Entwicklung, wir denken vor allem an Bayern, vielleicht größere Erfolge gebracht hätte. Der Zusammenschluß war aber vom politischen und wirtschaftlichen Standpunkt aus notwendig. Auch militär-strategische Gedanken in Erinnerung an die Erfahrungen des Ersten Weltkriegs taten ihr übriges. Die Zersplitterung des wichtigsten Verkehrsträgers für Deutschland als einheitlichen Staat wäre für die weitere Entwicklung hinderlich gewesen. Aus diesem Grunde war für die Länderbahnen kein Platz mehr. Ein Blick in den vorläufigen Umzeichnungsplan erhärtet diese Feststellung, enthält er doch mehr als 350 verschiedene Lokomotivgattungen, dies ohne die zwischen 1920 und 1923 bereits ausgemusterten oder wegen geringer Stückzahl abgestellten Typen von den Vorgängerbahnen.

Vor dem jungen Unternehmen stand nun die Frage, wie der Lokomotivbestand weitergeführt oder ergänzt werden sollte. Selbstverständlich schien, daß schon aus wirtschaftlichen Gründen eine Beschränkung auf möglichst wenige, aber leistungsfähige Gattungen notwendig war, denn ein derartig großer Betrieb erfordert stärkste wirtschaftliche Konzentration. Zwei Möglichkeiten bestanden: der Weiterbau bewährter Gattungen der Länderbahnen, etwa der bayerischen S 3/6, der sächsischen XX HV, der preußischen P 8 und anderer, oder aber der Entwurf völlig neuer einheitlicher Bauarten. Der erste Weg hätte das geringere Risiko erfordert, denn der Entwurf einer neuen Lokomotive ist jedesmal ein Wagnis, und selbst der tüchtigste Konstrukteur weiß nie genau, was bei seinem Entwurf am Ende herauskommt. Man hätte hierbei auch die jahrelang gesammelten Erfahrungen bestens auswerten können.

Dem stand jedoch entgegen, daß die Länderbahnen über eine stattliche Anzahl vorzüglicher Maschinen verfügten, daß also die Auswahl zunächst gar nicht so einfach gewesen wäre. Die Gefahr einer erneuten unwirtschaftlichen Zersplitterung hätte von vornherein nahegelegen, zumal die Ländergattungen selbst in kleinsten Einzelheiten völlig abweichend voneinander entworfen waren und erst genormt werden mußten.

Also blieb nur der Weg der Neukonstruktion, der im Hinblick auf die zukünftige Entwicklung damals treffend gewesen sein mag, wenn er auch später nicht das gehalten hat, was man sich von ihm versprach. Es wird Aufgabe dieser Darstellung sein, sich auch mit diesem Weg kritisch auseinanderzusetzen, da die Ära der Einheitslokomotiven inzwischen ebenfalls Geschichte geworden ist. Wir möchten einschalten, daß wir uns aus Überlieferung noch des Wortes »Einheitslokomotive« im Gegensatz zur Länderbahnlokomotive bedienen. Inhaltlich hat der Ausdruck keine Daseinsberechtigung mehr.

Als Vorläufer der Einheitsbauart gilt allgemein die »Kriegslokomotive des Ersten Weltkrieges«, Gattung G 12, die von Preußen, Sachsen, Baden, Württemberg und Elsaß-Lothringen gemeinsam beschafft wurde. 1918 wurde der Allgemeine Lokomotiv-Normen-Ausschuß gegründet, der wiederum einen »Engeren Lokomotiv-Normen-Ausschuß« (Elna) bildete, in dem neben den Lokomotivbauanstalten die Eisenbahnverwaltungen vertreten waren. Diesen Ausschüssen war die Ausarbeitung von Normen für die Einzelteile der Lokomotive übertragen. Denn das war allen Beteiligten klar: Der Herstellung einheitlicher Lokomotivbaureihen mußte die Normung aller Einzelteile vorangehen. Dabei stand die Festlegung einheitlicher Passungen und Toleranzen im Vordergrund. Bei der Wahl zwischen den bekannten Passungssystemen, Einheitswelle oder Einheitsbohrung, entschied man sich für die Einheitsbohrung. Die Arbeiten im Elna sind richtungsweisend für die ganze Entwicklung des Lokomotivbaus zur Reichsbahnzeit gewesen.

1921 berief das neugegründete Reichsverkehrsministerium einen Ausschuß erfahrener Fachleute, der die Frage der künftigen Lokomotivkonstruktion untersuchen sollte. Eine von dem Oberingenieur *August Meister* von Borsig vorgelegte erste Entwurfsreihe überzeugte hinlänglich, wie bereits erwähnt, von der Richtigkeit des Entwurfs einheitlicher neuer Lokomotivtypen. Der Verwirklichung dieses Zieles diente endlich das 1922 ins Leben gerufene »Vereinheitlichungsbüro für Reichsbahnlokomotiven«, das von den deutschen Lokomotivbauanstalten im Zusammenwirken mit der Reichsbahn gegründet worden war. Das Vereinheitlichungsbüro stellte die Entwürfe unter Verwendung der von den Lokomotiv-Normenausschüssen aufgestellten Normen (Lo-Norm-Blätter) in engster Fühlung mit dem Reichsbahn-Zentralamt und der Hauptverwaltung der Reichsbahn her. Die Arbeit wurde so zusammengefaßt, daß von hier bereits die fertigen Werkstattzeichnungen den Lokomotivfabriken zugeleitet wurden. Das Vereinheitlichungsbüro hatte bezeichnenderweise seinen Sitz bei Borsig in Berlin-Tegel, einem der stärksten unter den deutschen Lokomotivbauunternehmen.

Im Reichsbahn-Zentralamt Berlin übernahm 1922 *Richard Paul Wagner* die Leitung des Lokomotivdezernats, ein ehrgeiziger Ingenieur, der nunmehr für 20 Jahre die Entwicklung steuerte und als der eigentliche Schöpfer

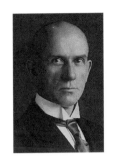

August Meister (1873–1939) hatte als Konstrukteur bei Borsig ab 1922 größten Einfluß auf die Einheitslokomotiven der Reichsbahn.

Richard Paul Wagner (1882–1953) leitete von 1922 bis 1942 das Bauartdezernat für Dampflokomotiven im Reichsbahn-Zentralamt Berlin.

der Einheitslokomotiven gilt. Eine nähere Betrachtung dessen, was damals entworfen und was tatsächlich gebaut wurde, dürfte nicht uninteressant sein. Allgemein wollte man auf 20 t Achsfahrmasse gehen, da der Umbau der wichtigsten Hauptstrecken inzwischen begonnen war. Es wurden geplant:

Lokomotivart	Bauartbezeichnung	Achsfahrmasse	Baureihe
Schnellzuglokomotive	2'C1'-h2	20 t	01
Schnellzuglokomotive	2'C1'-h4v	20 t	02
Personenzuglokomotive	2'C-h2	20 t	20
Personenzuglokomotive	1'D1'-h3	20 t	22
Personenzuglokomotive	1'C-h2	15 t	24
Güterzuglokomotive	1'C-h2	20 t	40
Güterzuglokomotive	1'D-h2	20 t	41
Güterzuglokomotive	1'E-h2	20 t	43
Güterzuglokomotive	1'E-h3	20 t	44
Personenzug-Tenderlok	1'C1'-h2	20 t	60
Personenzug-Tenderlok	2'C2'-h2	20 t	62
Personenzug-Tenderlok	1'C1'-h2	15 t	64
Güterzug-Tenderlok	C-h2	17 t	80
Güterzug-Tenderlok	D-h2	17 t	81
Güterzug-Tenderlok	E-h2	17 t	82
Güterzug-Tenderlok	1'D1'-h2	20 t	83
Güterzug-Tenderlok	1'E1'-h2	20 t	84
Güterzug-Tenderlok	1'E1'-h3	20 t	85
Güterzug-Tenderlok	1'D1'-h2	15 t	86
Güterzug-Tenderlok	E-h2	17 t	87
750-mm-Schmalspurlok	1'E1'-h2	9 t	99[73]

Dieser Zusammenstellung von Entwürfen für 21 verschiedene Gattungen folgten im zweiten Typisierungsprogramm von 1930 weitere 18 Typen, so daß schließlich, rechnet man den ebenfalls nicht verwirklichten zweiten Entwurf der Reihe 83 hinzu, doch 40 verschiedene Typen entworfen wurden. Diese Vielfalt überrascht uns. Hatte man nicht das Gegenteil angestrebt, die unbedingte Beschränkung auf wenige Typen? Mußte man sich nicht darüber klar sein, daß der technische Fortschritt allmählich von jeder Bauart wieder Untergattungen entstehen lassen würde? Erst die Rationalisierung nach 1950 mußte beweisen, mit wie wenig Lokomotivtypen ein Eisenbahnunternehmen im Grunde seinen Betrieb durchführen kann.

Treibrad ∅ / Achsdruck	2000 mm	1750 mm	1500 mm	1500 mm	1500 mm
20 t	Reihe 01, 02	Reihe 62	—	—	—
18 t	Reihe 03	—	—	—	—
15 t	—	—	Reihe 64	Reihe 24	Reihe 71

Treibrad ∅ / Achsdruck	1600 mm	1600 mm	1400 mm	1400 mm	1400 mm
20 t	Reihe 45	Reihe 41	Reihe 85	Reihe 43, 44	—
18 t	Reihe 45	Reihe 41	Reihe 84	—	—
15 t	—	—	—	Reihe 50	Reihe 86

Treibrad ∅ / Achsdruck	1100 mm	1100 mm	1100 mm		
20 t	—	—	—	—	—
18 t	Reihe 87	Reihe 81	Reihe 80	—	Treibrad ∅ / Achsdruck 10 t / 1000 mm — Schmalspur 1000 mm Reihe 99
15 t	—	—	Reihe 89	—	Treibrad ∅ / Achsdruck 9 t / 800 mm — Schmalspur 750 mm Reihe 99

5.2 Die Baumerkmale der Reichsbahnlokomotiven

Schema des bis 1940 verwirklichten Programms der deutschen Einheitslokomotiven

Erste und dringendste Maßnahme war der Bau von neuen Schnellzuglokomotiven, war doch der Aderlaß infolge der Ablieferungen aufgrund der Waffenstillstandsbedingungen hier am fühlbarsten gewesen. Es wurden zehn Zwillings- und zehn Vierzylinder-Verbund-Lokomotiven als neue Baureihen 01 und 02 in Auftrag gegeben, letztere, »damit man im Betrieb feststellen könne, ob die Verbundwirkung bei Heißdampflokomotiven noch nennenswerte Vorteile bringe«. Beide Lokomotiven waren so durchgebildet, daß die im Wirtschaftlichkeitskampf unterliegende Lokomotive durch Auswechslung der Zylinder mit Kolben, Treibstangen und Treibradsätzen später in die erfolgreiche Bauart umgebaut werden konnte.

Die neuen Bauarten, die 1925 abgeliefert wurden, boten ein neues Bild im deutschen Lokomotivpark. Stellen wir kurz die wesentlichen Baumerkmale dieser Maschinen, wie sie auch allen späteren Reichsbahnlokomotiven eigen sind, in einem Überblick zusammen:

2′C1′-h2-Schnell-zuglokomotive der Deutschen Reichsbahn, Reihe 01, verschiedene Erbauer 1925

1. Die Lokomotiven erhielten reichlich dimensionierte Kessel mit frei über dem Rahmen entwickelten Hinterkessel. Neu war der Übergang zur breiten Feuerbüchse süddeutscher Bauart, da bei den geforderten großen Rostflächen sonst Handbeschickung nicht mehr möglich gewesen wäre. Der Kessel war von der P 10 abgeleitet, man wählte die gleiche Rohrlänge von 5 800 mm, die allerdings später auf 6 800 mm erhöht wurde und dann noch bessere Verbrennungsergebnisse brachte. Der Stehkessel erhielt gerade Seitenwände. Die Überhitzer waren allgemein groß ausgelegt, der Dampfdruck betrug zunächst 14, dann 16 bar, der bei der Mehrzahl der Reichsbahnlokomotiven übliche Druck. Die Feuerbüchsbauart ergab bei den Reichsbahnlokomotiven allerdings eine starke Überbetonung der Berührungsheizfläche in den Rohren gegenüber der Strahlungsheizfläche. Die lange schmale preußische Feuerbüchse, die *Garbe* allen künftigen Lokomotivbauern so warm ans Herz gelegt hatte, wurde endgültig aufgegeben. Spätere Untersuchungen haben gezeigt, daß die breite Bauart durchaus anfechtbar war. Die Feuerraumbelastungen mit ihren bekannten unangenehmen Nebenerscheinungen an der Rohrwand waren in den Reichsbahnfeuerbüchsen wesentlich höher als bei der alten Länderausführung. Hier ergab sich bei den späteren Bauarten ein recht unerfreulicher Verlauf der Entwicklung, und die Kesselbauart ist dann bei den Reihen 06 und 45 schließlich mit 7 500 mm Rohrlänge ad absurdum geführt worden. Interessant ist, daß *Wagner* damals eine Verbrennungskammer, die aufgrund französischer und amerikanischer Erfahrungen bereits zur Diskussion stand, als unzweckmäßig und überflüssig ablehnte.

2. Das Triebwerk wurde sehr robust ausgelegt, Achs- und Stangenlager reichlich bemessen. Als Treibraddurchmesser für die Reihen 01/02 hatte man

1′D1′-h2-Güterzug-
Tenderlokomotive
der Deutschen
Reichsbahn,
Reihe 86, verschie-
dene Erbauer 1928

stet. Es muß befremden, daß bei diesen Maschinen ein heiß umstrittener technischer Fortschritt wieder aufgegeben wurde, nachdem sich alle Länderbahnen zum Krauss-Helmholtz-Drehgestell bekannt hatten. Nun, man hatte sich zunächst vom Gedanken der wirtschaftlicheren Herstellung und leichteren Unterhaltung leiten lassen. Deichselgestelle hatten sich im Ausland in großer Anzahl durchgesetzt, und Amerika, das Heimatland *Bissels*, verwandte sie bis zuletzt. Zudem waren die drei Gattungen nicht für hohe Geschwindigkeiten bestimmt, man glaubte also, mit der einfachen Deichselachse auszukommen, die sich bei der G 12 recht gut bewährt hatte. Die Praxis entschied aber wieder einmal anders. Trotz guter Rückstellvorrichtung neigten die Lokomotiven zum Schlingern. Man sollte gerade bei Zwillingsmaschinen nicht ohne weiteres vom Krauss-Helmholtz-Gestell abgehen. Die späteren Ausführungen der drei Bauarten wurden daher mit Krauss-Helmholtz-Drehgestellen ausgerüstet. Danach haben die Lokomotiven in jeder Hinsicht befriedigt.

Mit diesen leichten und leistungsfähigen Lokomotiven war zunächst dem Nebenbahndienst geholfen. Die Vereinheitlichung sollte jedoch auch die Güterzuglokomotive unter Ausnutzung der auf 20 t erhöhten Achsfahrmasse umfassen. 1926 wurde die bekannte schwere 1′E-Drillingslokomotive der Reihe 44 gebaut, der im folgenden Jahr die gleiche Lokomotive in Zwillingsanordnung als Reihe 43 folgte. Wiederum wurde von beiden Ausführungen

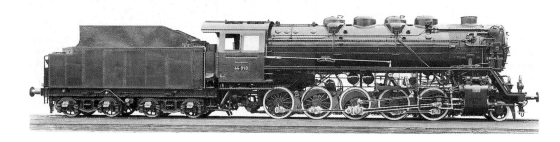

1′E-h3-Güterzug-lokomotive der Deutschen Reichsbahn, Reihe 44, Henschel u. a. 1926

eine Anzahl von jeweils zehn Probelokomotiven beschafft, um zunächst Erfahrungen zu sammeln. Die Lokomotiven erhielten den Kessel der Baureihe 01 mit 5 800 mm Rohrlänge; lediglich der Rost wurde, dem anderen Verwendungszweck entsprechend, vergrößert.

Wie zu erwarten war, zeigte auch hier im oberen Leistungsbereich der Drilling seine Überlegenheit. Da jedoch damals die Wirtschaftskrise einsetzte und die Massen der Güterzüge sehr zurückgingen, stützte man sich auf den Zwilling, den man im mittleren Leistungsbereich für wirtschaftlicher hielt. Es blieb daher bei zunächst zehn Probelokomotiven der Reihe 44, von der Reihe 43 wurden 25 Stück nachbestellt. Die vermeintlich höhere Wirtschaftlichkeit war jedoch ein Trugschluß. Die Unterhaltung der großen Zylinder der Zwillingslokomotive mit 720 mm Durchmesser bereitete erhebliche Schwierigkeiten. Lose Treibzapfen im Radstern waren nicht selten. Mit den Kriegsvorbereitungen, die auch die Zugmassen wieder ansteigen ließen, schlug das Pendel endgültig zugunsten des Drillings aus. Die Reihe 44 wurde ab 1937 in Serie genommen und in großer Stückzahl nachbestellt.

Bei der Serienmaschine änderte man Kessel und Rost geringfügig und erhöhte den Dampfdruck auf 16 bar. Gleichzeitig wurde der Zylinderdurchmesser von 3×600 auf 3×550 mm verringert. In dieser Form blieben sie jahrzehntelang die Standardlokomotiven des schweren Güterverkehrs. Ihre Leistung war außerordentlich hoch, sie vermochten in der Ebene 1825 t mit 60 km/h und auf 10 ‰ Steigung noch 1 000 t mit 30 km/h zu schleppen.

Zu den älteren Reichsbahnlokomotiven gehört auch die Reihe 62, eine 2′C2′-Tenderlokomotive mit 20 t Achsfahrmasse, die 1928 geliefert wurde. Die Lok, nur in geringer Stückzahl beschafft, war ursprünglich für die sogenannten Schnellzugendstrecken bestimmt, also z. B. die Strecke Aachen–Reichsgrenze. Ihre guten Leistungen ließen sie jedoch bald in den schweren Hügellanddienst abwandern. Bei der Reihe 62 gelang es, die Vorräte sämtlich über dem hinteren Drehgestell unterzubringen, so daß die Reibungs-

HENSCHEL 3037

masse von ihrer Zu- oder Abnahme wenig beeinflußt wurde. Die Lokomotive ist in ihrer Gesamtanordnung und Ausgeglichenheit vielleicht die beste aller Reichsbahnneubauten gewesen. Ihre Höchstgeschwindigkeit konnte auf 100 km/h festgesetzt werden.

1928 entstanden auch die beiden Gattungen von Rangierlokomotiven, die Reihen 80 und 81, erstere eine C-Lokomotive mit 17 t Achsfahrmasse, letztere ein gleichartiger Vierkuppler. Hier war man der Entwicklung etwas vorausgeeilt, denn der erwartete Bedarf an Rangierlokomotiven trat nicht ein, da nun einmal ältere Gattungen erfahrungsgemäß hierfür noch zweckmäßig verwendet werden konnten. So bürgerte sich der Einsatz von T 9³, T 12 und T 16 auf den großen Bahnhöfen allgemein ein. Auch die Reihe 87, eine E-Lokomotive mit 17 t Achsfahrmasse, deren Endradsätze durch ein Luttermöller-Zahnradgetriebe gekuppelt waren, blieb auf wenige Exemplare

2′C2′-h2-Personenzug-Tenderlokomotive der Deutschen Reichsbahn, Reihe 62, Henschel 1928

C-h-2-Personenzug-Tenderlokomotive der Deutschen Reichsbahn, Reihe 80, verschiedene Erbauer 1928

**E-h2-Tender-
lokomotive der
Deutschen Reichs-
bahn mit zahnrad-
gekuppelten End-
radsätzen, Reihe
87, Orenstein &
Koppel 1928**

beschränkt. Die Maschinen waren für die engen Gleisbögen der Hamburger Hafenbahn bestimmt.

Bis zum Jahre 1928 wurde die erste Typenreihe von Einheitslokomotiven verwirklicht. Wir sahen, daß zunächst für jeden Zweck etwas geschaffen und ein brauchbares Gattungsrepertoire zusammengestellt worden war. Die Krisenerscheinungen gegen Ende der zwanziger Jahre brachten jedoch den gesamten Lokomotivbau fast zum Stillstand. Es entstanden nur verhältnismäßig wenig neue Lokomotiven. Die Hauptarbeit dieser Zeit erstreckte sich auf Reparatur und Instandhaltung des gesamten Lokomotivparks, soweit das die Wirtschaftskrise überhaupt zuließ. Darüber hinaus ergab sich die Tatsache, daß die Praxis einige andere Wege erforderte, als sie die Theorie beschritt, und deshalb Änderungen im Lokomotivbau eintraten. Das zeigte sich besonders, indem man die Baureihe 62 für notwendig hielt und erst dann entdeckte, daß für den gedachten Zweck noch genügend T 18 und VIc vorhanden waren. Man machte sich an die Reihe 01 und merkte dann, daß der Umbau der Strecken auf 20 t Achsfahrmasse doch langsamer als der Lokomotivneubau vonstatten ging; man baute Rangierlokomotiven, die man durchaus hätte entbehren können, von den Entwürfen für 2′C- und 1′D1′-Personenzuglokomotiven ganz zu schweigen. Die Praxis ließ von 1926 bis 1930 nochmals eine Reihe bayerischer S 3/6 mit 18 t Achsfahrmasse bauen, auch die Lieferungen der sächsischen XII H 2 und der preußischen P 10 wurden erst 1927 eingestellt, desgleichen die Lieferung der preußischen G 8². Im Jahr 1928 wurde die Einheitslokomotive für 750-mm-Spur, 1931 eine ähnliche für 1 000-mm-Spur entwickelt und 1932 ein Sondertyp für 900-mm-Spur eingekauft, nachdem zunächst ältere Typen nachgebaut worden waren.

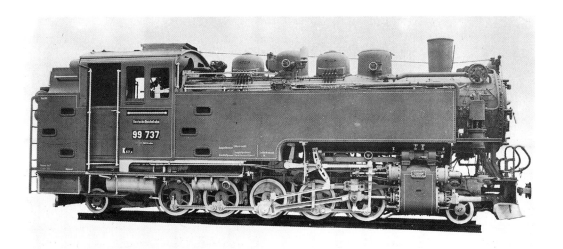

Der zweite Abschnitt im Neubauprogramm begann 1930. Wir erwähnten, daß der Einsatz der 01 noch nicht überall gegeben war, aus ihr wurde daher eine leichtere Schwester, die Reihe 03, eine 2′C1′-h2-Schnellzuglokomotive für 17 t Achsfahrmasse entwickelt. Auch die 03 war ähnlichen Wandlungen wie die 01 unterworfen, am Kessel ergaben sich Verbesserungen. Von der 123. Lokomotive an wurde die Achsfahrmasse auf 18 t, von der 163. Lokomotive an der Laufraddurchmesser auf 1 000 mm erhöht. Die größte Geschwindigkeit wurde auf 130 km/h festgesetzt. Die 03 konnte in der Ebene 790 t mit 100 km/h und auf 10 ‰ Steigung 380 t mit 60 km/h befördern. Die Reihe 03 erwies sich als ein tüchtiger und vielseitig verwendbarer Typ. Ihr Kessel war thermisch besonders gut gelungen, ihr Dampfverbrauch

1′E1′-h2-Tender-
lokomotive für
750-mm-Spur der
Deutschen Reichs-
bahn, Baureihe
99[73], Hartmann und
Schwartzkopf 1928

2′C1′-h2-Schnell-
zuglokomotive der
Deutschen Reichs-
bahn, Reihe 03, ver-
schiedene Erbauer
1930

erreichte mit 6,1 kg/PSh bei 385 °C Dampftemperatur einen Niedrigstwert. Ihr Einsatzgebiet lag mehr im Flachland, im Gegensatz zur 01, der auch der Vorstoß ins Hügelland mit Erfolg gelang. Auffallenderweise ist bei keiner der Einheitslokomotiven das Urteil der Fachwelt so sehr „von der Parteien Gunst und Haß" beeinflußt, wie gerade bei der 03.

Auf der Höllentalbahn in Baden wollte man den Zahnradbetrieb aufgeben. Den Dienst versahen badische VI b als Zug- und IX b als Schiebelokomotiven. Der Zugverkehr verlief schwerfällig, eine leistungsfähigere Bauart war notwendig. Dies führte 1932 zum Entwurf der Reihe 85, einer der großartigsten Neukonstruktionen der Reichsbahn. Diese 1′E1′-h3-Tenderlokomotive vermochte noch 165 t auf 55,5 ‰ Steigung mit 20 km/h zu befördern, bei 25 ‰ waren es mit 20 km/h sogar 495 t. Die Konstruktion war noch ausgereifter als die der preußischen T 20, deren Schleppleistung als gewaltigste aller Tenderlokomotiven von der 85 allerdings nicht übertroffen wurde. Nach Einsatz dieser Lokomotiven konnte der Zahnradbetrieb im Schwarzwald aufgegeben werden.

Für die »Bimmelbahn« Dresden–Altenberg, die auf Normalspur umgestellte Müglitztalbahn, wurde im Jahre 1935 die Reihe 84 entwickelt. Bei dieser Gattung kam es darauf an, kleinste Gleiskrümmungen zu durchfahren. Man führte zwei Lokomotiven mit Luttermöller-Radsätzen aus, die anderen erhielten erstmalig neue, von dem Oberingenieur der Firma Schwartzkopff, *Friedrich Wilhelm Eckhardt*, entworfene Lenkgestelle, bei denen über das Kraus-Helmholtz-Drehgestell hinaus zwei Treibradsätze durch Deichseln mit einem Laufradsatz verbunden wurden. Der Mittelradsatz blieb spurkranzlos. Der Erfolg war verblüffend. Die große Maschine durchfuhr

1′E1′-h3-Tender-
lokomotive der
Deutschen Reichs-
bahn, Reihe 85, Hen-
schel 1932

1′E1′-h2-Tender-lokomotive der Deutschen Reichs-bahn, Reihe 84, Bauart mit zahnrad-gekuppelten End-radsätzen, Oren-stein & Koppel 1934

anstandslos Krümmungen bis zu 100 m Halbmesser hinunter. Sie ist eine der interessantesten Konstruktionen, die in jener Zeit gebaut wurden, und hat zahlreiche neue Erkenntnisse gebracht. Da jedoch die Bahn nur eine geringe Stückzahl erforderte, ist beiden Bauarten eine Außenseiterstellung beschieden geblieben. Die Luttermöller-Maschine mit Zwillingstriebwerk war wohl sparsam im Dampfverbrauch, befriedigte aber trotzdem nicht ganz, da ihre schweren Massen den Lauf bei höheren Geschwindigkeiten sehr unruhig machten. Deshalb wurden acht Loks von Schwartzkopff nachbestellt.

Ein Mißgriff war die 1934 gebaute 1′B1′-h2-Tenderlokomotive der Reihe 71 (neu), die für Einmannbedienung, ähnlich früheren bayerischen Ausführungen, gedacht war und eine Konzession der Dampflokomotive an den Triebwagen darstellen sollte. Es war damals die Zeit der Triebwagenbegeisterung, alle Länder stellten derartige Versuche an. Sehr bekannt ist die österreichische Dampftriebwagen-Reihe geworden. Die anfangs eingebaute Unterschubfeuerung befriedigte nicht, die Zylinder waren mit 310 mm Durchmesser und 660 mm Hub zu klein geraten, auch die Vergrößerung des Treibraddurchmessers von 1 500 auf 1 600 mm brachte keine Besserung. Der Dampfverbrauch war sehr hoch, man wußte mit der Lokomotive nichts Rechtes anzufangen, so daß nach Bezug weniger Stücke der Bau wieder eingestellt wurde.

1934 erschien auch eine leichte Rangierlokomotive, die Baureihe 89, die zum Ersatz älterer Länderbahnlokomotiven bestimmt war. Vergleichshalber lieferten Schwartzkopff eine Naßdampfausführung und Henschel eine Heiß-

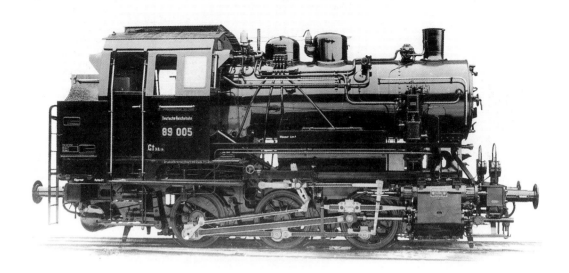

C-h2-Tender-lokomotive der Deutschen Reichsbahn, Reihe 89 (Heißdampf), Henschel 1934

dampfausführung. Auf den Berliner Bahnhöfen wurden die Maschinen lang-dauernden Vergleichsversuchen unterzogen. Dabei ergab sich für die Heiß-dampfmaschine ein günstigerer Gesamtwirkungsgrad, so daß man sich zu ihrer alleinigen Beschaffung entschloß. Der Krieg verhinderte den Bau des Typs in größerem Umfang. Es blieb bei den gelieferten zehn Maschinen.

Zu Anfang der dreißiger Jahre, ganz besonders nach dem Machtantritt Hit-lers, begann man von seiten des Staates, den Lokomotivbau in Deutschland zu drosseln. Durch die alsbald einsetzende Kriegsvorbereitung begann eine großzügige Förderung des Kraftverkehrs, der im Autobahnbau und im Bau von Kraftfahrzeugen seine Auswirkung fand.

Erst Mitte der dreißiger Jahre setzte nun, der strategischen Bedeutung der Eisenbahn entsprechend, ein Aufschwung im Lokomotivbau ein. Es ist dabei für die damaligen Erfordernisse charakteristisch, daß man sich vor allem der Entwicklung schnellfahrender und starker Lokomotiven, und hier insbesondere den Güterzuglokomotiven, zuwandte (Baurei-hen 06, 41, 45, 50, 52, 42).

Dieser Aufschwung brachte eine Reihe weiterer Entwürfe. Zum Kessel der Reihe 03 wurde ein 1′D1′-h2-Triebwerk mit 1 600 mm Treibraddurch-messer entworfen. Es entstand die Güterzuglokomotive der Reihe 41, deren größte Geschwindigkeit sich auf 90 km/h belief. Sie sollte zur Beschleuni-gung des Güterverkehrs dienen. Auch bei der Reihe 41 verwandte man den bei der 71 erstmals eingeführten Dampfdruck von 20 bar. Die Maschine war ein voller Erfolg, ihre vielseitige Verwendung, die sogar aushilfsweise auf das

1′D1′-h2-Güterzug-
lokomotive der
Deutschen Reichs-
bahn, Reihe 41, ver-
schiedene Erbauer
1936

Schnellzuggebiet übergriff, machte sie fast zu einer Universallokomotive, dem selten erreichten Ideal aller Eisenbahnverwaltungen. Die neue Gattung wies eine ungewöhnliche Neuerung auf. Die Achsfahrmasse konnte durch Verstellen der Ausgleichshebel wahlweise auf 18 oder 20 t festgesetzt werden. Der Einsatz der Lokomotive gestaltete sich hierdurch noch vielseitiger; auch bei den späteren Gattungen 06 und 45 machte man von dieser Möglichkeit Gebrauch.

Die Erfahrungen mit dem bisherigen Neubauprogramm waren recht günstig verlaufen, man wagte daher 1936 einen gewaltigen Vorstoß ins Neuland und ging an den Bau einer schweren 2′D2′-Schnellzuglokomotive, Reihe 06, und einer 1′E 1′-Güterzuglokomotive, Reihe 45. Beide Gattungen überschritten die 3 000-PS-Grenze, sie sind die größten deutschen Lokomotiven geblieben.

Die Kessel beider Lokomotiven waren gleich. Mit 310,5 und 120,6 m² Gesamtheizfläche erschienen sie in den Abmessungen außerordentlich. Der Dampfdruck betrug 20 bar, die Rohrlänge maß 7 500 mm, der Rost hatte 4,8 m² Fläche. Beide Maschinen besaßen Drillings-Triebwerk mit 520 mm Durchmesser und 720 mm Hub. Der Treibraddurchmesser bei der Reihe 06 lautete 2 000 mm, bei der 45 dagegen 1 600 mm. Die Höchstleistung der Reihe 06 lag bei 3 500 PS. Die Reihen besaßen wiederum veränderliche Ausgleichshebel für wahlweise 18 und 20 t Achsfahrmasse. Wegen der großen Länge der Lokomotive waren nur die Kuppelradsätze im Barrenrahmen gelagert, die Laufradsätze hingegen in vorn und hinten angeschuhten Blechrah-

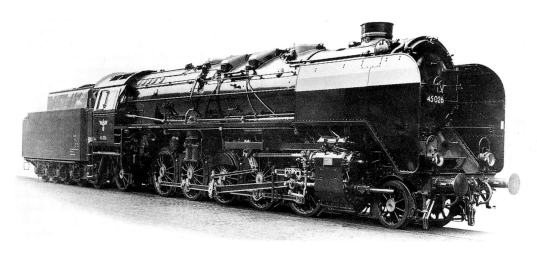

**2′D2′-h3-Schnell-
zuglokomotive der
Deutschen Reichs-
bahn, Reihe 06,
Krupp 1938**

**1′E1′-h3-Güterzug-
lokomotive der
Deutschen Reichs-
bahn, Reihe 45,
Henschel 1937**

men. Die Reihe 06 besaß zudem ein hinteres Außenrahmendrehgestell. So
weit die wichtigsten Abmessungen. Beide Lokomotiven waren also im engsten Austauschbau gefertigt, die 06 darüber hinaus stromlinienförmig verkleidet. Solche großen Lokomotiven waren bis dahin bei der Reichsbahn noch
nie gebaut worden, deshalb können sie mehr oder weniger als Versuchslokomotiven bezeichnet werden.

Beide Bauarten erhielten auch neue fünfachsige Tender von 38 m³ Wasserinhalt. Der Tender der 06 war stromlinienförmig verkleidet, die späteren
Neubauten der BR 01[10] wurden mit dem gleichen Tender ausgerüstet.

Bei diesen Maschinen ergab sich ein noch ungünstigeres Verhältnis von Rohrheizfläche zur Feuerbüchsheizfläche. Die Entwicklung war hier in die Irre geraten. *Wagner* wollte weder vom Stoker noch von der Verbrennungskammer etwas wissen. Es blieb auch bei diesen großen Kesseln bei der Handbeschickung der Feuerung. Damit war aber der baulichen Entwicklung des Rostes eine obere Grenze gesetzt. Wie widersinnig die Entwicklung hier verlief, zeigt sich daran, daß man vor dem Stoker zurückscheute, dafür aber die Lokomotiven mit zwei Heizern besetzte. Sowohl die 45 als auch die 06 waren wohl die stärksten deutschen Lokomotiven überhaupt, gleichzeitig aber auch die unwirtschaftlichsten Reichsbahnbauarten. Vom Personal, insbesondere von den Heizern, wurden sie mit gelindem Schauder betrachtet.

Der Beginn des Krieges verhinderte die Verbesserung dieser schweren Maschinen. Mit ihnen war die Entwicklung der schweren Einheitslokomotive an einer vorläufigen Grenze angekommen, noch nicht einmal an einem Höhepunkt. Da nach dem Krieg die Verhältnisse anders lagen, wurden sowohl die 06 als auch die Mehrzahl der 45 ausgemustert. Es verblieben lediglich einige Maschinen bei der Versuchsanstalt der Deutschen Bundesbahn in Minden, wo sie als Bremslokomotiven tätig waren.

Nach dem Kriege wurden Versuche angestellt, die Konstruktion der noch vorhandenen 45er zu verbessern. Die Maschine 45 024 wurde bei der Reichsbahn mit einem Zwangsumlaufkessel der Bauart LaMont für 42 bar Dampf-

1′E-h2-Güterzuglokomotive der Deutschen Reichsbahn, Reihe 50, verschiedene Erbauer 1939

druck und mit zweistufiger Dampfdehnung ausgerüstet. Bei den in Minden verbliebenen Maschinen wurde der Rost auf 4,47 m² verkleinert und der zweite Heizer durch Einbau einer Rostbeschickungsanlage Bauart Standard-Stoker mit Hulson-Schüttelrost eingespart. Gleichzeitig wurden neue vollständig geschweißte Kessel mit Verbrennungskammer eingebaut und das Verhältnis Kessel : Feuerbüchse besser aufeinander abgestimmt. Dadurch konnte die Heizflächenbelastung von 57 auf 70 kg/m²/h erhöht und die Dampferzeugung um 1,2 t/h gesteigert werden.

Mit den letzten Neukonstruktionen der Reichsbahn, den leichten Güterzuglokomotiven der Baureihen 50, 52 und 42, ist etwas Besseres geleistet worden. Die Lokomotiven haben sich zu vielen tausend Stück bewährt. Besonders die Reihe 50 bildete eine ganz vorzüglich gelungene Konstruktion. Sie unterschied sich im wesentlichen von den anderen Reichsbahnlokomotiven durch eine recht große Rostfläche und eine relativ niedrige Überhitzung. Offensichtlich hatte man hier bereits auf Kriegsverhältnisse Rücksicht genommen und an die Verfeuerung minderwertiger Kohle gedacht. Mit nur 15 t Achsfahrmasse war sie ein sehr vielseitig verwendbarer Typ und blieb zuletzt die zahlenmäßig am stärksten vertretene Dampflokomotive auf deutschen Bahnen. Sie erhielt bereits von der ersten Lokomotive an eine Stahlfeuerbüchse, die von nun an ausschließlich verwandt wurde.

Zur gleichen Zeit, als der Zweite Weltkrieg begann, wurden die ersten Lokomotiven der BR 50 ausgeliefert. Infolge der jetzt sprunghaft ansteigenden Anforderungen an die Eisenbahnen, insbesondere durch Ausfall der Straßentransportmittel, mußte der Weiterbau dieses Typs in verstärktem Maße vorangetrieben werden. Die bereits vergebenen Aufträge über Loks der Baureihen 24, 41, 45, 64, 01¹⁰ und 03¹⁰ wurden storniert. Schließlich beschränkte man den Lokomotivbau in den ersten Kriegsjahren auf die Baureihen 44, 50 und 86. Als Arbeitskräfte und Material 1941 knapper wurden, mußten sich auch diese Bauarten mancherlei Vereinfachungen gefallen lassen. Zunächst entfiel der Vorwärmer, dann der Speisedom, schließlich Umlaufbleche, Windleitbleche und sonstige Verschalungen. Die Schweißbauweise setzte sich mehr und mehr durch. Die so vereinfachten Typen erhielten ab 1942 die Nebenbezeichnung ÜK (Übergangskriegsbauart). Mit Ausdehnung der Kriegsschauplätze wurden die Lokomotiven der überfallenen Länder dem deutschen Transportwesen dienstbar gemacht; polnische, tschechische, belgische und französische Lokomotiven erschienen auf deutschen Bahnen, oft nur kurzfristig, da sie aus Ersatzteilmangel bald herumstanden und verkamen. Die Industrie der besetzten Länder wurde zum Lokomotivbau für die Reichsbahn herangezogen.

Der Überfall auf die Sowjetunion und die Transportkrise im Kriegswinter

1′E-h2-Güterzug-
lokomotive der
Deutschen Reichs-
bahn (Kriegsloko-
motive), Reihe 52,
verschiedene Er-
bauer 1942

1941/42 erhöhten die Nachfrage nach einem einheitlichen Lokomotivtyp. Zugleich hieß es, die Konstruktionen des Reichsbahn-Zentralamtes seien zu aufwendig für die Kriegsproduktion. Resigniert reichte *Richard Paul Wagner* 1942 seinen Abschied ein, nachdem der Krieg sein Lebenswerk, die Schaffung der Einheitslokomotiven, in so tragischer Weise beendet hatte. Die Lokomotivbeschaffung wurde nun vom Rüstungsministerium gesteuert, das einen Hauptausschuß für Schienenfahrzeuge gründete, dessen Aufgabe es war, Kriegslokomotiven mit möglichst vereinfachter Fertigung und geringstem Materialeinsatz zu bauen. Im September 1942 erschien erstmals die allbekannte »Kriegslokomotive« als Baureihe 52 auf dem Plan, die aus der Reihe 50 durch radikale Umstellung der Fertigung hervorgegangen ist.

Die Vereinfachungen waren hier sehr weit getrieben worden: Vorwärmer, Kolbenspeisepumpe, Zylindersicherheitsventile, Schlammabscheider und Achslagerstellkeile entfielen, zum Druckausgleich diente der Plattendruckausgleicher ohne Luftsaugventil. Neu war die Schweißfertigung der Treib- und Kuppelstangen zwecks vereinfachter Herstellung. Leider ging die damit verbundene Masseerhöhung der Triebwerksteile auf Kosten des Massenausgleichs, die Maschinen zuckten stark. Der alte Blechrahmen kam wieder zu Ehren, probeweise auch in geschweißter Form. Das Führerhaus wurde erstmalig unter Beistellung der neu ausgeführten selbsttragenden Wannentender mit Rücksicht auf den russischen Winter ringsum geschlossen ausgeführt. Charakteristisch waren auch die schmalen, an der Rauchkammer befestigten Windleitbleche der Bauart Witte, die damals erschienen.

Im Jahre 1943 erhielt als letzte Kriegskonstruktion der Reichsbahn die Reihe 52 eine Schwesterbauart mit 17 t Achsfahrmasse, die Reihe 42. Maßgebend für deren Bau war der Wunsch, für besondere Strecken einen leistungs-

fähigeren Typ zur Hand zu haben. Ihr Kessel war vergrößert und gegenüber
der 52 günstiger dimensioniert. Die Reihe 42 mußte die gleichen Fertigungs-
vereinfachungen über sich ergehen lassen wie die 52, allerdings wählte man
bei ihr wieder den Barrenrahmen. Ihr Laufwerk war infolge der Fertigungs-
vereinfachungen noch unausgeglichener als das der 52, die Zuckschwingun-
gen erreichten die Grenze des Erträglichen. Von den Kriegsbauarten wurden in der Reihe 52 mehr als 6 100 Stück und in der Reihe 42 über 840 Stück
beschafft, eine auf deutschen Bahnen einmalige Größenordnung. Selbst
nach Kriegsende wurden sie in verschiedenen Ländern weiterhin gebaut.

Nicht bewährt haben sich die Vereinfachungen am Triebwerk, die zu uner-
quicklichen Betriebsstörungen führten. Selbst Brüche von Kurbelstangen
und Kuppelstangen waren an der Tagesordnung, desgleichen hatten die stell-
keillosen Achslagerführungen und die Druckausgleicher so gut wie keinen
Erfolg; man mußte sie lange ertragen.

Wurde für die Baureihe 50 bereits der neue geschweißte Tender 2′2′T 26
entwickelt, so erhielten die Kriegslokomotiven noch weiter vereinfachte Tender, in der Mehrzahl den Wannentender (System Vanderbilt), der auf
gewöhnlichen Güterwagendrehgestellen lief, oder aber den von der österreichischen Lokomotivfabrik Floridsdorf entwickelten drehgestellosen
geschweißten Kastentender. Für den Einsatz im Osten wurde oft ein »erwei-
terter Frostschutz« angebaut.

Daß eine Anzahl von Kriegslokomotiven mit Wellrohrfeuerbüchsen ausgerüstet wurde, erwähnten wir bereits an anderer Stelle. Vorgesehen war auch
der Einbau des Brotankessels, der in Ungarn sehr erfolgreich verwandt worden war. Wegen Lieferschwierigkeiten der Wasserrohre blieb sein Bau auf
wenige Stücke beschränkt.

Projekte für eine weit stärkere dritte Kriegslokomotive wurden 1944 nicht
mehr ausgeführt, da sich das Blatt inzwischen gewendet hatte und der Krieg

wieder die deutschen Grenzen erreichte. Es lagen teilweise sehr interessante Entwürfe vor, teils in Mallet-Ausführung, teils als Sechs- und Siebenkuppler. Auch Entwürfe mit Booster waren erstmals vorgesehen. Bemerkenswert war, daß bei diesen Entwürfen der Lokomotivbauanstalten auf einmal Lösungen auftauchten, die während der Vorkriegsjahre zu den Tabus gehörten.

1940 brachte die Reichsbahn endlich die längst fällige neue Personenzuglokomotive heraus, die 1′C 1′-h2-Lokomotive, Reihe 23, eine mit dem Kessel der 50 ausgerüstete problemlose und gute Konstruktion. Ihr Treibraddurchmesser von 1 750 mm in Verbindung mit dem Krauss-Helmholtz-Drehgestell sicherte den Maschinen größte Vielseitigkeit und ermöglichte eine Höchstgeschwindigkeit von 110 km/h. Das Entstehen beider Probelokomotiven fiel leider in die ersten Kriegsjahre, so daß nur wenige Versuchsfahrten durchgeführt werden konnten. Sie leisteten aber wertvolle Vorarbeit für die Konstruktionen der beiden deutschen Bahnen nach 1945, die neuen Baureihen 23 und 23[10]; beides Typen, die letzte Erkenntnisse auf dem Gebiet des Dampflokomotivbaus verwirklichten.

Hier hatte man wieder einmal zur nicht allzu häufigen Achsfolge 1′C1′ gegriffen. Die Bauart war in Österreich lange Zeit beliebt; man schätzte sie wegen der Masseersparnis durch Fortfall des Drehgestells. Im Gegensatz zur 2′C ist bei ihr auch die Ausbildung eines breiten Rostes leichter möglich. In Deutschland war die 1′C1′ als Hauptbahnlokomotive nie sehr beliebt gewesen. Wir erinnern an die badische IV g von 1911 und die oldenburgische S 10 von 1917, zwei Bauarten von zweifelhaftem Wert. Doch die Mängel der alten Maschinen waren ja nicht der Achsfolge zuzuschreiben. Es ist unbe-

1′C1′-h2-Personenzuglokomotive der Deutschen Reichsbahn, Reihe 23, Schichau 1940

dingt zu begrüßen, daß man auf diese Bauart zurückgriff, die Reihe 23 war auch äußerlich eine architektonisch wohlgelungene Maschine.

Mit diesen Maschinen schließt die Entwicklung der Serienlokomotiven für die Reichsbahn bis 1945 ab, und wir haben noch einige Sonderbauarten zu betrachten. In den dreißiger Jahren machten sich auf allen Bahnen neue Schnelligkeitsbestrebungen bemerkbar. Besonderer Auftrieb entstand durch die damals aufgekommenen Schnelltriebwagen, von denen in Detuschland besonders der Kruckenbergsche Schienenzeppelin (1931) und der Typ »Fliegender Hamburger« (1933) Schule machten. Wir erinnern uns, daß eine ähnliche Welle zur Jahrhundertwende durch die Zossener Schnellbahnversuche ausgelöst wurde, denen die bayerische S 2/6 ihre Entstehung verdankte. Eine Parallele dazu fand sich in der neuen Stromlinienentwicklung. Eingehende Versuche im Windkanal hatten recht beträchtliche Ersparnisse infolge Verringerung des bei Schnellfahrten hohen Luftwiderstands ergeben. Die Theorie wurde 1934 erhärtet durch den Erfolg der zunächst nur mit Windschneiden, halbkugeliger Rauchkammertür und Triebwerksverkleidung versehenen Maschine 03 154. Übrigens wurde 1935 gemeinsam mit der Baureihe 05 auch die normale Lok 03 193 mit einer vollständigen »Stromschale« ausgerüstet, um wissenschaftlich genau den Einfluß der Verkleidung auf die Leistung messen zu können. Bei 140 km/h gewann die teilverkleidete Lok 03 154 schon 27 Prozent an effektiver Zugkraft, die vollverkleidete 03 193 sogar 48 Prozent. Das sind Zahlen, die auffielen.

Die endgültige Form der Verkleidung war bei der Reichsbahn sehr sorgfältig nach Windkanalversuchen gewählt worden. Die Praxis ergab allerdings später eine beträchtliche Behinderung des Betriebes. Eine Abschirmung der Verbrennungsluft war feststellbar, die Zugänglichkeit des Triebwerks war sehr erschwert, die Triebwerkskühlung allerdings nicht sehr behindert. Ersparnisse und Schwierigkeiten wichen vom Idealverhältnis wesentlich ab, so daß wir heute der Auffassung sind, daß die Verkleidung erst bei Geschwindigkeiten von über 120 km/h einen Sinn hat.

Anhand der Versuche ging man alsbald daran, die Erkenntnisse bei einer Neukonstruktion zu verwerten. Auf den schnellen Strecken Berlin–Hamburg und Berlin–Hamm waren als Höchstgeschwindigkeit 160 km/h zugelassen worden. Man hielt die Beförderung von schweren Schnellzügen in der genannten Geschwindigkeit für denkbar. Hinzu kam der Wunsch der Wagenbauer, ihre Erzeugnisse mit höherem Tempo als bisher zu erproben. Aus diesen Erwägungen heraus entstanden die beiden Schnellfahrlokomotiven der Reihe 05 im Jahre 1934, die, und wir glauben damit nicht zuviel zu sagen, einen Höhepunkt in der Entwicklung der Dampflokomotive bei der Reichsbahn darstellten. Diese großartige Leistung ihres Konstrukteurs, des Oberin-

genieurs *Adolf Wolff* von Borsig, brachte dem deutschen Lokomotivbau internationale Anerkennung ein. Den Lokomotiven war ein voller Erfolg beschieden. Mit Bedacht wählte man die symmetrische Achsfolge 2′C2′, eine Parallele zur 2′B2′, bei der die beiden Drehgestelle eine ausgezeichnete Führung garantierten. Der Treibraddurchmesser stieg erstmalig auf deutschen Bahnen auf 2 300 mm, um die Drehzahl in Grenzen zu halten. Der Kessel von 7 000 mm Rohrlänge übertraf den der 01 nur gering, die Heizfläche betrug 256 m², die Überhitzerheizfläche 90 m², den Dampfdruck setzte man auf 20 bar fest, der Zylinderdurchmesser konnte dabei mit 450 mm klein gehalten werden. Das hervorragend ausgeglichene Drillingstriebwerk sicherte der Maschine einwandfreien Lauf. Die Lokomotive und der neue fünffachsige Tender 2′3 T 38, der bisher größte, waren aerodynamisch verkleidet, zur Wartung des Triebwerks dienten Rolljalousien.

Die Leistung der Lokomotive war hervorragend; ihre größte Geschwindigkeit konnte unbedenklich auf 175 km/h festgesetzt werden. Bei dieser Geschwindigkeit betrug die Zugmasse in der Ebene noch 300 t. Unvergessen ist jener 11. Mai 1936, an dem mit der Lokomotive 05 002 bei einem Schnellfahrversuch auf der Strecke Hamburg–Berlin mit 200 t Zugmasse die Geschwindigkeit der Lokomotive bis auf 200,3 km/h gesteigert werden konnte. Hierbei ergab sich eine Höchstleistung von 3 137 PS. Diese Rekordfahrt erregte damals in aller Welt gewaltiges Aufsehen. Sie ist allerdings keine Einzelleistung geblieben. Eine amerikanische Lokomotive, die Nr. 7002 der Pennsylvania Railroad, soll 1905 bereits 204 km/h erreicht haben. Am 3. Juli 1938 erreichte die englische Lokomotive »Mallard«, ein 2′C1′-Gresley-Typ der Klasse A-4, ein Tempo von 202 km/h, allerdings auf einer Gefällestrecke. Die Lokomotiven der Klassen T 1 und S 1 der Pennsylvania Railroad überschritten ebenfalls die 200-km/h-Grenze, letztere soll bis zu 240 km/h erreicht haben.

2′C2′-h3-Schnellfahrlokomotive der Deutschen Reichsbahn, Reihe 05, Borsig 1934

2′C2′-h2-Schnell-fahr-Tender-lokomotive der Deutschen Reichsbahn mit Henschel-Wegmann-Zug, Nr. 61 001, Henschel 1935

Die zwei Maschinen der Baureihe 05 haben nach dem Krieg in umgebauter Form noch in Westdeutschland Dienst getan und sind erst 1958 ausgemustert worden. Die Kriegsvorbereitungen machten in Deutschland eine Weiterentwicklung auch dieses erfolgreichen Typs unmöglich. 1935 lieferte Henschel noch eine 2′C2′-h2-Schnellfahr-Tenderlokomotive der Reihe 61 für einen besonders zu diesem Zweck geschaffenen Zug, den Henschel-Wegmann-Zug, ab, die ebenfalls Stromlinienverkleidung aufwies. Ihre Höchstgeschwindigkeit betrug bei 2 300 mm Treibraddurchmesser 175 km/h. Die Lokomotive war imstande, ihren Zug innerhalb von 6 min auf 160 km/h zu beschleunigen. Allerdings waren ihrem Zwillingstriebwerk bei diesen hohen Drehzahlen Grenzen gesetzt, die Maschine lief bei 160 km/h bereits sehr unruhig, so daß das Zweizylinder-Triebwerk seither für hohe Geschwindigkeiten nicht mehr verwandt wurde. 1939 erhielt die Lokomotive eine Schwester mit der 2′C3′-Achsfolge, diesmal als Dreizylinder-Lokomotive, die nach Umbau in Halle 1961 als 18 201 zu späten Ehren gelangte. Mit der 61 001 wurden 186 km/h erreicht.

Bei dieser Gelegenheit soll auch der drei kleinen 1′B1′-Stromlinientenderlokomotiven der Lübeck-Büchener-Eisenbahn gedacht werden, die nach Verstaatlichung 1938 als Reihe 60 im Reichsbahnbestand liefen. Die Maschinen waren in Verbindung mit Doppelstockwagen zur Beschleunigung des Verkehrs Hamburg–Lübeck bis 120 km/h gedacht. Auf dem Zielbahnhof brauchten die Lokomotiven nicht umgesetzt zu werden und schoben den Zug zurück, eine Neuerung, die bahnbrechend gewirkt hat. Der letzte Wagen war hinten mit einem Führerstand versehen. Da die Lokomotiven zur Bewäl-

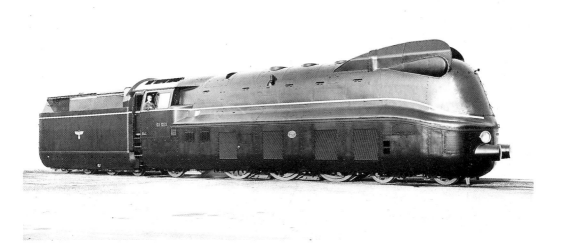

2′C1′-h3-Schnell-
zuglokomotive der
Deutschen Reichs-
bahn, Reihe 03¹⁰,
Krauss-Maffei u. a.
1939

tigung des Verkehrs nicht ausreichten, der Bahn aber aus Reklamegründen an einem gleichmäßigen äußeren Bild der Züge gelegen war, wurden auch einige pr T 12 der LBE stromlinienförmig (!) verkleidet. Die Maschinen kamen dadurch zu einer Ehre, die sie sich nie erträumt hatten, und der Leser möge sich selbst ausmalen, welch köstliche Figur die schon bei 60 km/h gewaltig schlingernde und wackelnde alte T 12 in Stromlinienverkleidung abgegeben haben muß.

Borsig baute 1937 noch eine Schnellfahrlokomotive mit Kohlenstaubfeuerung und vornliegendem Führerstand, die Lok 05 003. Schwierigkeiten mit der Feuerung ließen jedoch ihre Vorzüge nicht voll zur Entfaltung kommen. Die Maschine wurde bis 1945 in eine normale rostgefeuerte Lokomotive umgebaut, wobei die Stromschale entfernt wurde. Als Sonderling hat sie bis 1958 im Dienst der Deutschen Bundesbahn gestanden.

Die recht guten Erfahrungen mit der Verkleidung machte man sich beim Weiterbau der 01- und 03-Lokomotiven zunutze. Seit 1939 wurden sie mit Drillingstriebwerk ausgerüstet und galten von dieser Lieferung an als Reihen 01¹⁰ und 03¹⁰. Ihre Höchstgeschwindigkeit konnte bei ausgezeichnetem Lauf auf 140 km/h heraufgesetzt, im Krieg aber kaum gefahren werden. Bei diesen Lokomotiven ging man von der vollständigen Verkleidung des Triebwerks bald wieder ab, die Behinderung bei der Wartung war recht groß. Außerdem ließ die Zuführung der Verbrennungsluft unter den Rost zu wünschen übrig, man sparte daher das Triebwerk in der Verkleidung aus. Nach 1945 wurde diese Hülle vollständig entfernt. Die Lokomotiven erhielten später wieder das gewohnte Aussehen, denn sie wurden mit neuen geschweißten

Hochleistungskesseln und den schmalen Windleitblechen ausgerüstet. Die 01^{10}-Lokomotiven sind nach 1945 sämtlich in Westdeutschland verblieben. Auch die Tender beider Baureihen erhielten stromlinienförmige Verkleidung, die später wieder entfernt wurde. Die 01^{10} erhielt den Tender 2'3 T 38 wie bereits die Reihen 45 und 06.

5.3   Die Sonderbauarten im Reichsbahnbestand

Mannigfaltig waren die Versuche, die man in den zwanziger und dreißiger Jahren zur Verbesserung der Wirtschaftlichkeit an der alten Dampflokomotive anstellte. Im Ausland hatte man sich bereits mit derartigen Fragen beschäftigt, besonders die Erhöhung des Dampfdrucks erschien erfolgversprechend. Die Reichsbahn rüstete 1925 die Lokomotive H 17 206 mit einem Hochdruckkessel von 60 bar aus. Der Aufbau dieser Maschine, einer h3v-Bauart, ist reichlich kompliziert: Die Regelfeuerbüchse wird durch ein Rohrsystem abgelöst, in dem Dampf auf etwa 100 bar gespannt wird, der wiederum in einer Trommel den eigentlichen Hochdruckdampf erzeugt. Dieser wird nach Überhitzung auf 400 °C dem Hochdruckzylinder zugeführt. Im Rauchrohrkessel selbst entsteht Niederdruckdampf von 14 bar, der, mit dem Abdampf des Hochdruckzylinders vermischt, den beiden äußeren Niederdruckzylindern zufließt. Die Erfolge schienen anfangs recht ermutigend, erst nach einiger Zeit ergab sich, daß der Kessel diesen hohen Druckbeanspruchungen auf die Dauer nicht gewachsen war. Versuche ergaben gegenüber der Reihe 01 lediglich eine Wärmeersparnis von 8 Prozent, wodurch die hohen Unterhaltungskosten nicht aufgewogen wurden. Die Maschine wurde 1936 ausgemustert.

Noch verwickelter gestaltete sich eine zweite, von Schwartzkopff 1929 erbaute Hochdrucklokomotive H 02 1001, die nach dem Löffler-Verfahren mit einem Dampfdruck von 120 bar arbeitete. Auch hier bestand die Feuerbüchse aus parallelgeschalteten Rohrelementen. Der Hochdruckdampf wurde über ein sehr verwickeltes System von Rohrleitungen nach dreimaliger Überhitzung bis auf 500 °C den beiden äußeren Hochdruckzylindern zugeführt, während auf dem Wege des Wärmeaustausches Niederdruckdampf von 13 bis 14 bar Spannung und einer Überhitzung auf 300 °C gewonnen wurde. Dieser trat nach Arbeitsleistung im inneren Niederdruckzylinder unmittelbar ins Freie. Den Dampfkreislauf besorgten Dampfumwälzpumpen; in ihrer Konstruktion eine hervorragende technische Leistung. Gegen-

über der 01-Lokomotive ergaben sich Brennstoffersparnisse von 20 Prozent, die komplizierte Anlage machte die Maschine jedoch für den praktischen Betrieb untauglich.

Die Maschine bewies eindeutig, daß derartig hohe Drücke technisch wohl möglich sind, im Lokomotivbetrieb jedoch keinen Nutzen bringen. Es gelang nicht, eine Stopfbuchse zu entwickeln, die bei so hohen Drücken, wie sie in den Hochdruckzylindern auftraten, gegen die Atmosphäre abzudichten in der Lage war. Nach zweijährigen kostspieligen Versuchen wurde die Maschine stillgelegt.

Günstiger verliefen die Versuche mit den Mitteldrucklokomotiven, die

2′C1′-h3v-Schnell-zuglokomotive der Deutschen Reichs-bahn, Bauart Löffler, Nr. H 02 1001, Schwartzkopff 1929

2′C1′-h4v-Schnell-zuglokomotive, Bau-reihe 04 der Deut-schen Reichsbahn mit Mitteldruck-kessel, Krupp 1932

Regelkessel mit 25 bar aufwiesen. 1932 lieferte Krupp die beiden bereits erwähnten 2'C1'-h4v-Lokomotiven 02 101 und 02 102, die damals noch die Reihenbezeichnung 04 trugen. Ihnen folgten 1933 die 1'E-h4v-Güterzuglokomotiven 44 011 und 44 012 sowie die 24 069 (h2v) und 24 070 (h2), ferner die umgebauten 17 236 und 17 239 mit h3v-Triebwerk. Bei allen diesen Maschinen ergaben sich sehr günstige Dampfverbrauchswerte, die 5,0 kg/PSh bei 400 °C Überhitzung erreichten. Aber auch hier versagten die herkömmlichen Kessel. Bei allen Maschinen wurde der Druck auf 20 bar herabgesetzt.

Andersartig waren die Versuche, die mit Turbinenantrieb angestellt wurden. 1923 lieferte Krupp eine nach dem Patent Zoelly gebaute derartige Maschine, der 1926 eine ähnliche von Maffei folgte. Beide hatten die Achsfolge 2'C1' und trugen die Betriebsnummern T 18 1001 und T 18 1002. Bei der Turbinenlokomotive ging es um die Erhöhung der Wirtschaftlichkeit durch Vergrößerung des Wärmegefälles. Der Abdampf wird bei feuchter Rückkühlung des Kühlwassers in Raschig-Ringen im Tender unter Vakuum niedergeschlagen, die Turbine ermöglicht die vollständige Entspannung des Dampfes bis auf den Kondensatorunterdruck. Das Abdampfkondensat wird wieder zur Kesselspeisung verwendet, die Schonung des Kessels ist hierdurch außerordentlich. Bei der Krupp-Maschine lagen eine Hauptturbine und eine Anfahrturbine mit Umschaltgetriebe für beide Fahrtrichtungen, die sich bei 30 km/h selbsttätig abschaltete, über dem vorderen Drehgestell,

2'C1'-h-Schnellzuglokomotive mit Turbinenantrieb der Deutschen Reichsbahn, Nr. T 18 1001, Krupp 1923

1′E-h2-Güterzug-
lokomotive der
Deutschen Reichs-
bahn, Reihe 52
Kond, Kriegslokomo-
tive mit Kondensa-
tionstender, Hen-
schel 1943

während die beiden Kondensatoren quer unter dem Kessel und die Kühlwas-
serpumpe auf dem Tender lagen. Während die Krupp-Maschine mit dem für
den gedachten Zweck etwas niedrigen Betriebsdruck von 15 bar arbeitete,
wählte Maffei 22 bar und einen etwas günstigeren Kessel. Die Rückwärtsfahrt besorgte eine Hilfsturbine, und die Kondensatoren lagen zu beiden Seiten des Langkessels. Anstelle der Raschig-Ringe trat bei Maffei die Beriese-
lung von Kupferblechpaketen im Tender. Die Maschine war etwas leistungsfähiger als die von Krupp.

Sehr wesentlich war das Fehlen hin- und hergehender Massen beim Triebwerk, der Lauf der Maschine geriet so außerordentlich ruhig. Da das Dreh-
moment gleichmäßig über den Radumfang verteilt war, zogen die Maschinen recht gut an. Die Bindung an die Kolbengeschwindigkeit entfiel ebenfalls, der Treibraddurchmesser konnte klein gehalten werden. Die Brenn-
stofferfsparnisse der Turbinenlokomotive waren beträchtlich; sie stiegen bei
großer Leistung bis auf 28 Prozent. So bewährten sich die Maschinen in
ihrem Endstadium, nachdem eine Reihe von Kinderkrankheiten zu überwinden gewesen war. Die Krupp-Maschine wurde erst 1941 aus dem Verkehr
gezogen, da ihre Bremsen nicht mehr den Vorschriften genügten. Bedauer-
lich war, daß auch hier der Krieg weiteren Versuchen ein Ende bereitete. So
sind zwei bei Krupp in Bau befindliche 1′D2′-Turbinenlokomotiven mit
Stromlinienverkleidung nicht fertiggestellt worden (Baureihe T 09).

Es gab auch bei der Turbolokomotive sehr viel Für und Wider. Im Ausland wandte man sich ihr nach dem Krieg wieder zu. Die Dampfersparnis dieser Bauart kann bis zu 30 Prozent betragen. Zum Antrieb wurden allgemein
Curtis-Räder verwendet. Leider traten hier wiederum Düsenreibungs- und
Schaufelwirbelverluste auf, die durch den Verbrauch der Hilfsmaschinen
erhöht werden, was die Freude an der Bauart etwas trübte. Der Eigenwider-
stand der Turbolokomotive war recht groß.

Durch die Turbinenlokomotive wurde man auf die Abdampfkondensation
aufmerksam. Die Lokomotive 38 2355 wurde 1927 mit einem 1B2′-Kondens-

Richard Roosen (1901–1980) war als Entwicklungsingenieur bei Henschel verantwortlich für die Dampfmotorlok und die Kondenslok.

1′Do 1′-h8-Schnellfahrlokomotive mit Einzelachsantrieb der Deutschen Reichsbahn, Nr. 19 1001, Henschel 1941

tender ausgerüstet, bei dem der Lokomotivabdampf über die Turbine eines Hilfstriebwerks strömte. Wenn auch der Nutzen dieser Bauart gering war, so blieben doch die Vorteile der Kondensation, vor allem die Gewinnung kesselsteinfreien Speisewassers, bestehen.

Henschel rüstete ab 1943 eine Anzahl von Lokomotiven der Baureihe 52 mit 2′2′T- und 3′2′T-Kondenstendern aus. Mit dem Abdampf wurden zunächst die in der Rauchkammer eingebaute Saugzug- und die im Tender befindliche Lüfterturbine betrieben. Die Kondensatoren waren auf dem Tender unter drei Lüftern von 2 000 mm Durchmesser angeordnet und verliehen ihm dadurch ein recht fremdartiges Aussehen, das durch die beträchtliche Baulänge noch erhöht wurde. Nach gründlicher Ölabscheidung floß das Kondensat in einen Wasserbehälter und wurde dann durch Strahlpumpen wieder den Kolbenspeisepumpen zugedrückt. Die Loks wurden in der Sowjetunion verwendet. Ihre Konstruktion bewährte sich, doch wurde die Gewinnung kesselsteinfreien Speisewassers auf chemischem Wege vorgezogen. Die 1949 auf Kohlenstaubfeuerung umgebaute Maschine 17 1119 der Deutschen Reichsbahn erhielt ebenfalls einen Kondenstender.

Mit der Kohlenstaubfeuerung werden wir uns später beschäftigen. Als letzte Errungenschaft des Lokomotivbaus bescherte sich die Reichsbahn im Jahre 1941 noch die Schnellfahrlokomotive mit Einzelachsantrieb, die 19 1001. Hier wurde ein kühner Vorstoß ins Neuland gewagt, der hoch anzuerkennen ist, wurden doch schwierige technische Probleme von ihren Erbauern, den Kasseler Ingenieuren *Richard Roosen* und *Ulrich Barske*, mit Geschick gemeistert. Die Vorteile des Einzelachsantriebs sind von den elek-

trischen Lokomotiven hinlänglich geläufig: Fortfall der Kuppelstangen mit ihren Nachteilen, Verkleinerung der Raddurchmesser und damit Verkürzung des Achsstandes, was wiederum bessere Kurvenläufigkeit ergibt, Möglichkeit der völligen Einkapselung des Triebwerks mit entsprechender Schmierung. Es lagen bereits Erfahrungen über die 2′Co2′-Schnellzuglokomotive der Lokomotivfabrik Winterthur und der Société Alsacienne vor, die, mit einem 60-bar-Wasserrohrkessel ausgerüstet, je Radsatz zwei Drilling-Gleichstromdampfmotoren aufwies. Hier war eine ganze Reihe von Neuerungen auf einmal vertreten. Legte Winterthur die Zylinder waagerecht, so wählte Henschel bei der deutschen 1′Do1′-Schnellfahrlokomotive einen Motor je Radsatz mit jeweils zwei Zylindern in V-Anordnung. Der Treibraddurchmesser betrug nur 1 250 mm, erforderte also eine sehr hohe Drehzahl. Die Einexzenterumsteuerung wurde von der Kurbelwelle über Zahnräder angetrieben. Jedes Motorpaar war sorgfältig eingekapselt, Maschinen und Räder durch Pawelka-Gelenkkupplungen verbunden.

Die Gefahr beim Einzelachsantrieb liegt im Schleudern oder Durchgehen einer Motorgruppe, eine Erscheinung, die auch von der elektrischen Lokomotive her bekannt ist. Dadurch wird den anderen Motoren der Dampf entzogen, der Dampfverbrauch steigt rapide an. Bei der Henschel-Maschine ergaben sich zuächst Anfahrschwierigkeiten besonders bei schweren Zügen, die jedoch nach einigen Umbauten behoben werden konnten. Die Tatsache, daß die Lokomotive bei einer ihrer ersten Versuchsfahrten auf der Rampe zum Distelrasentunnel liegengeblieben ist, wurde ihr in der Literatur übel angekreidet. Wir sind jedoch ihren Erbauern eine Richtigstellung schuldig. Nach Abstellung einiger Mängel hat sich die Maschine durchaus bewährt. Bei einer Versuchsfahrt wurden 180 km/h erreicht. Größere Versuche konnten allerdings wegen des Krieges nicht unternommen werden. Die Maschine wurde im planmäßigen Schnellzugdienst eingesetzt und hat dort bis zu ihrer Bombenbeschädigung im Jahre 1944 Dienst getan. Sie geriet bei Göttingen in die Hände der amerikanischen Truppen, die sie 1946 instand setzen ließen und nach Amerika überführten. Dort ist sie allerdings nicht mehr zum Einsatz gekommen, sie wurde lediglich in mehreren Ausstellungen gezeigt. Der Strukturwandel in der Zugförderung war inzwischen hereingebrochen, bald nach 1950 wurde die Lokomotive verschrottet.

Allen weiteren Versuchen hat der Krieg ein Ende gesetzt. Die Weiterentwicklung der Kolbendampfmaschine zum Dampfmotor ist über das Versuchsstadium nicht hinausgekommen. Es ist heute nicht mehr abzusehen, welche reichen Möglichkeiten zu einer völligen Neuorientierung der Dampflokomotive hier noch verborgen lagen.

Einer wichtigen Neuerung im Lokomotivbau, welche die Reichsbahn ein-

führte, sei zum Schluß noch gedacht. Es sind dies die Rollenlager. Gegen-
über den Gleitlagern bieten sie große Vorteile: die Verhütung der üblen
Heißläufer, die wesentliche Einsparung von Schmiermitteln und vor allem
die Kraftersparnis, die beim Anfahren bis zu 15 Prozent, beim Lauf in der
Ebene bis zu 12 Prozent gegenüber den Gleitlagern beträgt. In den letzten
Jahren der Dampflokomotive konnten sich die Rollenlager in größerem
Umfang durchsetzen, nachdem es gelungen war, brauchbare Konstruktionen
sowohl für Achslager als auch für Stangenlager zu finden.

Zum besseren Verständnis der Zusammenhänge zwischen den Reichsbahn-
gattungen sei eine kurze »Abstammungslehre«, angeführt. Geringe, durch
die Zeitunterschiede bedingte Verbesserungen wurden nicht berücksichtigt.
Alle anderen Einheitslokomotiven besitzen eigene, meist aus den genannten
Konstruktionen abgeleitete Kessel.

Baureihen	Verdamp-fungsheiz-fläche m^2	Über-hitzer-heizfläche m^2	Rohr-länge mm
01, 02, 43, 44	238	100	5 800
01, 01[10]	247	85	6 800
03, 03[10], 41	203	72	6 800
06, 45	310	120	7 500
50, 52, 23	178	64	5 200
42	200	76	4 800
24, 64	104	37	3 800
62, 85	195	72	4 700
86, 87	117	47	4 500

Die einst entworfenen Baureihen 20, 22, 40, 41 alt, 60, 82 alt und 83 sind
nicht gebaut worden. Unvollendet blieb auch eine zweite Lokomotive mit
Einzelachsantrieb, die 1′Co2′-h6-St-Maschine 77 1001. Schließlich gehört
zu den Reichsbahnlokomotiven noch der Neubau der österreichischen
2′C2′-h2-Lokomotive Reihe 729, Reichsbahnreihe 78[6], der in den Jahren
1939 bis 1940 nach Eingliederung der Bundesbahnen Österreichs erfolgte.
Den Neubau der Zahnradlokomotive Reihe 97[4] vom Jahre 1941 haben wir
bereits erwähnt.

Die Ära der »Einheitslokomotive« ist inzwischen ebenfalls Geschichte
geworden, wenn auch viele Bauarten jener Zeit noch im Museumsbetrieb ste-

hen. Sie hat eine ganze Anzahl vorzüglicher Lokomotivtypen hervorgebracht und viele neue Erkenntnisse vermittelt, sei es die Erhöhung des Dampfdrucks auf 16 und 20 bar, die Überhitzung auf 400 °C, die Verbesserung des Triebwerks und anderes. Das, was man sich seinerzeit von ihrem Bau erhoffte, ist jedoch nicht eingetreten: die Erneuerung des Lokomotivparks von Grund auf und die Erzielung größter Wirtschaftlichkeit durch Beschränkung auf wenige Typen. Das Gegenteil war der Fall, die Einheitsbauarten haben nur die bereits vorhandene Typenvielfalt vermehrt.

Der Bau von Länderbahnlokomotiven ist noch bis 1930 betrieben worden. Mit der Bildung der Deutschen Reichsbahn ist der Kampf zwischen den größten konkurrierenden Lokomotivbauunternehmen nicht beigelegt worden. Der preußische Einfluß in der Beschaffungspolitik war von vornherein tonangebend, und die größten norddeutschen Lokomotivbauanstalten Henschel, Schwartzkopff und Borsig, später Krupp und AEG, liefen den übrigen immer mehr den Rang ab. Schließlich hat noch die Wirtschaftskrise dem Lokomotivbau und seiner technischen Verfeinerung unermeßlichen Schaden zugefügt. Seit der Mitte der dreißiger Jahre gab die Politik des Nazistaates der Entwicklung eine ganz andere Wende. Am Vorabend des Zweiten Weltkriegs standen nur etwa 3 000 Einheitslokomotiven den über 22 000 Länderbahnlokomotiven gegenüber. Während des Krieges wurden noch über 9 000 Lokomotiven gebaut und Tausende aus allen Ländern Europas annektiert.

So ist letzten Endes die Zeit von 1920 bis 1945 ein Torso geblieben, eine Phase zwar mancher Erfolge, aber auch vieler Mißgriffe. Das ist um so bedauerlicher, als nach 1945 der Strukturwandel in der Zugförderung abermals eine völlige Wende brachte. Dieselantrieb und elektrische Traktion traten nunmehr an die Stelle der Dampflokomotive. Die Chronisten können daher das Kapitel der Reichsbahnlokomotiven nicht ohne ein Gefühl der Resignation abschließen.

5.4   Die Elna-Lokomotiven

Unsere Betrachtung des Lokomotivbaus nach 1920 hat sich bis jetzt nur auf das Geschehen bei der Reichsbahn beschränkt. Man darf aber nicht vergessen, daß außerdem noch Privatbahnstrecken von nicht unbeträchtlichem Umfang bestanden. Ihre Länge verminderte sich zwar bis 1945 erheblich, wurden doch wichtige Bahnen, wie die Lübeck-Büchener, die Eutin-Lübekker, die Braunschweigische Landesbahn, die Münchener Lokalbahn, die Mecklenburgische Friedrich-Wilhelm-Eisenbahn und andere verstaatlicht. Der Lokomotivbestand dieser Bahnen wurde in den Nummernplan der DR eingeordnet. Dennoch können wir an der Entwicklung, welche die Dampflokomotive bei diesen Bahnen nahm, nicht ganz vorübergehen.

Damit kein falsches Bild entsteht, bedarf es der Erklärung des Wortes Privatbahn. Wir gebrauchen es im Gegensatz zur Reichsbahn. Wohl war ein Teil jener Bahnen in der Hand von Privatunternehmern oder Aktiengesellschaften (*Herrmann Bachstein*, Allgemeine Deutsche Eisenbahnbetriebsgesellschaft u. a.), ein großer Teil befand sich aber als Kreis- oder Landesbahnen in öffentlicher Hand.

An anderer Stelle erwähnten wir bereits, daß sich die Privatbahnen häufig an bewährte Staatsbahn-Lokomotivgattungen anlehnten. Es fuhren aber auch vielerlei eigene Typen, meist Angebote der Lokomotivbauanstalten oder Gelegenheitskäufe, so daß sich hier ein recht buntes Bild ergab. Weder den Bahnen noch den Lokomotivfabriken war dieser Zustand angenehm. Für die vielfach finanzschwachen kleinen Unternehmen bedeutete die Beschaffung einer neuen Lokomotive eine Riesenausgabe. Es wurde bis in die kleinsten Einzelheiten um einen möglichst niedrigen Preis gefeilscht. Für die Lokomotivwerke wiederum war bei derartigen »Einzelanfertigungen« kein Gewinn zu erzielen.

Industrie und Privatbahnen schritten daher noch vor dem Entwurf neuer

1′C-h2-Nebenbahnlokomotive, Bauart Elna, Typ 2, verschiedene Erbauer 1924 (hier: Ohlauer Kleinbahn Nr. 141, Henschel 1938)

Reichsbahnlokomotiven im Engeren Lokomotiv-Normen-Ausschuß zur Typisierung der Kleinbahnlokomotive: Im Arbeitsausschuß für normalspurige Kleinbahnlokomotiven wurden bis 1922 bereits die ersten Projekte aufgestellt. Es galt, einfache, betriebstüchtige, robuste und dabei sparsame Typen zu entwickeln. Entworfen wurden drei Grundtypen, deren Teile weitgehend austauschbar gehalten waren, und zwar ein C-Typ, ein 1'C-Typ mit Bissel-Achse und ein D-Typ, von denen jeder entweder mit 12 oder mit 14 t Achsfahrmasse gebaut werden sollte. Auch die Wahl zwischen Naßdampf und Heißdampf wurde dem Besteller freigestellt. Da bei dem C-Typ schließlich noch der Treibraddurchmesser wahlweise 1 100 oder 1 200 mm betrug, standen sogar 14 verschiedene Muster zur Verfügung, die jedem Zweck gerecht wurden.

Normalspurige Klein - u. Nebenbahn - Tenderlokomotiven - Elna - Typen -						
Type :	1	4	2	5	3	6
Achsdruck·t	12	14	12	14	12	14
Heizfläche·m²	50	59	59	71	71	82

Übersicht der wichtigsten Typen von „Elna-Lokomotiven", 1940

Der Kesseldruck lag einheitlich bei 12 bar, Rostflächen waren von 1,2 bis 1,84 m² vorgesehen, die Dienstmasse lautete je nach Ausrüstung 39 bis 55 t. Im Bild sind die Verdampfungsheizflächen der Heißdampftypen angegeben, zu denen noch die Überhitzerheizflächen kamen.

Die Elna-Typen fanden bald Zustimmung und bewährten sich ausgezeichnet. Es gab Bahnen, die bereits 1925 ihren Lokomotivbestand auf Elna umgestellt hatten. In anderen Fällen wiederum verhinderte die Wirtschaftskrise ihre Einführung, so daß, im großen und ganzen gesehen, auch hier der Erfolg hinter den Erwartungen zurückblieb. Als dann nach 1933 ein gewisser Aufschwung im Transportwesen einsetzte und besonders in den ländlichen Bezirken, die zum Bereich der Privatbahnen gehörten, Rüstungsfabriken und Flugplätze gebaut wurden, waren die Anforderungen an die Bahnen gleich wieder so groß, daß Elna-Lokomotiven nicht mehr genügten. Manche Bahn mußte zur Selbsthilfe schreiten und stärkere Maschinen bestellen, so die Köln-Bonner Eisenbahn, die Braunschweigische Landesbahn, die Halberstadt-Blankenburger, die Westfälische Landesbahn und andere, deren 1'C1-, 1'D1'- und 1'E1'-Typen schließlich den Ausschlag gaben, daß im Elna 1940 neue Typenpläne aufgestellt wurden, diesmal auch für 16 t Achsfahrmasse. Der Krieg verhinderte allerdings ihre Einführung. 141 Elna-Lokomotiven wurden bis dahin gebaut; 1944/45 nochmals 72 Stück.

Der Zusammenbruch 1945 traf die Privatbahnen besonders schwer. In Westdeutschland mußten viele Linien ihren Betrieb stillegen und zum Straßenverkehr übergehen. In Ostdeutschland erkannte man, daß auch den Privatbahnen – meist Kleinbahnen und Gebirgsbahnen – bei der Erschließung der wirtschaftlich zurückgebliebenen Gebiete und bei der Hebung der landwirtschaftlichen Produktion wichtige Aufgaben zukamen. Der größere Teil wurde deshalb 1949 verstaatlicht. Damit sind auch die Elna-Lokomotiven in den Bestand der Deutschen Reichsbahn gekommen und wurden in die Baureihen 89, 91 und 92 eingeordnet. Ihre Entwicklung endete jedoch mit dem Jahr 1945. Schienenbusse und Diesel-Kleinlokomotiven sind danach an ihre Stelle getreten.

Neben den Privatbahnen spielten die Fahrzeuge der Werk- und Industriebahnen eine große Rolle. Hier haben die Lokomotivbauanstalten nach 1920 selbst eine Typisierung geschaffen und der Industrie katalogmäßig Baumuster jeder Leistung und Spurweite angeboten. Sehr bekannt sind ferner die 1'E1'-Tenderlokomotiven von Borsig und Schwartzkopff geworden, die 1936 an die Preußische Bergwerks- und Hütten-AG für deren oberschlesische Sandbahnen als schwerste deutsche Tenderlokomotiven mit 23 t Achsfahrmasse geliefert wurden. Es soll auch nicht unerwähnt bleiben, daß die Industrie die Erfahrungen mit der Reichsbahn-Typisierung bei vielen Exportaufträgen genutzt hat.

Schließlich gesellte sich zu den Werkbahnmaschinen noch die Masse der Bau- und Feldbahnlokomotiven, gefolgt von den feuerlosen Lokomotiven. Alle diese Nebenformen sind jedoch von der Entwicklung der Reichsbahnlokomotiven weitgehend beeinflußt worden, und selbst die bescheidendste Feldbahnlok weist einen schwachen Abglanz von der Entwicklung der großen Schwester auf.

S. 269:
Männer der Lokomotive: die Konstrukteure. Vor der Lokomotive 66 001 der Deutschen Bundesbahn stehen im Henschelwerk die Ingenieure Paul Hans Bangert (ganz rechts), Friedrich Flemming (3. von rechts) und Friedrich Witte (4. von rechts), 1956.

6
Der Neuaufbau des Lokomotivbestandes (1945–1960)

6.1   Die Situation nach dem Krieg

Auch die Kriegsjahre hatten selbstverständlich entwicklungsgeschichtliche Bedeutung. Die eine Seite lernten wir bereits kennen, es war der Bau der Kriegslokomotive. Die andere Seite, nicht minder wichtig, waren die Vermischung des deutschen Lokomotivbestandes mit ausländischen Bauarten und der Übergang deutscher Maschinen in die Nachbarstaaten.

Das begann mit der Annexion Österreichs und der Eingliederung der Bundesbahnen Österreichs in die Deutsche Reichsbahn. Wir haben im Verlauf unserer Betrachtungen mehrfach feststellen können, daß die Beziehungen zwischen dem österreichischen und besonders dem süddeutschen Lokomotivbau oft sehr eng waren. Wir erinnern daran, daß die Münchener Lokomotivfabrik Krauss ein zweites Werk in Linz unterhielt. Manche Bauarten befruchteten sich gegenseitig. Immerhin verlief die Entwicklung hier andersartig, bedingt durch die verschiedenen geographischen Verhältnisse. Die Eingliederung brachte einen lebhaften Lokomotivaustausch mit sich. So kam eine ganze Reihe von Güterzug- und Personenlokomotiven nach Deutschland, wir denken an die österreichischen Reihen 110 und 429, 60, 170, 270, 229, 629 und 729, während andererseits zahlreiche deutsche G 12, G 10, G 8^1, G 8^2, 50, 52 und 42 nach Österreich abwanderten. Der dortige Oberbau war nur für 18 t zugelassen und das auch nicht überall, so daß 20-t-Maschinen nicht eingesetzt werden konnten. Zu Kriegsende waren die Lokomotiven über das ganze Bahnnetz verstreut, was ein großes Durcheinander ergab. Hinz kamen die nach dem Überfall auf Polen umgesetzten polnischen Lokomotiven, von denen besonders die polnische 2'C-Personenzuglokomotive, eine Schwester unserer P 8, noch nach dem Krieg zu sehen war. Die Bekanntschaft mit der großen polnischen 1'D1'-Schnellzuglokomotive, die bei der Reichsbahn in der Reihe 19^1 eingeordnet war, zeigte die leistungsfähige Stufe des Lokomotivbaus unseres östlichen Nachbarn.

Ebensogroß war der Einsatz französischer Lokomotiven auf deutschen Bahnen. Abgesehen davon, daß die nach dem Ersten Weltkrieg an Frankreich und Belgien abgegebenen Maschinen deutscher Bauart in den Bestand der Reichsbahn wieder eingereiht wurden, holte man noch sehr viele andere Typen herein. Zum Bestand kamen auch Lokomotiven, die in Deutschland selbst schon ausgemustert waren. Es wäre müßig, diese zahllosen Gattungen aufzuführen. Wir erwähnen nur die Bekanntschaft mit den französischen Vierzylinder-Verbundmaschinen, besonders der Bauart 241, die den deutschen Konstrukteuren manche Anregung gaben.

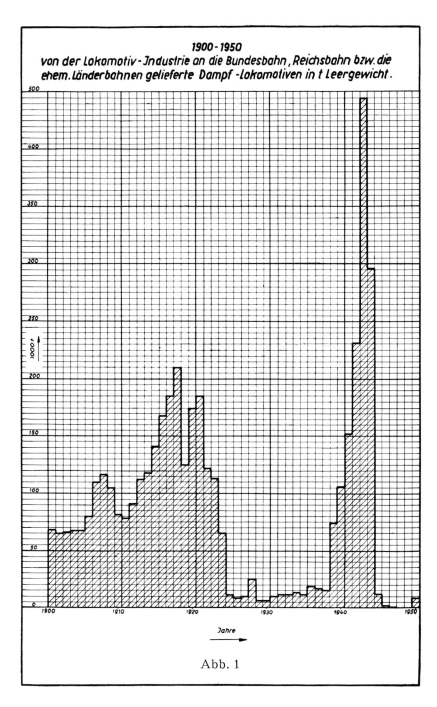

1900-1950
Von der Lokomotiv-Industrie an die Bundesbahn, Reichsbahn bzw. die ehem. Länderbahnen gelieferte Dampf-Lokomotiven in t Leergewicht.

Jahre

Abb. 1

Schwerpunkte
der deutschen
Lokomotivproduktion
zwischen 1900
und 1950,
nach Friedrich Witte

Nach 1945 war also der Lokomotivbestand bunter denn je in der deutschen Eisenbahngeschichte, hinzu kamen noch die betrieblichen Schwierigkeiten. Der Mangel an Steinkohle hatte im letzten Kriegsjahr den Übergang zur Braunkohlenbrikettfeuerung erforderlich gemacht. Der niedrigere Heizwert mußte durch die Masse wettgemacht werden. Die deutschen Lokomotiven waren für eine derartige Rostbeschickung nicht gebaut. Es ergaben sich die bekannten Unzuträglichkeiten, deren Aufzählung wir uns ersparen möchten. Unterbliebene Instandhaltung und Hauptuntersuchungen vervollständigten das Bild völliger Verwahrlosung. Der Lokomotivpark war 1945 nur noch zu 5 Prozent voll betriebstauglich. Außerdem unterband die Teilung Deutschlands den Austausch wichtiger Ersatzteile. Die ersten Maßnahmen waren daher organisatorischer Art. Später wurde allmählich an die Wiederherstellung gegangen. Es bedurfte großer Leistungen, um aus dem Nachkriegschaos herauszukommen und der Eisenbahn wieder den richtigen Platz im Wirtschaftsleben zu geben. Nachdem auch die Verwaltung 1949 neu gegliedert worden war, konnte endlich ein planmäßiger Aufbau auf lokomotivtechnischem Gebiet einsetzen.

6.2   Probleme der Wirtschaftlichkeit, die Kohlenstaublokomotive

Das wichtigste Problem nach der Wiederingangsetzung des Betriebes war die Erhöhung der Wirtschaftlichkeit. Die Bestrebungen galten zunächst der besseren Brennstoffausnutzung. Man richtete den Blick ins Innere der Lokomotive. Mannigfaltige Rostversuche wurden unternommen, die Speisewasserenthärtung war ein dringendes Gebot zur Verringerung der Auswaschtage und damit zur Erhöhung der Loklaufzeit. Gerade das mitteldeutsche Wasser ist sehr kalkhaltig. Nach vielen Versuchen gelang es schließlich, das Speisewasser auf chemischem Wege zu enthärten. Es wäre der Mühe wert, einmal all die vielen kleinen Verbesserungen, oft unscheinbarer Art, aufzuzeichnen, die oft aus Vorschlägen von Arbeitern und Meistern hervorgingen und dazu beitrugen, daß der Betriebszustand der Lokomotiven bald wieder ein normales Maß erreicht hatte.

Der Zwang zum strengen Haushalten mit dem Brennstoff lenkte in der sowjetischen Besatzungszone die Blicke wieder auf die Verwendung von Kohlenstaub. Die Versuche, Kohlenstaub zur Lokomotivfeuerung heranzuziehen, sind alt. Wir fanden sie um die Jahrhundertwende in Amerika, auch Schweden gab sich 1913 mit der Verbrennung von Torfpulver ab. Das Interesse war jedoch zunächst nicht sonderlich groß. Erst 1914 trat in den USA die »Locomotive Pulverized Fuel Co.« auf den Plan und hatte mit der von ihr entwickelten Lopulco-Bauart die ersten Erfolge. Von dort griff der Gedanke auf Südamerika über. Das Lopulco-System bildete den Grundstock für die spätere Entwicklung in Deutschland.

Jedoch gab man in Amerika die Sache wieder auf. Abschreckend waren allgemein die organisatorischen Schwierigkeiten wie der Bau von Mahlanlagen und die Beförderung des Staubes, denn das Unangenehme bei der Staubfeuerung waren vor allem die großen Investitionen, die im Gefolge der Aufbereitung des Staubes lagen.

In Deutschland waren es nach dem Ersten Weltkrieg finanzielle Gründe, welche die Angelegenheit akut werden ließen. Man beabsichtigte, den reichlich vorhandenen Braunkohlenstaub und den durch Vermahlung minderwertiger Steinkohlensorten gewonnenen Steinkohlenstaub zu verfeuern. Die Lokomotivfabrik der AEG unternahm 1924 erste Versuche an Lokomotiven. Zu gleicher Zeit griff auch Henschel das Problem auf, so daß zwei verschiedene Bauarten entstanden. Die letztere ist uns unter der Bezeichnung Bauart Stug geläufig. Der Firma Henschel hatten sich nämlich zu einer »Studien-Gesellschaft« noch Borsig, Hanomag, Krupp, Schwartzkopff und die Kohlensyndikate angeschlossen.

Bei beiden Systemen kam man unabhängig voneinander zu einer im Prinzip gleichen Ausführung des Staubtransports vom Tender zur Feuerung. Aus dem Boden des Staubbehälters wird der Staub mit einer Förderschnecke nach dem Vorderende des Tenders transportiert, dort von dem durch ein Turbogebläse erzeugten Luftstrom erfaßt und über bewegliche Rohrleitungen den Brennern zugeführt. Gebläse und Förderschnecke hatten getrennten Antrieb, und zwar wurde für das Gebläse eine Turbine und für die Förderschnecke eine kleine Kolbendampfmaschine verwandt.

Unterschiedlich waren die Durchbildung und die Anordnung der Brenner. Die AEG verwandte zwei Düsenbrenner, die unter dem Bodenring an der rechten und linken Seite der Feuerbüchse lagen, und deren Eintrittsöffnungen zum Verbrennungsraum aus fächerartigen Schlitzen bestanden; daher auch die Bezeichnung Schlitzbrenner. Die Stug-Brenner waren dagegen an der Feuerbüchsrückseite angeordnet und hatten Ähnlichkeit mit der Brause einer Gießkanne, so daß man sie Brausenbrenner nannte. Ein guter Ausbrand des zugeführten Staubes erfolgte dadurch, daß bei der Bauart AEG infolge seitlicher Brenneranordnung beim Zusammentreffen beider Flammenstrahlen in der Längsmitte der Feuerbüchse eine gute Durchwirbelung stattfand, während bei der Bauart Stug die durch die Brennerbauart schon sehr bauschigen Flammenstrahlen durch das Feuergewölbe wieder umgekehrt wurden. Es erwies sich bald, daß die Güte des Kohlenstaubs ausschlaggebend für den Erfolg der Experimente war.

Im Laufe der Entwicklung ergaben sich manche Verbesserungen. So vereinigte die Stug später den Gebläseantrieb mit dem der Förderschnecken, während die AEG beim getrennten Antrieb blieb. Es wurden zwischen 1928 und 1930 sechs Maschinen nach dem System AEG und vier nach Stug umgebaut. Es handelte sich um vier Loks der preußischen Gattung G 8², während die anderen sechs Loks der Gattung G 12 entnommen waren. Diese zehn Lokomotiven wurden zunächst beim Bw Halle eingesetzt und wanderten später nach Senftenberg ab, weil dort inzwischen eine Spezial-Mahlanlage gebaut worden war.

Obwohl es sich um reine Versuchslokomotiven handelte, war ihnen von Anfang an Erfolg beschieden, und sie standen bis in die ersten Kriegsjahre hinein in schwerem Dienst. Es ergab sich eine beachtliche Steigerung der Wärmeausbeute im Kessel; der Kesselwirkungsgrad lag um etwa 10 Prozent höher als derjenige einer vergleichbaren rostgefeuerten Lokomotive. Trotzdem konnten diese Lokomotiven noch nicht als ideal bezeichnet werden, denn es ergab sich in der Praxis, daß durchaus nicht alle Kohlensorten geeignet waren, und daß die Vermahlung sehr fein gehalten werden mußte, um die sogenannten Schwalbennester aus verkrustetem Staub an den Rohrwänden zu vermeiden. Deshalb war das eigentlich Ziel der Entwicklung nicht erreicht worden.

Auch der Verfeuerung von Steinkohlenstaub wich die Reichsbahn nicht aus. Borsig rüstete die 1937 gebaute Schnellfahrlokomotive 05 003 mit einer solchen Staubfeuerung aus. Die Versuche blieben unbefriedigend. Die Luftzuführung bereitete wegen der besonderen Bauart dieser Lokomotive, die mit dem Führerstand voraus fuhr, infolge der langen Förderwege und der nicht ganz zu vermeidenden Krümmungen in den Leitungen große Schwierigkeiten, so daß im Zusammenhang mit den Eigenarten des Brennstoffs starke Verkrustungen an den Rohrwänden auftraten und sogar die Heizrohre teilweise verstopft wurden.

Als die Deutsche Reichsbahn nach 1945 die Kohlenstaubfeuerung wieder aufgriff, war also die Erkenntnis vorhanden, daß diese Feuerung wohl erfolgversprechend sei, daß ein wirtschaftlicher Betrieb jedoch mit den bisherigen Methoden nicht zu erreichen war. Hier war es das Verdienst von *Hans Wendler*, die alten Probleme wieder angegangen und einer erfolgreichen Lösung zugeführt zu haben. Bei seiner Neukonstruktion wurde der Feuerraum von der Außenluft hermetisch abgeschlossen, so daß sowohl der Staubtransport als auch die Austragung des Staubes in die Feuerbüchse durch die vom Blasrohr oder Hilfsbläser angesaugte Verbrennungsluft erfolgte. Dadurch konnte auf die Förderschnecken und ein besonderes Gebläse verzichtet werden. Die Zuführung des Staubes regelte der Heizer durch einen einfachen

Drehschieber. Wesentlich vereinfacht wurde der Tender. Der Kohlenstaub-
behälter war in einzelne Kammern unterteilt, die einzeln und nacheinander
geleert wurden. Durch eine Schlauchverbindung war sogar die Überführung
des Staubes mittels Druckluft aus einem zusätzlich mitgeführten Kohlen-
staub-Behälterwagen zum Tender möglich, so daß der Aktionsradius der
Lokomotive wesentlich erweitert werden konnte.

Der Bauart Wendler war ein voller Erfolg beschieden. Der Kesselwirkungsgrad lag ebenfalls bis zu 10 Prozent über dem einer mit Steinkohlen
befeuerten Rostlokomotive. Gegenüber der Braunkohlen-Brikettfeuerung
wurden sogar Ersparnisse bis zu 35 Prozent erreicht. Außer einzelnen Lokomotiven der Baureihen 03^{10}, 36 und 65^{10} sowie zwei ehemals französischen
h4v-Lokomotiven, welche die Bezeichnungen 07 1001 (2′C1′) und 08 1001
(2′D1′) erhielten, wurden etwa 100 Lokomotiven der Reihen 17^{10}, 44, 52
und 58 nach diesem Prinzip umgebaut. Besonders zu erwähnen ist der
Umbau einer S 10^1, der Lokomotive 17 1119, in eine Kohlenstaublokomo-
tive mit Kondenstender.

In den Jahren nach 1955 hat auch die Ölfeuerung, die früher nur in Ländern mit eigenen Erdölvorkommen anzutreffen war, in Europa eine gewisse
Verbreitung gefunden. Unter anderen haben sowohl die Deutsche Bundes-

**Hans Wendler
(1905–1989)
machte sich mit
den Kohlenstaub-
lokomotiven „Sy-
stem Wendler" der
Deutschen Reichs-
bahn einen Namen.**

**2′C-h4v-Schnellzug-
lokomotive
Nr. 17 1119 mit Koh-
lenstaubfeuerung
(System Wendler)
und Kondenstender,
Umbau 1949**

bahn als auch die Deutsche Reichsbahn einen Teil ihrer hochbeanspruchten Lokomotiven der Baureihen 01^5, 01^{10}, 41 und 44 noch mit Ölfeuerungen ausgerüstet.

Auch bei anderen Teilproblemen des Lokomotivbaus finden wir manchen neuen Gedanken, so bei der Vorwärmung und der Abdampfverwendung. Erwähnt werden soll nur kurz die letzte Entwicklung auf dem Gebiet der Saugzuganlagen. Von den vielen Erfindungen auf diesem Gebiet waren besonders erfolgreich die Bauarten von *André Chapelon* (Frankreich) und in den letzten Jahren der Dampflok vor allem von *Adolph Giesl* (Österreich). Sein Flachejektor fand bei vielen Bahnen Eingang und wurde auch in Lokomotiven der Deutschen Reichsbahn eingebaut. Diese Anlage erzielte nicht nur eine hohe Saugzugwirkung bei geringstem Gegendruck, sondern gestattete auch den Einbau einer Drosselvorrichtung für die Heizrohre, so daß ein größerer Rauchgasanteil durch die Rauchrohre strömte und die Dampfüberhitzung erhöhte. Die Wirtschaftlichkeit der damit ausgerüsteten Lokomotiven konnte infolgedessen mit verhältnismäßig geringem Aufwand wesentlich erhöht werden.

6.3   Grundsätzliche Erwägungen für den Lokomotivneubau

In den ersten Jahren nach 1945 bestand, wie bereits ausgeführt wurde, die Aufgabe darin, den durch starke Beanspruchung und mangelhafte Pflege heruntergewirtschafteten Lokomotivpark aufzuarbeiten und instand zu setzen. Zu der Wiederherstellung der schwer beschädigten Lokomotiven wurden auch die Lokomotivfabriken herangezogen.

Nachdem auf diese Weise der Bestand an einsatzfähigen Lokomotiven den steigenden Verkehrsbedürfnissen angepaßt werden konnte, mußte aber sehr bald die Frage des Neubaus von Lokomotiven geklärt werden. Es erscheint daher angebracht, kurz auf die Zusammensetzung des Lokomotivparks im Jahre 1945 einzugehen.

Für den schweren Schnellzugdienst waren in den Jahren 1925 bis 1941 rund 650 Lokomotiven der Einheitsbaureihen 01, 01^{10}, 03 und 03^{10} beschafft worden. Außerdem war noch eine größere Anzahl leistungsfähiger Schnellzuglokomotiven von den ehemaligen Länderbahnen in den Baureihen 18 und 19 vorhanden. Für den leichteren Schnellzugdienst stand noch eine Anzahl Lokomotiven der Reihe 17 zur Verfügung.

Auch leistungsfähige Güterzuglokomotiven hatte die Reichsbahn, vor allem während der Kriegsjahre, in großer Zahl in Dienst gestellt. Die Anzahl der beschafften Lokomotiven in den Reihen 41, 42, 44, 50 und 52 belief sich auf etwa 12 450 Stück, wovon rund die Hälfte auf die Kriegslokomotiven der Reihe 52 entfiel. Auch eine große Anzahl ehemaliger Länderbahnlokomotiven der Reihen 56, 57 und 58 war für den schweren Güterzugdienst noch gut brauchbar, während die Lokomotiven der Baureihe 55 meist in den Rangier- und Nebenbahndienst abgewandert waren.

Personenzuglokomotiven waren jedoch von der Reichsbahn nur in geringer Zahl in Dienst gestellt worden. Der Neubau hatte sich auf die Reihe 24 beschränkt, von der 95 Stück beschafft wurden, während der Serienbau eines schwereren Typs (Reihe 23), der die Baureihe 38 ersetzen sollte, infolge des Kriegsbeginns nicht mehr zum Anlaufen gekommen war. Hauptträger des Personenverkehrs blieben daher die in den Jahren 1906 bis 1923 (vereinzelt bis 1927) gebauten Lokomotiven der Baureihe 38 von preußischer, bayerischer und sächsischer Bauart. Für den schweren Personenzugdienst standen 260 Lokomotiven der Reihe 39 zur Verfügung, die zusammen mit der Reihe 41 auch für den Schnellzugdienst im Hügelland geeignet waren.

An Personenzug-Tenderlokomotiven war der leichte Nebenbahntyp Reihe 64 in 520 Stück beschafft worden. Eine leistungsfähigere Einheitslokomotive fehlte jedoch, da von der Reihe 62 nur 15 Stück gebaut worden waren. Infolgedessen oblag der größte Teil des Personennahverkehrs auch hier hauptsächlich den ehemaligen Länderbauarten 74, 75, 77 und 78.

Ähnlich war der Stand bei den Güterzug-Tenderlokomotiven, wo sich die Beschaffungen in erster Linie auf die in 775 Stück gebauten 1'D1'-Tenderlokomotiven der Reihe 86 für Nebenbahnen beschränkt hatten, während von den übrigen Reichsbahnlokomotiven der Reihen 80, 81, 84, 85 und 89, die überdies zum Teil für Sonderzwecke beschafft wurden, nur geringe Stückzahlen vorhanden waren. Der weitaus größte Teil des Güternahverkehrs und des Rangierdienstes wurde daher von den Länderbauarten der Reihen 89, 91, 92, 93 und 94 bestritten. Den schweren Güterzugdienst und den Schiebedienst auf Steilrampen verrichtete eine kleine Anzahl von Lokomotiven der Reihen 95 und 96.

Es war also nur bei den Schnellzug-, Güterzug- und Nebenbahntenderlokomotiven ein beachtlicher Teil neuzeitlicher und leistungsfähiger Lokomotiven vorhanden, der voraussichtlich auf längere Zeit noch wirtschaftlich eingesetzt werden konnte. Bei den Personenzug-, Personenzugtender- und Güterzugtenderlokomotiven lag dagegen der Hauptanteil bei den Länderbauarten, die zwar zum großen Teil leistungsmäßig den betrieblichen Anforderungen noch entsprachen, für die jedoch wegen des steigenden Unterhaltungsaufwandes die Notwendigkeit des Ersatzes immer dringender wurde. Diese Situation galt ab 1949 sowohl für die Deutsche Reichsbahn als auch für die Deutsche Bundesbahn.

Bei der Frage des Neubaus von Dampflokomotiven galt es aber, nicht nur zu untersuchen, welche Typen beschafft, sondern auch, ob bewährte Einheitslokomotiven nachgebaut oder grundsätzlich neue Bauarten entwickelt werden sollten. Wir sehen hier eine Parallele zu den Problemen, die bei der Entstehung der Deutschen Reichsbahn bestanden. Auch damals stand man vor der Frage, entweder bewährte Länderbahnbauarten als Einheitslokomotiven – selbstverständlich unter weitgehender Normung der Einzelteile – weiterzubauen oder vollkommen neue, typisierte Bauarten zu entwickeln. Damals entschied man sich für den zweiten Weg, und die Erfahrung hat gezeigt, daß es der richtige war, denn die Einheitslokomotiven haben sich trotz anfänglicher Widerstände durchgesetzt und konnten überall mit Erfolg betrieben werden. Diese Entwicklung wurde Vorbild für ausländische Eisenbahnverwaltungen, wie zum Beispiel die Bulgarischen, Jugoslawischen und Türkischen Staatsbahnen, deren Einheitslokomotiven sich in vielen Beziehungen eng an die Reichsbahntypen anlehnten, und an deren Entwicklung die deutsche Lokomotivindustrie maßgebend beteiligt war.

Die Entscheidung der Frage, welche Art von Dampflokomotiven gebaut werden sollte, fiel bei beiden deutschen Bahnverwaltungen zugunsten der Variante, vollkommen neue Typen zu entwickeln. Beeinflußt wurde diese Entscheidung durch theoretische Erkenntnisse, die Auswertung ausländischer Erfahrungen und die Fortschritte der Technik. Die vom Jahre 1925 an entwickelten Einheitslokomotiven hatten sich wohl in wirtschaftlicher Beziehung bestens bewährt, waren aber nach Baugrundsätzen entworfen, die jetzt zum Teil als überholt angesehen werden mußten. Das betraf vor allem die Kessel, die aufgrund ihrer Bauart nur eine verhältnismäßig niedrige Heizflächenbeanspruchung ($57 \text{ kg/m}^2\text{h}$) zuließen.

Die Französischen Eisenbahnen hatten durch ihre Lokomotiv-Neubauten und ihre Umbauten den Beweis erbracht, daß durch zweckmäßige Abstimmung der Heizflächenanteile wesentlich höhere Heizflächenbelastungen erreicht werden können. Aus Amerika wurden die gleichen Erfahrungen bekannt. Das gab Veranlassung, auch in Deutschland systematische Versuche und theoretische Untersuchungen anzustellen. Diese Arbeiten, die zum Teil noch während des Krieges unternommen wurden, führten zu der Bestätigung, daß bei einem größeren Anteil der Feuerbüchsheizfläche an der Gesamtheizfläche des Kessels die Dampfentwicklung je m^2 Kesselheizfläche und damit die Leistung der Lokomotive wesentlich gesteigert werden können. Ein solcher Kessel verträgt also größere Überbelastungen, ohne Schaden zu nehmen, ermöglicht eine elastischere Anpassung an die wechselnden Betriebsbedingungen und wird verhältnismäßig leichter.

Auch die Schweißtechnik hatte wesentliche Fortschritte gemacht, so daß einer weit stärkeren Anwendung als bisher nichts mehr im Wege stand, um bei gleicher Masse größere Leistungen unterbringen zu können. Bei den neuen Lokomotiven entschied man sich daher nicht nur für vollkommen geschweißte Kessel, sondern auch für geschweißte Rahmen, zumal diese eine bessere Werkstoffausnutzung gestatteten und eine geringere Einsatzmasse erforderten als die Barrenrahmen.

Auch andere Erfahrungen, die konstruktive und wirtschaftliche Vorteile boten, waren bei den Neubaulokomotiven zu verwerten, wie Vergrößerung des Wasserraums zwischen Feuerbüchse und Stehkessel zur Verringerung der Beanspruchung der Stehbolzen, Einbau von Mischvorwärmern anstelle der Oberflächenvorwärmer, Einbau von Heißdampfreglern, Maßnahmen zur Verringerung des Radreifenverschleißes und zur Erhöhung der Laufruhe.

6.4   Neubauten der Deutschen Bundesbahn

Mit dem 1945/50 bei der Deutschen Bundesbahn vorhandenen Dampflokomotivpark, der aus 149 verschiedenen Bauarten bestand, konnten unter Berücksichtigung der schon geschilderten Situation nach dem Krieg nicht die Anforderungen erfüllt werden, die den normalen Betrieb kennzeichnen. Neubeschaffungen waren dringend erforderlich. Da jedoch bis etwa Anfang 1949 Neubauten in den deutschen Lokomotivfabriken nicht möglich waren, ließ die Deutsche Bundesbahn aus noch vorhandenen Teilen früherer Aufträge insgesamt 16 Lokomotiven der Baureihe 42 sowie 77 Stück der Reihe 52 und 9 Stück der Reihe 52 mit Kondenstender fertigstellen.

Das erste Typenprogramm für Neubeschaffungen umfaßte 14 Baureihen, die nach neuen Baugrundsätzen entwickelt werden sollten, und deren Größen und Achsanordnungen nach dem Vorbild der Einheitslokomotiven gewählt worden waren. Man versuchte jedoch aus Wirtschaftlichkeitsgründen von Anfang an, mit weniger Typen auszukommen, und diese Bestrebungen gewannen durch den Strukturwandel der Zugförderung in zunehmendem Maß an Bedeutung. Ende 1949 und Anfang 1950 wurden die Aufträge für die ersten Lokomotiven der zunächst entwickelten drei Baureihen 23, 65 und 82 erteilt, und bereits im September 1950 konnte die erste Lok der Reihe 82 in Betrieb genommen werden.

E-h2-Tenderloko-
motive, Baureihe 82
der Deutschen
Bundesbahn, Krupp
und Esslingen 1950

Bei der Baureihe 82 handelte es sich um eine E-h2-Güterzug-Tenderloko-motive, die als Ersatz für die bisherigen Baureihen 94[5] und 87 gedacht war, und die sowohl im Streckendienst als auch im reinen Rangierdienst einge-setzt wurde. Die Beschaffung einer derartigen Lokomotive war schon kurz vor dem Krieg vorgesehen, damals allerdings noch als Reihe 83 und mit der Achsanordnung 1′E1′. Wegen der nicht befriedigenden Laufeigenschaften der Reihe 94 glaubte man nämlich, bei Streckenlokomotiven ohne Beschrän-kung der Höchstgeschwindigkeit nicht auf die führenden Laufradsätze ver-zichten zu können.

Wie bei allen Nachkriegsneubauten, entstand der Entwurf in Zusammen-arbeit des Bundesbahn-Zentralamtes Minden mit der Lokomotivindustrie, und die Firma Henschel & Sohn, Kassel, baute die ersten Lokomotiven die-ser Reihe. Die äußere Gestaltung wurde im Gegensatz zu den vorherigen Einheitslokomotiven durch eine ruhigere Linienführung bestimmt. Von den Aufbauten auf dem Kessel blieb nur der Dampfentnahmedom, die Sandkä-sten lagen auf beiden Seiten in Höhe des Umlaufs.

Der größte Teil der neuen Baugrundsätze bezog sich, wenn das auch nicht ohne weiteres von außen sichtbar war, auf den Kessel. Außer der schon erwähnten zweckmäßigeren Abstimmung der einzelnen Heizflächenanteile erstreckten sie sich auch auf die rein konstruktive Gestaltung. Der Übergang zu vollständig geschweißten Kesseln führte teilweise zu neuartig ausgebilde-ten Bauelementen, wofür als Beispiel der Stehkessel-Bodenring sowie die Verbindung zwischen vorderem Kesselschuß mit Rauchkammerrohrwand und Rauchkammer zu nennen wären.

neten Sammelkasten eine bauliche Einheit. Von Anfang an erhielt diese kleine Baureihe die Henschel-MVT-Mischvorwärmeranlage nebst einer Turbospeisepumpe.

2′C1′-h3-Schnell-
zuglokomotive,
Baureihe 10
der Deutschen
Bundesbahn,
Krupp 1956

Besonders zu erwähnen sind die umschaltbaren Rückstellvorrichtungen in beiden Gestellen. Je nach Fahrtrichtung wurden von der Steuerschraube aus die Rückstellfedern der Gestelle durch Kniehebelspannschlösser gespannt oder entlastet, so daß das jeweils nachlaufende Gestell nur ein Drittel der Rückstellkraft des voranlaufenden Gestells aufbrachte. Dadurch traten beim Bogenlauf kleinere Richtkräfte und somit auch ein geringerer Spurkranzverschleiß auf.

Die neuentwickelte Schnellzuglokomotive der Baureihe 10 hatte trotz der ursprünglich vorgesehenen Achsfolge 1′C1′ wieder die bewährte Achsanordnung 2′C1′ mit Dreizylindertriebwerk erhalten, weil sie zur Bedienung des Fernverkehrs noch etwas leistungsfähiger als die 01^{10} ausgelegt werden sollte. Bei der Entwicklung wurde der für die Modernisierung der Reihe 01^{10} entwickelte und gebaute Ersatzkessel zugrunde gelegt, allerdings mit dem Unterschied, daß der Langkessel um 500 mm nach vorn verlängert worden ist. Zur Verstärkung der Blasrohrwirkung wurde versuchsweise ein Doppelblasrohr mit Doppelschornstein verwandt. Wie bei der Baureihe 66 ging man auch hier vom Mehrfachventil-Heißdampfregler ab und verwandte den

Einfachventilregler. Rahmen und Triebwerk stellten eine interessante Weiterentwicklung dar, weil erstmals der Zylinderblock für alle drei Zylinder aus einem einzigen Stahlgußstück bestand, der vorn und hinten mit dem in geschweißter Ausführung gebauten Rahmen durch Schweißung verbunden wurde; für zwei Loks ein erheblicher Aufwand.

Außer der normalen Kohlefeuerung wurde eine Ölzusatzfeuerung vorgesehen, die das Ausfahren von Leistungsspitzen erleichtern und Dampfmangel bei verschlackendem Feuer am Ende von Langläufen verhindern sollte. Die zweite Lokomotive bekam aus Wirtschaftlichkeitsgründen eine reine Ölfeuerung und war beim Personal wegen der Entlastung von schwerer körperlicher Arbeit sehr beliebt.

Zu erwähnen ist weiterhin, daß durch Erhöhung der Achsfahrmasse auf 22 t und des Kesseldrucks auf 18 bar in Verbindung mit hoher Überhitzung eine außerordentliche Leistungsfähigkeit erreicht wurde. Trotz der Höchstgeschwindigkeit von 140 km/h hatte man auf vollständige Verkleidung der Lokomotive verzichtet. Die sehr sparsam angewandte Blechhülle erstreckte sich nur auf Teilverkleidung des Trieb- und Laufwerks, so daß alle der Wartung unterworfenen Teile gut zugänglich blieben. Die beiden ersten Lokomotiven wurden 1956 von Krupp gebaut.

Außer der Neubeschaffung der vorstehend beschriebenen Bauarten führte die Deutsche Bundesbahn an verschiedenen vorhandenen Lokomotivgattungen größere und kleinere Umbauten durch, um im Versuchsbetrieb Erfahrungen mit neuartigen Konstruktionselementen und Ausrüstungen zu sammeln. Aus der Vielzahl dieser Sonderausführungen sollen nur die markantesten herausgegriffen werden.

Da nach dem Krieg ein besonders fühlbarer Mangel an Tenderlokomotiven bestand, wurden zur Bedienung entsprechender Verkehrsbeziehungen nach einem Vorschlag von Professor *Friedrich Mölbert*, Hannover, zwei Lokomotiven der Reihe 38[10-40] als Tenderlokomotiven umgebaut. Genauer gesagt, war die Konstruktion eigentlich eine Art Zwischenlösung von Tenderlokomotive und Lokomotive mit Schlepptender, weil der Lokomotivrahmen nicht verlängert worden ist. Der Tender stützte sich direkt auf das Drehgestell, dieses war aber mit einer Deichsel direkt am Hauptrahmen der Lokomotive angelenkt. Die Umbauten erfolgten bei Krauss-Maffei in München. Diese Lokomotiven erhielten wegen ihrer neuen Achsfolge 2′C2′ die Baureihenbezeichnung 78[10]. Die Lokomotiven haben jedoch die an sie gestellten Forderungen nicht erfüllt und wurden bald ausgemustert. Der Wannentender von den ausgemusterten Kriegsloks frischte die alte P 8 zur Rückwärtsfahrt ebensogut auf.

In zwei Lokomotiven der Baureihe 52 baute die Firma Henschel 1951

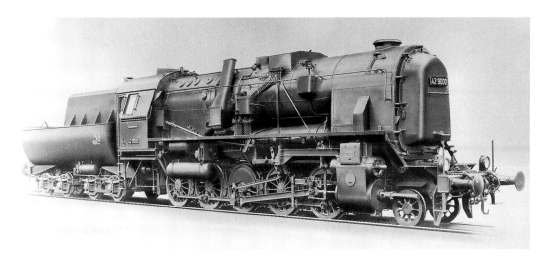

anstelle der üblichen Kessel eigene Sonderkessel mit Abgasvorwärmern der Bauart Franco-Crosti ein. Diese Abgasvorwärmer waren im Prinzip normale Heizrohrkessel, die seitlich und unterhalb der Rauchkammer und des Langkessels lagen. Die Rauchgase strömten nach Verlassen des Langkessels nicht mehr durch die Rauchkammer und den Schornstein ins Freie, sondern wurden in der Rauchkammer um 180° umgelenkt und durch die Vorwärmkessel geleitet. Erst dann traten sie durch seitlich am Langkessel hochgeführte Schornsteine ins Freie. Wegen der durch die Sonderausrüstung bedingten größeren Masse und der damit verbundenen Vergrößerung der Achsfahrmasse sowie wegen der höheren Leistung ordnete man diese beiden Lokomotiven in die Baureihe 42^{90} ein.

Bei Meßfahrten und im Betriebseinsatz der Reihe 42^{90} wurde zwar ein beträchtlicher Leistungsgewinn nachgewiesen, es ergab sich aber gleichzeitig, daß der Kessel eine noch größere Dampferzeugung gestattete, als der Leistung der normalen Baureihe 42 entsprach. Weil nun der wirklich erreichbare Nutzen sehr stark von der Kesselbelastung abhängig war und bei einem Kessel dieser Bauart dann erreicht wurde, wenn er für die meistgebrauchte Betriebsleistung ausgelegt war, sollten die sich daraus ergebenden Probleme durch Umbau einer weiteren Lokomotive geklärt werden.

Die im Auftrag der Deutschen Bundesbahn von Henschel vorgenommene Entwicklung eines neuen Kessels für die Lokomotive 50 1412 erbrachte durch zweckmäßigere Abstimmung der einzelnen Heizflächenanteile eine erhebliche Verkleinerung der Verdampfungs- und Überhitzerheizflächen sowie der Rostfläche. Dabei wurde es möglich, mit nur einem Vorwärmkessel auszukommen, der nun unterhalb der Rauchkammer und des Langkessels lag, so daß auch nach dem Umbau die gewohnte äußere Form der Dampflo-

1′E-h2-Güterzuglokomotive, Bauart Franco-Crosti, Baureihe 42^{90} der Deutschen Bundesbahn, Henschel 1951

**1´E-h2-Güterzug-
lokomotive, Bauart
Franco-Crosti,
Baureihe 50⁴⁰ der
Deutschen Bundes-
bahn, Umbau
Henschel 1954**

komotive erhalten blieb. Mit dieser Lok wurde eine Kesselbauart geschaffen, die als Vorbild für einige Ersatzkesselbeschaffungen der Baureihe 50 diente. Damals erhielten alle damit ausgerüsteten Lokomotiven auch die Baureihenbezeichnung 50⁴⁰.

Zum Erneuern des verbleibenden Dampflokomotivparks rüstete die Deutsche Bundesbahn auch weiterhin Lokomotiven mit modernen Verbrennungskammerkesseln aus, die einen größeren Strahlungsheizflächenanteil aufwiesen. Zwei Kesseltypen kamen in größerer Anzahl zum Einbau, eine für die 01 und 01¹⁰ (geplant später auch für die 44), die andere für die 03¹⁰ und 41. Gleichzeitig erhielten diese Lokomotiven Mischvorwärmer einer vereinfachten Bauart Heinl. Des weiteren wurden auch 30 Lokomotiven der letzten Ausführung der bayerischen S 3/6 (neue Reihe 18⁶) und einige Lokomotiven der Reihe 45 mit neuen Kesseln, letztere mit Stoker, umgebaut.

**2´C1´-h4v-Schnell-
zuglokomotive,
Baureihe 18⁶ der
Deutschen Bundes-
bahn, modernisierte
bayerische Gattung
S 3/6, Umbau
Krauss-Maffei 1953**

Die technischen Vorteile der Ölfeuerung in Verbindung mit den nach dem letzten Krieg eingetretenen Veränderungen in der Energieversorgung, vor allem aber die in Westdeutschland ständig steigenden Kohlenpreise, veran-

laßten die Deutsche Bundesbahn zu umfangreichen Versuchen mit Ölfeuerungen, die als Zusatzfeuerungen, aber auch als Hauptfeuerungen für die ausschließliche Verwendung von Öl als Brennstoff, ausgebildet waren. Bereits 1953 wurden einige Lokomotiven der Baureihe 01[10] mit der von Henschel für ausländische Bahnen gelieferten Ölhauptfeuerung ausgerüstet, und Anfang 1955 erfolgte im Ausbesserungswerk Göttingen der Einbau einer Krupp-Ölzusatzfeuerung in die Lokomotive 44 475. Schon bald nach Beginn der Betriebsversuche fiel die Entscheidung zugunsten der Ölhauptfeuerung. Nach einer ganzen Reihe von Änderungen, die sich durch die inzwischen gesammelten Erfahrungen als zweckmäßig erwiesen hatten,

wurde die Ölfeuerung bei einer größeren Anzahl weiterer Lokomotiven eingebaut, und zwar nicht nur bei Lokomotiven der Baureihe 01[10], sondern auch bei Maschinen der Reihen 41, 44 und 50[40].

Der Dampflokomotiv-Neubau für die Deutsche Bundesbahn wurde im Dezember 1959 mit der Lieferung der Maschine 23 105 durch die Lokomotivfabrik Jung abgeschlossen. Am 26. Oktober 1977 endete die Dampftraktion bei dieser Bahnverwaltung mit dem Einsatz der letzten ölgefeuerten Güterzugmaschinen (Baureihen 41 Öl und 44 Öl) zwischen Rheine und Emden in Ostfriesland.

2′C1′-h3-Schnellzuglokomotive, Baureihe 01[10] der Deutschen Bundesbahn mit neuem Kessel und Ölfeuerung, Umbau 1953

6.5   Neubauten der Deutschen Reichsbahn

Entsprechend der Struktur ihres Lokomotivparks waren bei der Deutschen Reichsbahn als erste Neuentwicklungen eine Personenzuglokomotive sowie Tenderlokomotiven für den Güterzug- und Personenzugdienst vorgesehen. Das Neubauprogramm wurde dann noch erweitert durch die Aufnahme einer 2′C1′-Schnellzuglokomotive, je einer leichten und schweren Güterzuglokomotive der Achsfolgen 1′E und 1′E1′ sowie einer Nebenbahn-Tenderlokomotive. Letztere wurde als Ersatz für ältere und kleine Lokomotiven erforderlich, von denen infolge Übernahme der ehemaligen Privatbahnen eine große Anzahl in den Bestand der Deutschen Reichsbahn gekommen war, die aber den Anforderungen des Verkehrs nicht mehr entsprachen. Auch für die zahlreichen Schmalspurstrecken mit 750 und 1 000 mm Spurweite, die teilweise einen starken Verkehr aufwiesen, bestand dringender Bedarf an leistungsfähigen Lokomotiven.

Für die neue Personenzuglokomotive wählte die Deutsche Reichsbahn aufgrund der Verkehrslage und der betrieblichen Verhältnisse in den ersten Jahren nach dem Krieg zunächst die Achsanordnung 1′D, um eine möglichst große Anfahrzugkraft zu erhalten, weil man mit der Lokomotive auch leichte Güterzüge befördern wollte. Man griff damit einen Gedanken auf, der bereits in den letzten Kriegsjahren Gegenstand der Untersuchung gewesen war. Es wurde verlangt, daß Züge von 1 000 t auf ebener Strecke mit 80 km/h gefahren werden könnten. Die Achsfahrmasse sollte 17,8 t nicht übersteigen, damit die Lokomotive ohne Einschränkung auf allen Hauptstrecken verkehren konnte.

Zwei Versuchslokomotiven dieser neuen Baureihe 25 wurden in Auftrag gegeben und vom VEB Lokomotivbau »Karl Marx« in Babelsberg geliefert. Die Lokomotive 25 001 wurde für Rostfeuerung gebaut und erhielt versuchsweise eine mechanische Rostbeschickungsanlage (Stoker), während die Lokomotive 25 1001 mit Kohlenstaubfeuerung nach dem System von Wendler ausgerüstet wurde.

Lauf- und Triebwerk beider Lokomotiven stimmten überein. Sie besaßen geschweißte Blechrahmen; ihr Durchmesser der gekuppelten Räder von 1 600 mm gestattete Geschwindigkeiten bis 100 km/h. Der Laufradsatz war mit dem ersten Kuppelradsatz zu einem Krauss-Helmholtz-Gestell vereinigt. Bei der konstruktiven Ausbildung der ebenfalls vollkommen geschweißten Kessel der beiden Lokomotiven wurden jedoch unterschiedliche Wege beschritten, um eine große Strahlungsheizfläche zu verwirklichen.

Die Lokomotive 25 001 erhielt eine mittelbreite Feuerbüchse, deren Heiz-

fläche durch eine in den Langkessel hineinragende Verbrennungskammer vergrößert war. Dagegen besaß die Lokomotive 25 1001 einen Kessel mit einer sehr langen schmalen Feuerbüchse, wodurch außer einer großen direkten Heizfläche auch ein langer Flammenweg und ein großer Verbrennungsraum für die Kohlenstaubflamme gewonnen wurden. Abweichend von der Bauart der alten Einheitslokomotiven und in Übereinstimmung mit den neuen Baugrundsätzen war unter anderem die Ausrüstung mit einem Mehrfachventil-Heißdampfregler und mit einem Mischvorwärmer, der vor dem Schornstein in der Rauchkammer eingebaut wurde. Da sich der Stoker bei Braunkohlen-Brikettfeuerung nicht bewährte, hat man die Lokomotive

1′D-h2-Personen-zuglokomotive mit Kohlenstaubfeuerung, Baureihe 25¹⁰ der DR, Lokbau Babelsberg 1954

1′D2′-h2-Personen-zug-Tenderloko-motive, Baureihe 65¹⁰ der DR, Lokbau Babelsberg und Hennigsdorf 1954

25 001 ebenfalls auf Kohlenstaubfeuerung umgebaut und sie sodann in 25 1002 umgenummert.

Besonders dringend war der Bedarf an einer kräftigen Personenzug-Tenderlokomotive für den Berufsnahverkehr der großen Städte und Industriezentren. Hier stand von vornherein fest, daß nur eine Lokomotive mit vier gekuppelten Radsätzen in Frage kam, um die schweren Züge schnell beschleunigen zu können. Die Vorräte sollten so bemessen sein, daß die Lokomotiven auch im Bezirksverkehr, also auf Strecken von 100 bis 120 km Länge, verkehren konnten. Die Achsfahrmasse mußte den Einsatz auf allen Hauptstrecken gestatten und wurde deshalb mit 17,5 t festgelegt.

Die Verwirklichung dieser Forderungen führte zu dem Entwurf einer 1′D2′-Tenderlokomotive, die erstmalig im Jahre 1954 als Baureihe 65^{10} vom VEB Lokomotivbau-Elektrotechnische Werke »Hans Beimler«, Hennigsdorf, gebaut wurde, während der Serienbau im VEB Lokomotivbau »Karl Marx«, Babelsberg, aufgenommen wurde.

Die Laufwerksanordnung mit einem vorderen Krauss-Helmholtz-Gestell und einem hinteren Laufradsatz-Drehgestell gewährleistete einen guten Lauf in beiden Fahrtrichtungen. Kessel, Rahmen, Kohlen- und Wasserkästen sowie Drehgestelle waren ebenfalls völlig geschweißt. Der Kessel hatte etwa die gleiche Heizfläche wie die Baureihe 65 der Deutschen Bundesbahn, aber mit Rücksicht auf die Verfeuerung von Braunkohlenbriketts eine größere Rostfläche. Die Vorräte waren reichlich bemessen und sicherten einen großen Aktionsradius. Der Kohlenbunker faßte 9 t Kohle. Der Wasservorrat

1′D2′-h2-Nebenbahn-Tenderlokomotive, Baureihe 83^{10} der Deutschen Reichsbahn, Lokbau Babelsberg 1955

von 16 m³ war in einem Wasserkasten hinter dem Führerhaus und in zwei seitlichen Wasserkästen neben dem Langkessel untergebracht, so daß der Stehkessel zur besseren Zugänglichkeit der Stehbolzen frei blieb. Zur Ausrüstung der Lokomotive gehörten Mischvorwärmer und Heißdampfregler.

Im Gesamtaufbau sehr ähnlich war die neue 1′D2′-Nebenbahn-Tenderlokomotive, die als Reihe 83¹⁰ bezeichnet und erstmalig im Jahre 1955 gebaut wurde. Sie war für Strecken bestimmt, auf denen Achsfahrmassen von höchstens 15 t und Geschwindigkeiten von 60 km/h zulässig waren. Infolgedessen genügte für diese Gattung ein Treibraddurchmesser von 1 250 mm, so daß die Lokomotive ziemlich gedrängt gebaut werden konnte. Die Größe des Kessels entsprach bis auf die erweiterte Rostfläche etwa der der Baureihen 24 und 64. Der Kesseldruck wurde entgegen den anderen Neubaukesseln auf 14 bar festgesetzt, um Risiken zu vermeiden. Die Vorräte gerieten mit 14 m³ und 8 t Kohle verhältnismäßig groß.

Bei Besprechung der Baureihe 25 ist erwähnt worden, daß man in den ersten Nachkriegsjahren der Ansicht war, den Forderungen des Fernpersonenverkehrs am besten durch den Bau einer Mehrzwecklokomotive, die sich auch für den leichten Güterzugdienst eignete, entsprechen zu können. Es war aber in der Folgezeit durch die Entwicklung des Verkehrs zu erkennen, daß die Voraussetzungen, die zum Bau dieser Lokomotive geführt hatten, nicht mehr zutrafen. Für den normalen Personenzugdienst, vor allem im Flachland, waren Leistungen und Zugkräfte, wie sie die Reihe 25 bot, nicht erforderlich. Andererseits wäre ihr Einsatz im Güterzugdienst nur beschränkt möglich gewesen, denn für diesen Dienst waren 1′E-Lokomotiven, wie sie in den Baureihen 50 und 52 vorhanden waren, nicht nur hinsichtlich der Zugkraft überlegen, sondern diese hatten aufgrund ihrer geringeren Achsfahrmasse noch den betrieblichen Vorteil der freizügigeren Verwendbarkeit auf Nebenbahnen.

Diese Überlegungen führten zum Entschluß, vom Weiterbau der Reihe 25 doch abzusehen und für den Personenzugdienst als Ersatz der Baureihe 38 eine dreifach gekuppelte Lokomotive entwickeln zu lassen. Die Berücksichtigung der Brennstoffverhältnisse führte zu einer solchen Rostgröße, daß nur die Achsanordnung 1′C1′ in Frage kam, weil sie eine freie Entwicklung des Stehkessels und eine gute Ausbildung des Aschkastens gestattete.

Die nach diesen Gesichtspunkten entwickelte neue Lokomotive, der man die Reihe 23¹⁰ gab, zeigte im Gesamtaufbau und im Aussehen Ähnlichkeit mit der ersten, im Jahre 1940 in Dienst gestellten Reihe 23. Hinsichtlich der konstruktiven Ausführung wurden aber durch Einbau einer Verbrennungskammer unter weitestgehender Anwendung der Schweißung alle neueren

Hans Schulze (1903–1962) leitete im Technischen Zentralamt der Deutschen Reichsbahn von 1953 bis 1959 die Neuentwicklung von Dampflokomotiven.

1´C1´-h2-Personen-zuglokomotive, Baureihe 23¹⁰ der Deutschen Reichsbahn, Lokbau Babelsberg 1955

1´E-h2-Güterzug-lokomotive, Baureihe 50⁴⁰ der Deutschen Reichsbahn, Lokbau Babelsberg 1956

Baugrundsätze verwirklicht. Der leistungsfähige Kessel und die zulässige Geschwindigkeit von 110 km/h befähigten die Lokomotive, auch mittel-schwere Eil- und Schnellzüge zu befördern.

Zugleich mit dieser Lokomotive wurde als Reihe 50⁴⁰ auch eine 1´E-Güter-zuglokomotive mit 15 t Achsfahrmasse entworfen und gebaut, die den glei-chen Kessel besaß und eine Weiterentwicklung der alten Baureihe 50 dar-stellte. Die ersten Lokomotiven dieser Reihen 50⁴⁰ und 23¹⁰ wurden um die Jahreswende 1956/57 vom VEB Lokomotivbau »Karl Marx«, Babelsberg, abgeliefert. Betriebsbedarf für die 50⁴⁰ bestand wohl kaum.

Für die Schmalspurstrecken mit 750-mm- und 1 000-mm-Spur wurden 1´E1´-Tenderlokomotiven in Anlehnung an die älteren Baureihen 99⁷³ und 99²² neu entwickelt. Sie unterschieden sich von diesen zunächst durch wei-

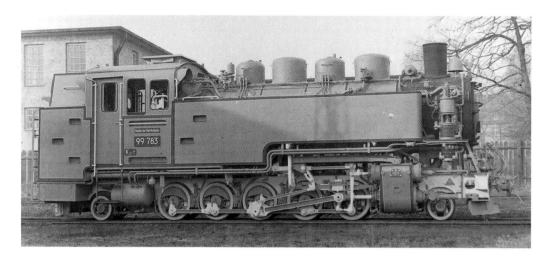

testgehende Anwendung geschweißter Bauteile und durch größere Rostflächen. Bei der neuen Baureihe 99⁷⁷ für 750-mm-Spur wurde die Laufwerksanordnung mit vorderem und hinterem Bissel-Gestell beibehalten.

Bei der 1′E1′-Meterspurlokomotive der Baureihe 99²³erforderte die Anpassung an die kurvenreichen Strecken im Harz eine Neugestaltung des Laufwerks. Während die ersten Lokomotiven mit Krauss-Helmholtz-Gestellen ausgerüstet wurden, erhielten die Lokomotiven der zweiten Lieferung zur weiteren Verbesserung des Bogenlaufes ein Eckhardt-II-Gestell, eine Weiterentwicklung des bei der Baureihe 84 eingeführten Schwartzkopff-Eckhardt-Gestells. Beide Gattungen wurden seit 1952 in größerer Anzahl in Dienst gestellt.

Mit der Ablieferung der Lok 50 4088 im Dezember 1960 wurde bei der

1′E1′-h2-Tenderlokomotive für 750-mm-Spur, Baureihe 99⁷⁷ der Deutschen Reichsbahn, Lokbau Babelsberg 1952

1′E1′-h2-Tenderlokomotive für 1000-mm-Spur, Baureihe 99²³ der Deutschen Reichsbahn, Lokbau Babelsberg 1954

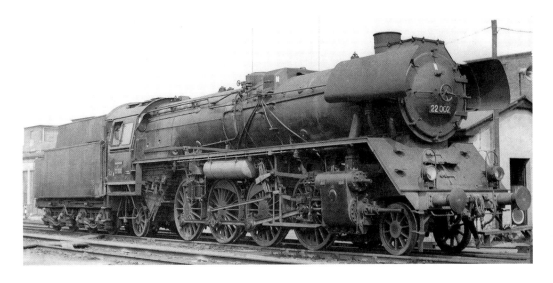

1′D1′-h3-Rekonstruktions-Personenzuglokomotive, Baureihe 22 (umgebaute Baureihe 39) der Deutschen Reichsbahn, 1958

Deutschen Reichsbahn der Neubau von Dampflokomotiven eingestellt. Bei einem Teil der älteren, noch gut und vielseitig verwendbaren Gattungen waren aber die Kessel erneuerungsbedürftig geworden, so daß sich die Deutsche Reichsbahn zu Rekonstruktionen mit dem umfangreichen Einbau neuer Kessel entschloß, die ebenfalls nach den neuen Baugrundsätzen ent-

Hauptabmessungen der deutschen Neubau-Lokomotiven (1950–1960)

Baureihe	Bauart		Jahr	Lieferwerk	Kesseldruck bar	Rostfläche m²
10	S	2′C1′-h3	1957	Krupp	18	3,96
23	P	1′C1′-h2	1950	Henschel u. a.	16	3,11
23¹⁰	P	1′C1′-h2	1956	LKM	16	3,71
25⁰	P	1′D-h2	1954	LKM	16	3,87
25¹⁰	P	1′D-h2	1955	LKM	16	3,76
50⁴⁰	G	1′E-h2	1956	LKM	16	3,71
65	Pt	1′D2′-h2	1951	Krauss-Maffei	14	2,66
65¹⁰	Pt	1′D2′-h2	1954	LEW, LKM	16	3,45
66	Pt	1′C2′-h2	1955	Henschel	16	1,95
82	Gt	E-h2	1950	Henschel u. a.	14	2,35
83¹⁰	Gt	1′D2′-h2	1955	LKM	14	2,50

worfen wurden. Eine Kesselbauart erhielt Abmessungen, die ihren Einbau nicht nur in Lokomotiven der Baureihen 03[10] und 41, sondern auch für den Umbau der Baureihe 39 in die Reihe 22 bei Vergrößerung des Schleppachsstandes gestatten. Der gleiche Kesseltyp wurde auch für den Umbau der Lok 61 002 in eine 2′C1′-h3-Schnellzuglokomotive (18 201), für die Rekonstruktion einiger Lokomotiven der Reihe 19[0] sowie – mit etwas kleinerer Rohrlänge – für die bei der Deutschen Reichsbahn verbliebene Lok 18 314 verwendet. Eine weitere neue Kesselbauart kam bei den Lokomotiven der Baureihen 23 (alt), 50 (neue Reihe 50[35]), 52 (neu 52[80]) und 58 (neu 58[30]) zum Einbau. Bei der Reihe 58[30] wurde gleichzeitig das Triebwerk durch Einbau neuer Innenzylinder und getrennter Steuerungen wesentlich verbessert.

Schließlich wurde im Jahre 1962 noch die Rekonstruktion von 35 Lokomotiven der Baureihe 01 in die Spielart 01[5] mit Einbau neuer Kessel in Angriff genommen, wobei ein Teil dieser Lokomotiven mit Scheiben-(Boxpok-)Rädern ausgerüstet wurde. Bei fast allen diesen Rekonstruktionen wurden auch andere Ausrüstungsteile, die sich an den Neubaulokomotiven bewährt haben, z. B. Mischvorwärmer und Trofimoff-Kolbenschieber, eingebaut.

Verdampfungsheizfläche m²	Überhitzerheizfläche m²	Zylinderdurchmesser mm	Kolbenhub mm	Kuppelraddurchmesser mm	Lokdienstmasse t	Reibungsmasse t	Brennstoff t	Wasser m³
216,4	105,7	480	720	2 000	118,9	65,6	12,5	40
156,3	73,8	550	660	1 750	84,7	51/57	8	31
159,6	65,7	550	660	1 750	87,2	54,7	10	28
171,8	61,0	600	660	1 600	86,1	70,4	12	30
158,6	65,0	600	660	1 600	89,0	72,0	18,5	27,5
159,6	68,5	600	660	1 400	85,9	73,4	10	28
139,9	62,9	570	660	1 500	107,6	67,6	4,8	14
147,4	47,4	600	660	1 600	121,7	71,0	9	16
87,5	45,1	470	660	1 600	93,4	47,1	5	14,3
122,2	51,9	600	660	1 400	91,8	91,8	4	11
106,1	39,25	500	660	1 250	99,7	59,5	8	14

2′C1′-h3-Rekon-
struktions-Schnell-
zuglokomotive
18 201 (umgebaute
Lok 61 002) der
Deutschen Reichs-
bahn, 1961

1′E-h2-Rekonstruk-
tions-Güterzugloko-
motive, Baureihe
52^{80} der Deutschen
Reichsbahn, 1960

2′C1′-h2-Rekon-
struktions-Schnell-
zuglokomotive,
Baureihe 01^5 der
Deutschen Reichs-
bahn mit Boxpok-
Rädern, 1961

Seite 299:
Männer der
Lokomotive:
der Museumswärter.
Raumpfleger
vor den Crampton-
Lokomotiven im
Verkehrsmuseum
Nürnberg, 1960

7
Rückschau und Bilanz

A us den bisherigen Betrachtungen haben wir gesehen, daß die Lokomotive eine englische Erfindung gewesen ist, an deren Zustandekommen Deutschland nicht beteiligt war. Die bescheidenen deutschen Versuche der Frühzeit können kaum gerechnet werden. Nicht nur die Erfindung, sondern auch ihre Weiterentwicklung vollzog sich in den ersten Jahren im Ausland. Dabei wollen wir allerdings nicht vergessen, daß bei der Einführung der Eisenbahn und damit der Lokomotive große Schwierigkeiten zu überwinden und in den deutschen Maschinenbauwerkstätten keine geeigneten Voraussetzungen für den Bau von Lokomotiven vorhanden waren. Die Gründe, sowohl wirtschaftlicher als auch politischer Natur, sind uns bekannt.

Mit der Lieferung der ersten Lokomotiven durch die Maschinenbauanstalten Borsig, Kessler und Maffei im Jahre 1841 beginnt die eigentliche Geschichte des deutschen Lokomotivbaus. Die genannten Werkstätten waren denkbar klein; *Borsig* und *Kessler* waren Handwerker, *Maffei* war Kaufmann. Man mußte sich zunächst darauf beschränken, eine englische Lokomotive in allen Einzelheiten handwerklich nachzubauen. So unterscheidet sich Kesslers »Badenia« von der Sharp-1A1 nur durch einen größeren Zylinderdurchmesser. Borsig ging schon weiter und fügte seiner Norris-Mustermaschine noch einen Laufradsatz an.

Unter diesen Umständen nahm die Produktion nur langsam zu. Von der Kesslerschen Werkstatt in Karlsruhe sind Zahlen greifbar: 1841 wurde eine, 1842 und 1843 wurden je vier, 1844 zwölf, 1845 17 und 1846 32 Lokomotiven geliefert. Erschwerend war weiterhin, daß mit dem Lokomotivbau auch erst die gesamte Zulieferindustrie entstehen mußte, so daß manche Werkstoffe und Teile noch lange Jahre nur im Ausland bezogen werden konnten. Außerdem dürfte gerade in letzterer Beziehung die Zersplitterung Deutschlands dem Fortschritt hemmend im Wege gestanden haben.

Das erste Jahrzehnt des deutschen Lokomotivbaus stand also noch völlig im Zeichen der Nachahmung. Erst um 1850 begann sich eine eigene Entwicklung anzubahnen. Zwei typische Beispiele sind die 1849 gebaute »Alb« und die 1853 von Wöhlert gelieferte erste deutsche 1B-Lokomotive mit Außenzylindern und unterstütztem Stehkessel, eine Bauart, die bis fast zur Jahrhundertwende für den deutschen Lokomotivbau typisch war. Daneben bestanden die ausländischen Einflüsse noch lange weiter. Wir erinnern an die Long-boiler-Zeit und an die Crampton-Periode.

Wie sehr aber auch die fünfziger und sechziger Jahre des 19. Jahrhunderts noch ein Tasten waren, geht aus der Vielzahl der Varianten hervor, die immer wieder auftauchten. Einzelne Bahnen wechselten sprunghaft von einer Bauart zur anderen: Innenzylinder, Außenzylinder mit Innen- oder

Außensteuerung, Innen- oder Außenrahmen und so fort, von den Sonderfällen gar nicht zu sprechen. Hinzu kamen noch viele Unklarheiten, die teilweise zu irrigen Vorstellungen führten, wie etwa die Einschätzung der Schädlichkeit der Überhänge oder die Auffassung von der Nützlichkeit einer tiefen Schwerpunktlage. So kann man auch nicht sagen, dieses oder jenes Bauelement sei typisch deutsch gewesen. Wohl drückten die einzelnen Hersteller ihren Lokomotiven eine gewisse »eigene« Note auf, die sich etwa in der Form des Domes und des Schornsteins oder der konstruktiven Durchbildung gewisser Teile abzeichnete; der Unterschied zum Ausland war jedoch recht gering.

Im Jahre 1867 begann in Deutschland eine Entwicklung, die alsbald auch vom Ausland übernommen wurde. Es erschien die erste Krauss-Lokomotive mit ihren Besonderheiten. *Krauss* brachte zwar seine Gedanken aus der Schweiz mit, verwirklichte aber seine Ideen erst in größerem Umfang, nachdem er in München eine eigene Lokomotivfabrik gegründet hatte. Seitdem *v. Helmholtz* sein Mitarbeiter wurde, muß erst recht von einer deutschen Entwicklung gesprochen werden.

Der zweite Markstein in der deutschen Lokomotivgeschichte war das Jahr 1880. Damals brachte *v. Borries* seine erste Verbundlokomotive heraus. Wir haben über die Verbundlokomotive eingehend gesprochen und festgestellt, daß das Prinzip aus Frankreich stammte, und daß Frankreich mit derartigen Konstruktionen bis zum letzten Tag der Dampflok führend blieb. Durch *v. Borries* wurde außerdem amerikanisches Gedankengut in den deutschen Lokomotivbau getragen, wobei aber wesentlich ist, daß dieses ganz den deutschen Verhältnissen angepaßt wurde. An seinen 2'B- und 2'B1'-Vierzylinder-Verbundlokomotiven kommt das deutlich zum Ausdruck. An diese Entwicklung knüpfte wiederum *Hammel* in München an, nachdem er an der Baldwinschen Atlantic-Lokomotive gleichfalls fremde Elemente kennengelernt und verarbeitet hatte.

Die Jahrhundertwende brachte durch die Einführung des Heißdampfes einen der größten wärmewirtschaftlichen Fortschritte, der nunmehr den Lokomotivbau stark beeinflußte und die Voraussetzungen schuf, die in der Folgezeit bis 1960 sich immer mehr steigernden Leistungsanforderungen zu erfüllen. Dem Kasseler Zivilingenieur *Schmidt* gelang es, eine Überhitzerbauform zu finden, die sich organisch in den Lokomotivkessel einfügte. Seine Arbeiten wurden besonders durch den preußischen Lokomotivbeschaffungsderzernenten *Garbe* weitgehend unterstützt.

So ergab sich durch die allgemeine Einführung der Verbundwirkung, der Drehgestell-Lokomotiven, des Heißdampfes und der nur wenige Jahre später folgenden Speisewasservorwärmung eine Verdichtung neuer Gedanken und Konstruktionen, die den Lokomotivbau kurz nach 1900 rasch zu einem Höhepunkt der Entwicklung führten. Nicht unerwähnt darf dabei bleiben, daß parallel dazu eine Bereicherung der theoretischen Erkenntnisse zu verzeichnen war, die zum Bruch mit manchen veralteten Anschauungen führte. Als Beispiel sei nochmals die Unschädlichkeit einer hohen Schwerpunktlage erwähnt, die es gestattete, den Lokomotivkessel frei zu entwickeln. Dadurch gewannen die Lokomotiven das Aussehen, das wir von den modernsten Konstruktionen kennen. Der in dieser Zeit erreichte Stand in der Entwicklung und im Bau von Lokomotiven in Deutschland wirkte in vielen Beziehungen auch befruchtend auf den ausländischen Lokomotivbau ein.

Die von der Reichsbahn eingeführten Einheitslokomotiven brachten entwicklungsgeschichtlich die Abkehr vom Vierzylinder-Verbundtriebwerk und die Rückkehr zum Zwilling, später dann den Übergang zum Drilling. Die Zwillingsmaschinen der Reichsbahn waren recht gut gelungen, so daß die Ersparnisse der Verbundmaschinen bei den damals üblichen Drücken nicht sonderlich ins Gewicht fielen und den Mehraufwand für Beschaffung und Unterhaltung gerade deckten. Damit entfiel der Anreiz. Hinzu kam noch, daß der Entwurf einer guten Vierzylinder-Verbundlokomotive sehr schwierig war, und daß in Deutschland die Sympathie hierfür nach dem Mißerfolg der Baureihe 02 verlorenging. Man schloß sich also der Entwicklung im Ausland an und zog die einfache Bauart der verwickelten vor. Der seit der Jahrhundertwende währende Streit um die günstigste Bauart wurde allerdings in keiner Weise entschieden. Den Nachweis der Überlegenheit von Drei- und Vierzylinder-Verbundlokomotiven führte wohl Frankreich mit den Konstruktionen *Chapelons*. Seine 2′D2′-h3v-Lok Nr. 242 A 1 von 1946 gilt als der Höhepunkt europäischen Lokomotivbaus.

Die Spaltung Deutschlands nach 1945 führte zur Bildung zweier deutscher Eisenbahnverwaltungen, die beim Wiederaufbau überaus große Schwierigkeiten zu überwinden hatten; gleichzeitig wollten sie mit den Neukonstruktionen soweit wie möglich den inzwischen zu verzeichnenden Fortschritten in der Technik gerecht werden.

Bei unserem Rückblick über den Werdegang der Dampflokomotive in Deutschland haben wir gesehen, wie diese allmählich die uns vertraute Gestalt angenommen hat, und wir haben dabei auch manche konstruktive Einzelheit kennengelernt. Werfen wir am Schluß unserer Betrachtungen noch kurz einen Blick über die Grenzen unseres Vaterlandes, so müssen wir feststellen, daß die ausländischen Dampflokomotiven sich von unseren nicht nur in der äußeren Form, sondern auch durch die konstruktive Ausbildung mancher Bauteile unterscheiden. Es erscheint daher angebracht, der Vollständigkeit halber einige bemerkenswerte Konstruktionen zu erwähnen, die im deutschen Lokomotivbau keinen oder nur wenig Eingang gefunden haben; nicht immer aus nachvollziehbaren Gründen.

Große Beliebtheit fanden bei vielen ausländischen Bahnverwaltungen Feuerbüchswasserkammern zur Vergrößerung der Feuerbüchsheizfläche und zur Förderung des Wasserumlaufs. Große amerikanische Lokomotiven erhielten außer der Verbrennungskammer bis zu fünf dieser Wasserkammern. Auch Wasserumlaufrohre in den Feuerbüchsen waren im Ausland weit verbreitet.

Durch wesentlich größere Kesselabmessungen wurden manche ausländische Eisenbahnverwaltungen, besonders in Amerika und in der Sowjetunion, schon frühzeitig gezwungen, zur mechanischen Rostbeschickung überzugehen. In Europa fanden derartige Stoker erst in den letzten zwei Jahrzehnten der Dampftraktion eine gewisse Verbreitung, und in Deutschland blieb die Anwendung auf einige wenige Ausführungen beschränkt.

Auch die Ölfeuerung, die in Ländern mit reichen Erdölvorkommen weit verbreitet war, wurde bei uns wenig erprobt. Wegen der geringen inländischen Ölvorräte schied sogar die Anwendung als Zusatzfeuerung aus. Erst in den letzten Jahren der Dampflok begannen beide deutschen Bahnverwaltungen, hochbeanspruchte Lokomotiven mit Ölfeuerungen auszurüsten.

Die außergewöhnlich großen Abmessungen der nordamerikanischen Dampflokomotiven, die in ihren schwersten Ausführungen Achsfahrmassen von mehr als 30 t erreichten, führten zu manchen von der europäischen Bauweise abweichenden Konstruktionen. Dabei ist besonders eine neuartige Rahmenbauart, das „Lokomotivbett", zu erwähnen, das ein den gesamten Lokomotivrahmen einschließlich Dampfzylindern, sämtlichen Querversteifungen, Gleitbahn-, Steuerungs- und Kesselträgern umfassendes einziges Stahlgußstück darstellte. Einige überseeische Eisenbahnen haben diese Rahmenbauart ebenfalls übernommen, und auch nach Europa wurden derartige Lokomotiven geliefert. Das Lokomotivbett ist gewissermaßen das Gegenstück zu dem bei den jüngsten deutschen Maschinen angewendeten geschweißten Blechrahmen.

Bei schweren ausländischen Lokomotiven machte auch der Massenausgleich den Konstrukteuren zu schaffen, und das war der Anlaß zur Verwendung hochwertiger legierter Stähle, um die Triebwerksteile leichter bauen zu können. Dabei kam man vielfach zu abweichenden Triebwerksanordnungen. So suchte man Abhilfe durch Teilung des Triebwerks, indem zum Beispiel die Achsanordnung 2'D2' durch 2'BB2' ersetzt wurde (USA), oder durch Doppelzylinder mit gegenläufigem Triebwerk (Sowjetunion).

Die Speichenräder wurden mit Erfolg durch Hohlgußräder der Bauart Boxpok (entstanden im Jahre 1933 in den USA) oder durch doppelwandige

Scheibenräder der Bauart Scullin ersetzt. Wälzlager für Radsätze, Stangen und Steuerungsteile fanden wir im Ausland in weit größerem Maße verbreitet als in Deutschland, wo diese Entwicklung vor 1939 ebenfalls aufgenommen, jedoch durch den letzten Krieg zurückgeworfen wurde.

Unbekannt ist an den deutschen Lokomotiven auch der Booster, der im Ausland große Verbreitung gefunden hat. Diese Einrichtung war eine Hilfsdampfmaschine, die mittels eines abschaltbaren Zahnradgetriebes den Schlepprradsatz oder nachlaufenden Drehgestellradsatz antrieb. Auch in Tenderdrehgestelle wurde dieser Hilfsantrieb eingebaut. Der Booster diente zur Erhöhung der Zugkraft beim Anfahren und bei niedrigen Fahrgeschwindigkeiten, etwa beim Befahren starker Steigungen. Er schaltete sich beim Erreichen einer bestimmten Geschwindigkeit selbständig ab. Als Ursprung dieser Einrichtung können wir die Hilfstriebwerke ansehen, die uns um die Jahrhundertwende an den beiden Versuchslokomotiven in Bayern und der Pfalz begegneten.

Aber auch andere Konstruktionen, die in Deutschland entstanden, konnte man im Ausland häufiger antreffen als bei uns. Wir denken zum Beispiel an die von *Lentz* entwickelte Ventilsteuerung, die zunächst bei der Oldenburgischen Staatsbahn größere Verbreitung fand. Die von der Preußischen Staatsbahn und mit neueren Ausführungen von der Reichsbahn durchgeführten Versuche ermutigten jedoch nicht zur allgemeinen Einführung. Dagegen haben die Bundesbahnen Österreichs um 1920 die Lentz-Steuerung übernommen, weiterentwickelt und in großer Zahl in ihre Lokomotiven eingebaut. In Italien rüstete man viele Lokomotiven mit der dort entwickelten Caprotti-Ventilsteuerung aus. Viele Bahnen erprobten ebenfalls diese oder andere Systeme mit mehr oder weniger Erfolg, und noch gegen Ende der Dampflokzeit wurde eine Anzahl englischer Lokomotiven mit Ventilsteuerung gebaut.

Trotz all dieser Versuche ist aber doch die einfachere und weniger empfindliche Kolbenschiebersteuerung vorherrschend geblieben. Leider ist die in den USA so erfolgreiche Baker-Steuerung in Europa nie ausgeführt worden. Sie wurde 1911 von *Abner D. Baker* erfunden und mit Schutzrechten versehen, die lange Jahre Gültigkeit hatten. Das mag der Grund sein, weshalb sie unbekannt blieb, obwohl sie bei günstiger Dampfverteilung wesentliche Vorteile in der Betriebssicherheit und Unterhaltung bot und bei der Hälfte aller amerikanischen Lokomotiven eingeführt war. Manche andere konstruktive Besonderheit ausländischer Lokomotiven gäbe es noch zu nennen, wie die Berglokomotiven der Bauart Fell, Gelenklokomotiven der Bauarten Garratt, Kitson-Meyer, Shay und andere.

Unverkennbar ist aber, daß man in den letzten Jahren hauptsächlich bestrebt war, die Gesamtwirtschaftlichkeit durch einfache, in der Beschaffung, Behandlung und Unterhaltung billige Bauarten zu heben, als vielteilige und teuere Konstruktionen zu schaffen, deren thermische Vorteile durch hohe Aufwendungen für Bau und Instandhaltung aufgehoben wurden.

Es ist kein Geheimnis, daß das Zeitalter der Dampflokomotive weltweit vorüber ist. Dieses Ende ist ihr zwar schon vor Jahrzehnten prophezeit worden, aber erst der Zweite Weltkrieg und die Nachkriegsentwicklung brachten eine tiefgreifende technische und ökonomische Änderung der Verhältnisse in allen Ländern, die auf den Verkehr übergriff. Die Kohle wurde zu wertvoll, um sie in Lokomotiven zu verheizen. Es konnte nicht länger verantwortet werden, in größerem Umfang eine Maschine beizubehalten, die den zugeführten Brennstoff zu kaum 10 Prozent in Leistung am Zughaken umsetzte. Wohl schlummerten auch in unserer Dampflokomotive noch Reserven, die nicht ausgeschöpft wurden, eine wesentliche Verbesserung der Wirtschaftlichkeit war aber nicht mehr zu erwarten.

Bei derartigen Betrachtungen darf die politische Situation nicht unberücksichtigt bleiben. Im Gegensatz zu transkontinentalen Ländern, wie der Sowjetunion und den USA, fehlte in Deutschland der ausgesprochene Langstreckenverkehr. Die Entfernungen sind in Deutschland kurz; sie können ohne Schwierigkeiten in Kraftwagen zurückgelegt werden. Der Eisenbahnverkehr mußte daher eine andere Rolle einnehmen. In der Bundesrepublik zeigte es sich schon 1960, daß die Eisenbahn durch den Kraftverkehr ernstlich wirtschaftlich bedroht war. Im Reiseverkehr mußte die Eisenbahn die gleichen Bequemlichkeiten wie das Auto aufweisen, während der Güterverkehr mit Schnellzuggeschwindigkeit eine unabdingbare Forderung war. Beide deutsche Staaten haben deshalb schon am Ende der fünfziger Jahre umfangreiche Elektrifizierungspläne ihrer Bahnen aufgestellt.

Dieser Weg war auch von der Hoffnung bestimmt, durch Nutzbarmachung der Atomkraft für friedliche Zwecke die Stromversorgung wesentlich zu erhöhen und zu verbilligen. Die Fortschritte auf dem Gebiet der Elektrizitätswirtschaft überzeugten sehr: In einer elektrischen Lokomotive ließen sich mühelos Leistungen von 5 000 bis 8 000 PS installieren, während die Dampflokomotive außer der Antriebsmaschine die gesamte Energieerzeugungsanlage samt Brennstoffen mit sich führen mußte. Dieser Nachteil haftet, wenn auch in geringerem Maße, ebenso der Diesellokomotive an, deren rentabler Einsatz außerdem in Ländern ohne ausreichende Ölvorkommen stark von den Treibstoffpreisen abhängig ist. Dennoch hat sie wegen der wirtschaftlich arbeitenden Verbrennungsmaschine, der ständigen Einsatzbereitschaft und wegen ihrer Unabhängigkeit von ortsfesten Energiezuführungsanlagen weite Verbreitung gefunden. Als Wettbewerber ist vorübergehend

Verschrottung einer Lokomotive der Baureihe 50 bei der Deutschen Reichsbahn, um 1980

auch die Gasturbinenlokomotive aufgetreten. Aber nur bei der amerikanischen Union Pacific ist diese Lokomotivart in einigen Stückzahlen im planmäßigen schweren Güterzugdienst auf langen Strecken eingesetzt worden, während andere Länder nur Versuchslokomotiven bauen ließen.

Dieser Strukturwandel im Zugförderungsdienst war nach 1950 in fast allen Ländern im Gange, und Neukonstruktionen von Dampflokomotiven endeten etwa 1965. Trotzdem mußte die Dampflok noch auf Jahre hinaus einen Teil des Eisenbahnverkehrs bestreiten, denn die Umgestaltung der Bahnanlagen, Werkstätten und Behandlungsanlagen bedurfte außerordentlicher Investitionen. Nicht zuletzt mußte das Dampflokpersonal umgeschult oder allmählich in den Ruhestand versetzt werden. Trotz der beschwerlichen Arbeitsbedingungen fiel der Abschied vom Führerstand nicht immer leicht. Man mußte also aus vielen Gründen selbst 1960 noch bemüht sein, die Wirtschaftlichkeit der noch in Betrieb bleibenden Dampflokomotiven zu heben. Zu diesen Maßnahmen gehörten der Einbau neuer Kessel und Vorwärmeranlagen, über die wir schon sprachen.

Das alles änderte jedoch nichts an der Tatsache, daß die Entwicklung der Dampflokomotive bereits abgeschlossen war. Wir können aber uneingeschränkt feststellen, daß sie in der verhältnismäßig einfachen und robusten

Stephensonschen Grundform nach einer rund 150 Jahre dauernden Entwick-
lungsperiode eine Vollkommenheit erreicht hatte, die sie befähigte, bis in die
letzte Zeit allen Anforderungen an Leistung, Zugkraft und Geschwindigkeit
unter den verschiedensten klimatischen Bedingungen zu entsprechen.

Obwohl sich niemand dem technischen Fortschritt entziehen oder entge-
genstellen kann, wird sich der Liebhaber der Dampflokomotive nicht ganz
ohne wehmütige Gedanken mit dem Ende dieser Maschine abfinden. Viele
verschiedene Dampflokomotiven sind glücklicherweise in Museen erhalten
und künden vom Ehrgeiz und vom mehr oder minder großen Erfolg ihrer
Schöpfer. Auf Museumsbahnen wird die Dampftraktion vor Ausflugszügen
weiterhin gepflegt, und in der Schweiz wagte man sich 1993 sogar an den
Neubau spezieller Dampfloks für touristisch bedeutsame Bergstrecken.
Noch immer können wir also einige Dampflokomotiven im aktiven Dienst
sehen.

8
Zeittafel der Lokomotivgeschichte

1769	Dampfwagen von *Cugnot*
1801	Erster Dampfwagen von *Trevithick*
1804	*Trevithicks* »Invicta«, erste Schienenlokomotive
	Dampfwagen von *Evans*
1812	Lokomotive von *Blenkinsop*
1813	»Puffing Billy« von *Hedley*
1814	Erste Lokomotive von *Stephenson*
1816	Erste deutsche Lokomotive der Berliner Eisengießerei
1829	Sieg von *Stephensons* »Rocket« im Wettkampf von Rainhill
1830	»Planet« von *Stephenson*
	Bury nimmt den Lokomotivbau auf
1831	Drehgestell von *Jervis*
	Erste Norris-Lok
1833	*De Pambours* Lokomotivversuche
1834	»Patentee« von *Stephenson*
	Erste C-Lok von *Stephenson*
	Erste Forrester-Lok
1835	Erste deutsche Eisenbahn Nürnberg–Fürth
1838	Erste brauchbare deutsche Lok, die »Saxonia«
	Eisenbahn Berlin–Potsdam
	Erste Lokomotive von *Andre Koechlin*
	Tenderlok von *Dr. Church*
	Lokomotive von *Stirling*
	Lokomotive von *Kufahl*
	Erste deutsche Ferneisenbahn Leipzig–Dresden
1840	Erste Lokomotive von *Haniel*
1841	Aufnahme des Lokomotivbaus durch *Borsig*, *Maffei*, *Kessler*
1842	Long-boiler von *Stephenson*
	Stephenson-Kulissensteuerung
1843	Erste C-Lokomotive in Deutschland
	Doppelschiebersteuerung von *Meyer* und *Gonzenbach*, Steuerung von *Gooch*

1844	Vierkuppler erstmals ausgeführt
1845	Vierzylinderlok von *Bodmer*
1846	*Egestorff* nimmt den Lokomotivbau auf
	Dreizylinderlok von *Stephenson*
	Crampton-Lokomotive
1847	»Jenny Lind«-Bauart in England
	Erste 2′C-Lok in Amerika
	Cathcarts Zahnradbahn
1848	Erste Lokomotiven von *Henschel, Hartmann* und *Wöhlert*
1849	*Kesslers* »Alb«
1850	*Heusingers* 2′A-Tenderlok mit Heusinger-Steuerung und Dampftrocknung
1851	Unglück von Gütersloh, Long-boiler-Verbot
	Semmering-Wettbewerb
1852	Erfindung des nahtlosen Radreifens durch *Krupp*
1853	Deichselradsatz von *Zeh*
1854	Steuerung von *Trick* und *Allan*
1855	Vierkuppler von *Haswell*
	Erste Lok der Union-Gießerei
	C-Tenderlok der Rheinischen Bahn
1857	Erste Grafenstadener Lokomotive
	Deichselradsatz von *Bissel*
	F-Lok von *Milholland*
1858	Deichselradsatz von *Goullon*
	Vulcan nimmt den Lokomotivbau auf
	Injektor von *Giffard*
1860	Erste Lok von *Schichau*
1861	*Haswells* Vierzylinderlok
1863	Radialradsatz von *Adams*
1864	Belpaire-Feuerbüchse
1865	Fairlie-Lokomotive
1867	Erste Loks von *Krauss* und *Schwartzkopff*
	1′E-Lok in Amerika
1868	Meyer-Lokomotive
1870	Nowotny-Achse
	Luftdruckbremse von *Westinghouse*

1871	*Riggenbach*, Rigibahn eröffnet	1900	Vierzylinder-Triebwerk von *v. Borries*
1875	Letzte 1A1 in Deutschland		*Gölsdorfs* Reihe 180 mit seitenverschiebbaren Radsätzen
1876	Verbundmaschine von *Mallet*		
	Preußische Normalien	1903	Erste Lok mit Schmidt-Rauchröhrenüberhitzer
1879	*Rimrotts* Doppellok-Patent		
1880	Erste deutsche Verbundlok von Schichau	1905	Vorwärmer in Ägypten
	(*v. Borries*)	1906	Bayerische S 2/6
1881	Dreizylinderverbundlok von *Webb*	1907	Erste Pazific-Lok in Deutschland
1884	Selbsttätige Anfahrvorrichtung von *v. Borries*	1908	Turbinenlok von *Ljungström* in Schweden
	Erste deutsche feuerlose Lok von Hanomag	1909	Stumpff-Gleichstromzylinder
1885	Erste Zahnradbahn in Deutschland	1911	*Gölsdorfs* Sechskuppler Reihe 100
1886	Erste Pazific-Lok in Amerika	1917	1'F-Lok, württembergische K
	Gelenklok von *Mallet*	1920	Gründung der Deutschen Reichsbahn
	Vierzylinder-Verbund-Lok von *de Glehn*	1922	Gründung des Vereinheitlichungsbüros
1888	Krauss-Helmholtz-Drehgestell	1923	Turbinenlok von *Krupp*
1889	Vierzylinder-Verbund-Lok von *Vauclain*	1925	Erste Einheitslok
1890	Hannoversches Drehgestell	1926	Turbinenlok von *Maffei*
	Tandem-Verbund-Lok in Ungarn	1929	Schwartzkopff-Löffler-Hochdrucklok
1893	2'B-Lok Reihe 6 von *Gölsdorf*	1934	Schnellfahrlok Reihe 05
1894	Erste Vierzylinder-Verbund-Lok in Preußen und Baden	1941	Erste deutsche Dampflok mit Einzelachsantrieb
	Dultz-Wechselventil		
	Erste Atlantic-Lok in Österreich	1949	Kohlenstaublok der DR von *Wendler*
1898	Atlantic-Lok in Deutschland	1959	Letzter Dampflok-Neubau für die DB
	Erste Heißdampflok mit Schmidt-Überhitzer	1960	Letzter Dampflok-Neubau für die DR
	Pielok-Überhitzer	1977	Ende der Dampftraktion bei der DB
		1985	Ende der Dampftraktion bei der DR

Literaturverzeichnis

Alexander, J.: Die Lokomotive. Altona-Ottensen: Chr. Adolff 1922.

Baumann, H.: Deutsches Verkehrsbuch. Berlin: Deutsche Verlagsges. 1931.

Beiträge zur Lokomotivgeschichte. Leipzig: Verkehrswissenschaftliche Lehrmittel-Ges. 1937.

Berlin und seine Eisenbahnen. Berlin: Jul. Springer 1896.

Biedenkapp, G.: George Stephenson und die Vorgeschichte der Eisenbahnen. Stuttgart: Franckh 1913.

Biedermann, E.: Die technische Entwicklung der Eisenbahn der Gegenwart. Leipzig: B. G. Teubner 1907.

Blum, O.: Die Entwicklung des Verkehrs, Bd. 1. Berlin: Jul. Springer 1914.

Born, E.: Die Entwicklung der Kgl. Preußischen Ostbahn. Berlin 1911.

Born, E.: Die Regel-Dampflokomotiven der DR und DB. Frankfurt/M.: Verkehrswissenschaftliche Lehrmittel-Ges. 1953.

Born, E.: Lokomotiven und Wagen der deutschen Eisenbahnen. Mainz: Hüthig & Dreyer 1958.

Brosius, J., und *Koch, R.*: Schule des Lokomotivführers. Berlin: C. W. Kreidel 1923.

Das Eisenbahn-Maschinenwesen der Gegenwart. Wiesbaden: C. W. Kreidel 1912.

Das Eisenbahnwesen der Gegenwart. Berlin: R. Hobbing 1911.

Die Fahrzeuge der Deutschen Reichsbahn im Bild. Berlin: Verkehrswissenschaftliche Lehrmittel-Ges. 1930/1937.

Düring, Th.: Schnellzug-Dampflokomotiven der deutschen Länderbahnen 1907–1922. Stuttgart: Franckh 1972.

Düring, Th.: Die deutschen Schnellzug-Dampflokomotiven der Einheitsbauart. Stuttgart. Franckh 1979.

Ebel, J.: Die Neubau-Dampflokomotiven der Deutschen Bundesbahn. Stuttgart: W. Kohlhammer 1984.

Eckhardt, F. W.: Das Entwerfen von Dampflokomotiven. Berlin: Gg. Siemens 1948.

Eckhardt, F. W.: Die Konstruktion der Dampflokomotive und ihre Berechnung. Berlin: Verlag Technik 1952.

Erler, H.-J.: Die Entwicklung der Dampflokomotive. Leipzig: Fachbuchverlag 1955.

Feldhaus, F. M.: Ruhmesblätter der Technik. Leipzig: Friedr. Brandstetter 1924.

Festschrift zur 100-Jahr-Feier der Berlin-Potsdamer Eisenbahn. Leipzig: Konkordia-Verlag 1938.

Fürst, A.: Die Welt auf Schienen. München: Alb. Langen 1925.

Fuhlberg-Horst, J.: Die Eisenbahn im Bild. Stuttgart: Dieck & Co. 1925.

Gaiser, F.: Die Crampton-Lokomotive. Neustadt: Pfälzische Verlagsanstalt 1909.

Garbe, R..: Die Dampflokomotiven der Gegenwart. Berlin: Jul. Springer 1920.

Gerlach, K.: Für unser Lokarchiv. Berlin: Verlag für Verkehrswesen 1961.

Gölsdorf, K.: Geschichte der Eisenbahnen der Österreichisch-Ungarischen Monarchie. Wien: 1898.

Gottwaldt, A.: Geschichte der deutschen Einheitslokomotiven. Stuttgart: Franckh 1978.

Hammer, G.: Neuerungen an Lokomotiven der Preußisch-Hessischen Staatseisenbahn. Berlin: F. C. Glaser 1916.

Helmholtz, R. v.: Die historischen Lokomotiven der Badischen Staats-Eisenbahnen. Karlsruhe: Dt. Ges. f. Eisenbahngeschichte 1982.

Helmholtz/Staby/Metzeltin: Die Entwicklung der Lokomotive im Gebiet des VDEV. Berlin: R. Oldenbourg 1930 und 1937.

Heusinger v. Waldegg, E.: Abbildung und Beschreibung der Lokomotivmaschine. Wiesbaden: G. D. Baedecker 1858.

Hubert, W.: Die Berliner Stadtbahnlokomotive im Bild. Darmstadt: Verkehrswissenschaftliche Lehrmittel-Ges. 1933.

Hundert Jahre deutsche Eisenbahnen. Leipzig: Verkehrswissenschaftliche Lehrmittel-Ges. 1935.

Jahn, J.: Die Dampflokomotive in entwicklungsgeschichtlicher Darstellung ihres Gesamtaufbaus. Berlin: Jul. Springer 1924.

Koenner, H. M.: Elna-Dampflokomotiven. Münster: Lok-Report 1985.

Kuntzemüller, A.: Die Badischen Eisenbahnen. Karlsruhe: C. Braun 1953.

Maey, H., und *Born, E.*: Verzeichnis der Dampflokomotivgattungen der Deutschen Reichsbahn. Leipzig: Verkehrswissenschaftliche Lehrmittel-Ges. 1932.

Marshall, D.: A History of Railway Locomotives down to the end of the year 1831. London: Locomotive Publishing Co. 1952.

Matschoß, C.: Geschichte der Dampfmaschine. Berlin: Jul. Springer 1902.

Mayer, M.: Lokomotiven, Wagen und Bergbahnen. Berlin: VDI-Verlag 1924.

Meineke, F., und *Röhrs, F.*: Die Dampflokomotive, Berlin: Jul. Springer 1949.

Metzeltin, E.: Die Lokomotive feiert mit das 100jährige Bestehen der deutschen Eisenbahnen. Berlin: VDI-Verlag 1935.

Metzeltin, G. H.: Die Lokomotive, ein Lexikon ihrer Erfinder und Förderer. Karlsruhe: Dt. Ges. für Eisenbahngeschichte 1971.

Niederstraßer, L.: Leitfaden für den Dampflokomotivdienst. Leipzig: Verkehrswissenschaftliche Lehrmittel-Ges. 1941.

Niklitschek, A.: Die Dampflokomotive. Wien: Universum Verlags-Ges. 1947.

Nordmann, H.: Die Dampflokomotive in ihren Hauptentwicklungslinien. Berlin: Akademie-Verlag 1948.

Nordmann, H.: Die Frühgeschichte der Eisenbahnen. Berlin: Akademie-Verlag 1948.

Pambour, C. de: Theoretisch-praktisches Handbuch über Dampfwagen. Braunschweig 1841.

Pierson, K.: Dampfzüge auf Berlins Stadt- und Ringbahn. Stuttgart: Franckh 1969.

Preuß, E., und *Preuß, R.*: Lexikon Erfinder und Erfindungen – Eisenbahn. Berlin: Verlag für Verkehrswesen 1986.

Röll, Frhr. v.: Enzyklopädie des Eisenbahnwesens. Berlin u. Wien: Urban u. Schwarzenberg 1912/1922.

Rossberg, R.: Deutsche Eisenbahnfahrzeuge von 1839 bis heute. Düsseldorf: VDI-Verlag 1988.

Schaltenbrand, C.: Die Lokomotiven. Berlin: Gärtner 1876.

Scheyrer, F.: Geschichte der Main-Neckar-Bahn. Darmstadt: A. Bergstrasser 1896.

Stockklausner, J.: 25 Jahre deutsche Einheitslokomotive. Nürnberg: Miba-Verlag 1950.

Troche, H.: Die preußischen Normal-Güterzuglokomotiven der Gattungen G 3 und G 4. Freiburg: Eisenbahn-Kurier 1992.

Weisbrod/Müller/Petznick: Dampflok-Archiv 1 bis 4. Berlin: Verlag für Verkehrswesen 1976ff.

Wendler, H.: Die Dampflokomotiven der Deutschen Reichsbahn. Berlin: Verlag Technik 1960.

Bildquellenverzeichnis

Die Abbildungen in diesem Buch wurden von verschiedenen Sammlern und Institutionen zur Verfügung gestellt. Die Zahlenangaben bezeichnen die Seiten. Hier nicht aufgeführte historische Fotografien haben die Verfasser aus ihren Beständen beigegeben.

Bildarchiv Preußischer Kulturbesitz: 112
Krauss-Maffei AG: 26, 28, 35, 129, 138, 173, 195, 203, 257

Maey, Hermann: 20, 186, 244, 251, 253
Museum für Verkehr und Technik Berlin: 20, 23, 27, 34, 39, 41, 44, 59 oben, 62, 65 Mitte, 66, 67, 68 oben, 71, 73, 90, 102, 121, 130, 133 unten, 175 unten, 182, 185, 187, 188, 197 oben, 198, 208
Sammlung Dr. Feißel: 120, 140
Sammlung Jens Freese: 218
Sammlung Gerhard Illner: 296, 298 oben
Sammlung Dieter Wünschmann: 298 Mitte
Science Museum London: 19

Sachwörterverzeichnis

Abdampfkondensation   79, 103, 260
Abgasvorwärmer   287
Abt, Roman   139
Ackermann-Sicherheitsventil   223
Adams, Adamsachse   98, 135 ff.
„Adler", Lokomotive   9, 20 ff., 24
Adriatic-Bauart   180
Alb-Klasse   51, 72
Allan, Allansteuerung   43, 45, 60, 78
Amerikanerlokomotive   35, 44, 57 ff.
Anfahrvorrichtungen   108, 169
Atlantic-Bauart   121, 156 ff.
Ausgleichhebel für veränderlichen Achsdruck   247
Außenrahmen s. Rahmenbauart

Baader, J. v.   22
Baldwin   22, 33, 57, 81, 157, 194
Barrenrahmen s. Rahmenbauart
Baumann   176
Bauschinger   80
»Bavaria«-Lokomotive   53
Behne-Kool-Bauart   56
Belpaire   101
   -Feuerbüchse   60, 74, 183, 199, 213
Bergbahnen   139 ff.
Berlin-Anhalter Eisenbahn   25, 34, 39, 90
Berliner Eisengießerei   22
Berliner Stadtbahn   105, 204 ff.
Berlin-Hamburger Eisenbahn   39, 42, 64
Berlin-Potsdam-Magdeburger Eisenbahn   25, 68, 70, 72, 88 ff.
Berlin-Stettiner Eisenbahn   66
Beugniot   81
   -Hebel   134, 138, 281
   -Stütztenderlokomotive   55
Birnkessel   48, 74
Bissel   58, 98
   -Radialachse   98, 134, 138, 199, 238

Blasrohr   16, 223
Blenkinsop   13 ff., 22, 139
Bobgewichte   122
Bodmer   144
Booster   121, 253, 304
Booth, H.   17 ff.
Borries, A. v.   63, 93, 108 ff., 137, 144, 147 ff., 168, 186, 192, 204, 217, 224, 301
Borsig   27 ff., 34 ff., 64, 67, 70, 72 ff., 78, 81, 215, 231, 255, 300
Bousquet, du   145
Braunkohlenfeuerung   272 ff.
Braunschweigische Staatsbahn   25, 35, 50, 68
Breitspur   41, 46
Bremsen   77, 82, 225
Brockmann, E.   59, 98, 149
Brotankessel   222, 252
Brunel   46
Brunton   14
Bury   30, 42

Campell   57
Caprotti   225
»Catch me who can«   12
Cathcart   139
Chapelon   237, 302
Chapman   14
Clench-Dampftrockner   152
Cockerill   54, 120, 146, 150
Courtin   144, 159, 171
Crampton-Lokomotive   38, 44 ff., 59 ff., 64, 73, 88, 159
Crampton-Regulator   74
Crampton-Stehkessel   47, 60, 74, 220
Crawford-Dampftrockner   152
»Crodo«-Lokomotive   50
Cugnot   10

Dabeg-Einspritzpumpe   224
Dampfbremsen   77, 225
Dampfdehnung
    doppelte   107 ff., 144 ff.
    veränderliche   78
Dampfdom   48, 73, 101, 222
Dampfmotor   262 ff.
Dampfstrahlpumpe   77, 222
Dampftriebwagen   10, 107, 219
Dampftrockner   152, 181, 194 ff.
Dauner   200
Deichselachsen s. Radialachsen
Doppellokomotive   126
Doppelrahmen s. Rahmenbauart
Doppelschiebersteuerung   78
Drehgestell
    altes   33, 57 ff., 72
    amerikanisches   72, 114
    Außenrahmen-   149, 160, 225, 248
    bayerisches   116, 161 ff.
    Deichsel-   63, 98
    einachsiges   97 ff.
    Erfurter   114, 225
    hannoversches   114 ff., 160, 225, 235
    Krauss-Helmholtz-   102, 110, 120, 136, 183,
    225, 239
    österreichisches   117
Dreikuppler, erste   72
Dreizylinder-Triebwerk   130, 145 ff.
Druckausgleich   251
Druckluftbremse   225
Dultz-Wechselventil   109

Eckhardt-Lenkgestell   134, 244, 295
Egells   29
Egestorff   40, 72, 81
Einheitslokomotive   199, 233 ff.
Einzelachsantrieb   262 ff.
Eisenerz-Zahnradbahn   141
Elbel   63
»Elefant«-Lokomotive   130
Elna (Eng. Lok. Norm. Aussch.)
    -Lokomotiven   231, 265 ff.
Elsäß. Masch. Fabr. s. Grafenstaden
Elsaß-Lothringen s. Reichseisenbahnen
Engerth   54 ff., 123
Evans, Oliver   10
Exzenter-Steuerung   33

Fairlie-Lokomotive   54, 125
Feuerbüchse
    alte   74

Belpaire-   60, 74, 183, 199, 213
Brotan-   222
Crampton-   47, 60, 74, 220
DR-   234, 249, 278
Stahl-   222
Wellrohr-   222
Feuerbüchswasserkammern   303
Feuerschirm   75
Feuerung   75, 272
Feuertür   222
Flachschieber   78, 224
Flamme   144, 151
Flammrohrkessel   12 ff.
Flammrohrüberhitzer   151 ff.
Forrester   30, 35, 42, 48, 63, 76
Franco-Crosti-Vorwärmer   287 ff.
Fresenius   109
Führerhaus   64, 79, 226, 235, 251
Fünfkuppler, erste   88, 130, 134, 138, 196
Funkenfänger   75, 223

Gabelsteuerung   33, 78
Garbe, R.   150 ff., 187 ff., 192 ff., 208 ff., 234, 301
Garratt-Lokomotive   176, 304
Gasturbine   306
Gattungsbezeichnungen   84 ff., 229 ff.
Gebirgslokomotive   51 ff., 139 ff., 200, 215
Gegendampfbremse   77
Geislinger Steige   51, 200
Gelenklokomotiven   123 ff., 304
Gemischtzuglokomotive   56, 70, 183, 247, 290
Gerstner   97
Ghega   53
Giffard   77, 222
Glehn, A. de   81, 145 ff., 160, 169, 176
Gleichstromzylinder   225
Gloggnitzer Bauart   62
Gölsdorf   101, 117 ff., 129 ff., 144, 159, 180, 200 ff.,
    211
Gooch   41
    -Steuerung   78, 103
Goullon   97
Grafenstaden   27, 81, 145 ff., 160, 169
Günther   53
Gütersloh, Unglück von   41, 72
Güterzuglokomotive, erste   56, 72

Hackworth   16 ff.
Hagans   82, 132 ff., 137
Halberstadt-Blankenburger Eisenbahn   139, 215
Hall   31, 36, 48
Hallsche Kurbeln   36, 64, 76

Hammel, A. 81, 109, 148, 158 ff., 166, 171 ff., 179, 186, 206, 301
Hannoversche Eisenbahn 39, 90
Hanomag (s. auch Egestorff) 40, 72, 90
Harkort 22
Hartmann 40, 64, 68, 74, 82, 125, 176
Harzer Hüttenwerke 29
Haswell 53, 62, 123, 144
Haubold 26, 82
Hawthorn 33, 125
Haystack 64, 74, 221
Heberlein-Bremse 77
Hedley 14, 42
Heißdampf 113, 149 ff., 162 ff., 220
Heißdampf-Regler 278, 281, 284
Helmholtz, R. v. 100, 121, 130 ff., 203, 211, 301
Henschel 22, 58, 61, 72, 82, 174
Henschel-Wegmann-Zug 256
Hessische Ludwigsbahn 70, 120
Hessische Nordbahn 58 ff.
Heusinger-Steuerung 78, 102, 106, 111, 117, 136, 224
Heusinger v. Waldegg 40, 102, 150
Hilfstriebwerk 121
Hochdruckkessel 258
Hohenzollern-Patentlokomotive 218
Hohlachsen 124 ff., 132, 195
Höllentalbahn 139, 244
Howe 33, 39, 78, 146
Hugstetten, Unglück von 96
Humboldt, Lok.-Fabr. 82

Injektor 77, 223
Ingersoll, H. 121
»Invicta«-Lokomotive 12

»Jenny Lind«-Lokomotive 43, 75
Jervis 33, 57
Joy 43, 45
  -Steuerung 122, 157, 195, 224
Jung 82
Jungfraubahn 139

Kampf der Spurweiten 41 ff., 146
Karlsruhe, MBG 81, 105, 120
Kesselbauart 18, 32, 74, 220
Keßler, Emil 28, 46, 51, 72, 81 ff., 299
Kipprost 222
Kirchweger 79, 103, 223
Kittel 81, 107, 144, 174
Kleinbahn 102, 215 ff., 265 ff.
Klien 124, 131 ff., 152, 195

-Dampftrockner 152, 195
  -Lindner-Hohlachse 124, 132
Klose 81, 111, 130 ff., 145 ff.
Klostergewölbe 64, 74
Knaudt 221
Knorr-Bremse 225
Kobel (Funkenfänger) 223
Köchy-Triebwerk 132
Koechlin 27, 81
Kohlenstaubfeuerung 272 ff.
Koksfeuerung 74
Kolbenschieber 151, 193 ff.
Köln-Mindener Eisenbahn 41, 76, 90
Kondensation 79, 103, 223, 260
Krauss 42, 56, 82, 100 ff., 121, 130, 137, 301
  -Helmholtz-Drehgestell 100, 111, 121, 135 ff., 183, 225, 239
  -*Maffei* 81, 283
Kreuzkopf 224
Kriegslokomotive 198 ff., 227, 250 ff.
Krigar 22 ff.
Krupp 76, 82
Kufahl 26
Kuhn 165, 224
Kylchap-Blasrohr 276, 282

Langenschwalbacher Bauart 205
Le Chatelier-Bremse 77
Leipzig-Dresdener Eisenbahn 25, 42
Lentz 181, 218, 221
Leppla 173
Linde, G. v. 100
Lindner 124, 132, 195
Linke-Hofmann 82
List, Fr. 22, 42
Locher, Zahnradbahn 140
Lochner 114
Löffler 258
Lokalbahnlokomotive 216 ff.
Lomonossow 144
Long 33
Long-boiler-Lokomotive 38 ff., 44, 46, 57, 67, 90, 95, 300
Lonorm 231
Lopulco-System 273
Lübken 168, 183
Lübeck-Büchener Eisenbahn 188, 256
Ludwigsbahn 20 ff.
Luttermöller 55, 134, 241, 245

Maffei 28, 31, 48, 72, 100, 159 ff., 300
Magdeburg-Leipziger Eisenbahn 45, 72

Main-Neckar Eisenbahn   95, 120, 215
Mallet   93, 108 ff., 126 ff.
Manchester-Liverpool Eisenbahn   17 ff.
Marcotty   222
Marsh   139
Marshall, D.   12
Masch.-Fabr. Buckau   29
Masch.-Fabr. Eßlingen (s. auch *Keßler*)   51, 54, 63, 81, 131, 175, 200
Mason   58
Massenausgleich   79, 122, 153, 190, 303
Maybach   113
Mecklenburg   100, 112
Meister, A.   184, 231
Metzeltin   163
Meyer   53, 78, 123 ff.
Mischvorwärmer   279 ff.
Mitteldruckkessel   259
München-Augsburger Eisenbahn   25
Murdock   11
Murray   13 ff.

Najork   171
Niederschl.-Märk. Eisenbahn   39, 45, 68, 70
Nollau   79
Noltein   144, 151
Nordmann   156
Normalien, preuß.   84 ff.
Normung   84, 231
Norris-Lokomotive   33, 57, 62, 72
   -Stehkessel   30, 64, 73
»Novelty«-Lokomotive   18 ff.
Nowotny   97, 104, 110, 225
Nürnberg-Fürther Eisenbahn   24 ff.
Nyström   144, 151

Oldenburg   100 ff., 112, 181
Ölfeuerung   210, 275, 286, 289
Omnibus-Lokomotive   107, 218
Orenstein & Koppel   82
Österreich   52 ff., 62, 156, 180, 185, 204

Pazific-Bauart   171 ff.
Pambour   80
Patentee-Lokomotive   21 ff., 30 ff., 49, 73, 80
Pétiet   150
Pielock-Überhitzer   151, 162
Pilatusbahn   140
Planet-Lokomotive   21 ff., 30, 38
Polonceau   138
Polsunow   10
Preußische Ostbahn   48, 67, 72

Privatbahnen   104, 265 ff.
Prüsmann   223
»Puffing Billy«   13 ff.

Radialachsen
   Adams-   98, 135, 138, 203 ff., 235
   Bissel-   98, 104, 134, 138, 199, 238
   Eckhardt-   134, 244, 295
   Goullon-   97
   Hagans-   132 ff., 137
   Klien-Lindner-   124, 132
   Klose-   130 ff., 145 ff.
   Luttermöller-   55, 134, 241, 245
   Nowotny-   97, 104, 110, 225
Radreifen   16, 76
Rahmenbauart
   alte   30, 75 ff.
   außen   30, 47, 50, 60, 64, 68, 75, 120, 174, 301
   Barren-   30, 76, 158 ff., 172, 194, 235
   Doppel-   43, 75, 156
   innen   39, 70, 75, 96, 301
   geschweißte   279
Rainhill   17 ff., 32
Ramsbottom   43, 223
Ranafier   151, 181, 224
Rauchkammer   73, 151
   -Überhitzer   151 ff., 193
Rauchrohrüberhitzer   152 ff., 189 ff.
Rauchverbrennung   222
Rear-Driver-Bauart   45
Redtenbacher   45, 80
Regler   48, 73, 108, 222, 278 ff.
Reichseisenbahnen   100, 179, 198, 209
Riggenbach   139 ff.
Rigibahn   139
Rimrott   126
»Rocket«-Lokomotive   18 ff., 30, 80
Rogers   58
Rollenlager   264, 282
Röntgen   108
Ruffer   82
Ruhr-Sieg-Typ   90, 104
Rundkuppel   30, 64, 73 ff.

Sächsische Masch.-Fabr. (s. auch *Hartmann*)   40, 82
Sandstreukasten   75, 280
Satteltank   104
»Saxonia«-Lokomotive   25 ff.
Scharrer, J.   22 ff.
Scheibenräder   297, 303
Scherenmaschine   67

Schichau   64, 82, 107, 253
Schleiferbremse   225
Schlittenbremse   77, 104
Schmalspurlokomotive   125 ff., 242, 294 ff.
Schmidt, Heißdampf   150 ff., 301
Schneider-Creuzot   108
Schnellfahrten   165 ff., 254 ff.
Schornstein   75, 158, 222
Schrägrost   75
Schubert   25
Schwartzkopf   69, 73, 82, 90, 244, 258
Schwarzwaldbahn   53
Séguin   18
Seitenverschiebbarkeit von Achsen   54, 71, 88,
    101, 125 ff., 134, 200
Semmeringbahn   44, 52 ff., 72, 123
»Seraing«-Lokomotive   53
Serverohre   220
Sharp   25, 31, 72, 79
Sicherheitsventil   74, 223
Sondermann-Triebwerk   137
Speisedom   224
Speisepumpe   77, 223
Speisewasserreinigung   224
Speisewasservorwärmer   79, 223, 279 ff.
Spinnräder   64
Spurerweiterung   52
Spurkranz   32, 52
Stadtbahn
    Berlin   106, 205 ff., 210
    Wien   204, 206
Stahlfeuerbüchse 222
Stehkessel
    Belpaire-   60, 74, 183, 199, 213
    Crampton-   47, 60, 74, 220
    Haystack-   32, 64, 74, 221
    Rundkuppel-   30, 64, 73 ff.
Stephenson, George   14 ff., 20 ff., 38, 45 ff.
    Lok.-Fabr.   48, 69, 71, 146
    Robert   16
Steuerung
    Allan/Trick-   43, 45, 60, 78, 91, 106, 114, 224
    Baker   304
    Doppelschieber-   78
    Gabel-   33, 78
    Gooch-   78, 103
    Heusinger-   78, 102, 106, 111, 117, 136, 224
    Joy-   121, 157, 195, 224
    Stephenson-   33, 39, 64, 78
    Walschaert-   78, 145
Stirling   31, 45, 66
Stockton-Darlington Eisenbahn   11, 16

Stoker   249, 290, 303
Stromlinienverkleidung   165, 254 ff.
Strousberg-Typen   81, 89
Strub-Zahnradbahn   139
Stug, Kohlenstaubfeuerung   273
Stumpff-Gleichstromzylinder   225
Stütztenderlokomotive   55, 70

Tandemzylinder   158
Taunusbahn   39, 102
Tender   80, 226, 248, 252
Tenderlokomotive   18, 53, 62, 100 ff., 123 ff.,
    202 ff.
Themor   97
Thuile-Bauart   165
Thüringer Bahn   45, 95
Tischbein & Buckau   45, 82
Trambahnlokomotive   125, 218
Treppenrost   75
Trevithick   11
Trick   52, 60, 81
Trick-Steuerung   60, 78, 91, 106, 114, 117
Triebwagen   107, 126, 219, 245, 254
Turbinenantrieb   260

Übergangskriegslokomotive   250
Überhitzer
    Schmidt-   150 ff.
    Pielock-   151, 162
    sonstige   151
Union-Gießerei   82

Vanderbilt, Tender   252
Vauclain   144, 158 ff.
Ventilsteuerung   181, 224, 304
Verbrennungskammer   234, 249
Verbundmaschine
    Zweizylinder-   107 ff., 123, 260
    Dreizylinder-   130, 145, 165, 259
    Vierzylinder-   137, 144 ff., 158 ff., 235, 302
Vierkuppler, erste   54, 70, 123
Vierlingslokomotive, erste   144
»Vindobona«-Lokomotive   54
Vorspannachse   144
Vorwärmer   223, 279 ff.
Vulcan   82, 113, 150, 171

Wagner, R.   231 ff., 251
Walschaert-Steuerung   78, 145
Wannentender   252
Wasserkästen   103
Wasserkastenrahmen   101

Wasserrohrkessel   220 ff.
Wasserspur   77
Watt, J.   10
Webb   144
Weber, M. M. v.   58, 79
Wechselschieber   108
Weir-Vorwärmer   223
Weiß, v.   173
Wellrohrfeuerbüchse   222, 252
Weltausstellung
  Paris (1900)   151, 157
  Paris (1867)   88, 138
  Turin (1911)   169
  Wien (1873)   88, 124
Wendler   274 ff.
Wetli   140
Wiener Lokomotivfabrik   54, 181

Wiener Stadtbahn   204, 206
Windleitbleche   175, 235, 251
Windschneiden   117, 157, 254
Witte   235, 283
Wittfeld   165, 204
Wöhler, A.   223
Wöhlert, Lok.-Fabr.   48, 68, 81, 300
Wolff, A.   255

Yarrow   122

Zahnradlokomotive   14, 139 ff.
Zeh   97
Zeuner   80
Zoelly   260
Zylinderbefestigung, alte   30 ff.

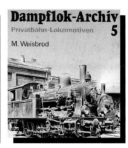